니가 그렇게 왔더냐

니가 그렇게 왔더냐

2013년 6월 5일 초판 1쇄 인쇄
2013년 6월 15일 초판 1쇄 펴냄

지은이 ㅣ 윤성지
펴낸이 ㅣ 이철순

펴낸곳 ㅣ 해조음
등   록 ㅣ 2003년 5월 20일 제 4-155호
주   소 ㅣ 대구광역시 남구 대명2동 1800-6 2층
전   화 ㅣ 053-624-5586
팩   스 ㅣ 053-624-5587
e-mail ㅣ bubryun@hanmail.net

ISBN 978-89-92745-35-2 03220
잘못된 책은 바꾸어 드립니다.

니가 그렇게 왔더냐

자 기 　 가 락 으 로
자 기 의 　 춤 을 　 춘
위 대 한 　 선 각 자
원 효 　 이 야 기

해조음

새로운 해석의 원효 일대기
글과 그림으로 풀어낸 반야심경 해설서

강동균 _ 동아대학교 철학과 명예교수

일반적으로 역사를 사실로 받아들이고 있지만 따지고 보면 그렇지 않은 것이 더러 있다. 역사는 어떤 사건들을 기록하는 사가(史家)의 손에 의해 만들어지기도 하는 것이다. 그렇게 볼 때 〈삼국유사〉에 나오는 원효의 이야기는 평소 잘못된 것이 아닌가 하는 생각을 해 왔다.

〈삼국유사〉에는 원효가 요석을 만났고 그 사건으로 인해 원효는 자신을 '소성거사'라 폄하하고 승복을 벗었다고 기록되어 있다. 그러나 이와 같은 이야기는 생전 원효의 업적이나 행적을 볼 때 그와는 부합되는 이야기가 아니다.

원효는 그의 저술에서도 시간적, 공간적으로 죄업(罪業)은 실재하지 아니 한다고 논파(論破)한 사람이다.

"과거의 죄업은 이미 멸(滅)하였고, 미래는 아직 생(生)하지 아니 하였으며, 현재는 주(住)함이 없다. 이미 선후(先後)와 유무(有無)가 그 논리적 성립을 상실하였으므로 죄업의 실상은 존재하지 않는다. 그러므로 마땅히 알라. 죄업(罪業)은 본래 무생(無生)이다.”

죄업의 실재를 인정하지 않는 원효의 입장에서는 참회라는 것도 인정하지 않는다.

“참회하는 바의 죄가 이미 있는 바 없는데 무엇을 놓고 참회할 것이 있는가?”

이처럼 참회에 대한 생각마저 부수게 하는 원효는 중생심에 따라 참회할 때는 참회한다는 생각을 하지 말고 오직 참회의 실상을 사유하라고 했다.

“나와 중생들이 무시(無始) 이래로 제법이 본래 무생(無生)임을 알지 못하고 망상에 전도되어 나와 너의 것을 분별하고 안으로 육정(六情)을 세워 이에 바탕하여 의식을 생(生)하고 밖으로 육진(六塵)을 지어 실지로 안다고 집착하지만 그러한 것이 모두 마음이 스스로 지은 것임을 알지 못한다. 마치 그림자와 같고 꿈과 같아서 영원한 것은 없는데 그릇되게 남녀 등의 상에 분별하여 가지가지 번뇌를 일으켜 스스로 묶고 오랫동안 고해에 빠져 있으면서도 거기에서 빠져 나오려 하지 않는다. 가만히 생각해 보아도 참으로 괴이한 일이구나.”

원효는 이와 같이 중생 세계는 긴 꿈의 세계이기 때문에 꿈을 통해서 꿈에서 벗어나는 여몽관(如夢觀)을 강조해 나간 사람이다. 그리고 그는 종교라는 울타리 안에서의 자기 승화보다는 인간의 생활에 필요한 이용 도구로서의 진리를 창조하려 애쓴 선각자였다.

이상과 같이 단편적인 원효의 글들을 놓고 볼 때도 〈삼국유사〉의 내용은 오류가 있는 것임이 분명하다 싶은 것이다.

그것만이 아니고 후세의 사람들 역시 올바른 안목 없이 원효에 대한 글을 쓰거나 연극을 할 때에도 〈삼국유사〉에 실린 내용을 근거로 하여 원효를 꾸미고 있으니 한심한 일이 아닐 수 없다.

이러한 사실을 마음 아프게 생각하던 나에게 새로운 원효의 일대기를 만나고 또 그가 해석한 것처럼 꾸민 〈반야심경〉을 대하니 무척 반갑게 느껴진다.

더구나 이 책은 원효의 사상적 흐름이 어떻게 이루어지고 그의 화쟁(和諍) 논리가 어떻게 나오게 되었는지를 소설로 밝히고 있다. 게다가 그의 사상이 한반도의 통일과 신라, 백제, 고구려 세 나라의 국민적 통합에 어떻게 기여하였는지를 밝히고 있다.

그리고 이 작가는 부처님의 법륜(法輪)이 이 땅에 구르기 시작한 이래 아직 경전이 그림으로 그려진 일이 없었는데 글이나 말로 설명할 수 없는 진리를 그림으로 그려내어 경전을 그림으로도 보게 해 놓았다.

이 작가는 이미 의상대사의 일대기를 소설로 써 내고 그의 〈법성게〉

를 해설하고 그 내용을 그림으로 그려낸 일도 있는데, 이번에는 고도의 예술적 감각으로 〈반야심경〉을 그림으로 그려내어 암시적으로 불경을 이해시키고 글로서 철학적으로 사유하게 해 놓았다.

끝으로 이 책의 제목에 대해 한 마디 하자.

우리가 일반적으로 부처님의 호칭으로 '여래(如來)'라는 말을 사용하고 있다. 여래라는 말의 글자 그대로의 뜻은 '그렇게 왔다'라는 뜻인데 그 뜻에다 '니가 그렇게 왔더냐'란 말을 만들어 책의 제목으로 붙여 놓았다. '그렇게 왔더냐'란 말 속에는 또 그렇게 있다가 그렇게 가라는 의미까지 내포되어 있다.

책의 제목이 우리에게 던지는 화두의 의미도 실로 대단한 것이다.

니가 그렇게 왔더냐?

무유 윤성지

이 이야기는 원효라고 알려져 있는 설서당이라는 사람의 일생에 관한 것이다. 그는 인류에게 큰 영향을 미친 위대한 선각자였다. 그의 학문은 달(達)하지 아니 한 곳이 없었고 그 사상은 통(通)하지 않는 곳이 없었다.

그가 입적한 후 왕은 그의 업적을 찬양하여 그에게 화쟁국사라는 시호를 내렸고, 이때부터 그는 화쟁국사라 불리었다.

그의 성은 본래 설씨였다. 그는 진평왕 39년에 불지촌에서 태어났다. 18세에 승려가 되어 그의 집을 초개사(初開寺)라 하고 자신의 법명을 밝은 새벽이라는 뜻인 '원효(元曉)'로 지었다. 그는 뚜렷한 스승 없이 세상의 이치를 스스로 궁구하면서 혼자 깨우쳐 나갔다.

그의 도(道)가 한참 꽃을 피워갈 때 신라, 백제, 고구려 삼국이 통일되었다. 그 통일의 정신적 기반을 조성하고 통일이 되고 난 후에도 민족적 갈등, 문화적 이질감 등의 제반 문제들을 그의 사상을 통해 해소하여 전 국민이 하나 되게 하는데 지대한 공헌을 한 사람이 바로 원효이다.

그의 깨달음에는 다음과 같은 이야기도 있다.

원효와 의상은 당나라로 가기 위해 서라벌을 떠났다. 당시 신라와 당나라를 왕래하는 배는 당주항(지금의 경기도 남양만)에 있었다.

그들은 동이 트면서부터 해가 질 때까지 잠시도 쉬지 않고 걷다가 나중에는 밤에도 걸음을 재촉했다. 한밤중에 깊은 산속을 해매이던 그들은 지쳐 바랑을 베고 눕자 그대로 잠이 들고 말았다.

얼마나 지났을까? 원효는 목이 말라 잠에서 깨어났다. 일어나 물을 찾았으나 물이 있는 곳은 보이지 않았다. 한참을 찾다보니 하얀 바가지에 맑은 물이 가득 담겨 있는 것을 발견했다. 그는 부처님이 내린 감로수라 생각하며 맛있게 물을 마시고 다시 잠들었다. 아침이 되어 깨어난 원효는 자기 옆에 놓인 어젯밤의 바가지를 보는 순간, 그만 비명을 지르고 말았다. 그것은 물 바가지가 아니라 해골 바가지였고, 물은 해골 썩은 것이었다.

그는 순간 온몸이 뒤틀리는 것 같았고 속의 것을 다 토해냈다. 그러다가 그는 문득 깨달았다.

"어젯밤에 부처님이 내린 감로수라고 생각하고 물을 마셨을 때는 그 맛이 더없이 좋았는데 그것을 해골의 물이라 생각하니 구토가 나는 이

유는 무엇인가? 도대체 그 차이는 어디에서 오는 것일까? 그것은 마음
따라 생긴 분별심 때문이다. 생각을 없애면 더러운 물도 맑은 물도 없
어진다."

이 깨달음에서 원효는 일체유심조(一切唯心造) 심외별무법(心外別無
法)의 이치를 깨달았다. 모든 것이 마음이 만들어내는 것이니 마음 밖
에는 법이 따로 없음을 깨달은 원효는 자기의 깨달음을 의상에게 전하
고 다시 서라벌로 돌아오고 말았다.

그는 마음 밖에서는 더 이상 구할 것이 없었으므로 먼 길을 갈 필요
를 느끼지 않았던 것이다. 이때부터 그는 노랫말을 지어 부르고 몸의
움직임을 쫓아 춤을 만들어 추었다. 말하자면 자기 가락에 의한 자기의
춤을 춘 것이다.

예나 지금이나 그 누가 자기 가락에 의한 자기의 춤을 추고 있는가?
모두가 남의 장단이나 익히고, 남이 만든 율동을 배워 춤추고 있다. 그
러나 그는 자기에 의한 자기의 노래를 부르고 춤추는 찬란한 별이었고
따뜻한 달빛이었다.

모두가 가면을 쓰고 연극을 하고 있을 때 그는 가면을 벗고 자기 자
신을 드러냈다. 가면을 벗지 못하는, 가면을 벗을 수 없는 인간들은 다
그를 곱게 보지 않았다. 이미 가면이 자기들의 얼굴이 되어버린 인간들

의 눈에는 가면을 벗은 용기 있는 자가 제 정신으로 보였을 리 없지 않은가. 그러나 원효의 눈에는 나를 두고 남이 되어 있는 자들이 문제였다.

원효는 오로지 해탈을 위해 정진하기보다 인간 세상에 뛰어 들어가 순간에 충실하려 했다. 원효는 무애(無碍)의 이론적 탐구를 넘어 이미 무애를 구현하는 성자였던 것이다. 그를 비정상으로 비판하는 자들은 무애와 방종을 혼동했다. 그의 자유는 방종이라기보다 오히려 책임이었다. 그는 노래와 춤으로 불법(佛法)을 전한 결과, 나라 안의 사람들이 다 부처를 알고 진리를 깨우치게 되었으니 이는 진정한 종교인의 자세가 아니고 무엇인가. 그는 지적인 수준과 정서적인 수준에 따라 불법(佛法)의 가르침을 폈다.

이는 다른 사람들이 남을 자기에게 맞추려는 것과는 달리 자신을 남에게 맞추어 나간 결과인 것이다. 그때는 배운 사람보다 못 배운 사람들이 더 많았다. 그러니 이해를 돕기 위해 그는 불법(佛法)의 내용을 노래로 만들고 춤으로 만들어 누구나 쉽게 익힐 수 있게 했던 것이다.

원효는 자기가 부르는 자유의 노래를 무애가(無碍歌)라 했고, 자기가 추는 춤을 무애무(無碍舞)라 했다.

원효에게 있어 〈화엄경〉의 "모든 것에 자유로운 사람은 한 길로 생사를 벗어난다"'일체무애인(一切無碍人) 일도출생사(一道出生死)'라는 구절은 무애가(無碍歌)를 부르고 무애무(無碍舞)를 추는 근거가 되기도 했다. 그리고 그의 노래와 춤은 보살이 중생을 가까이 하여 동고동락하며 법(法)으로 인도하는 동사섭(同事攝)에 의한 것이어서 중생들은 비로소 무명(無明)에 불을 켤 수 있었다.

그래서 소앙(素昻)은 다음과 같이 그를 평하고 있다.

"대저 불광(佛光)의 진실을 이해시키는 데는 모습을 보여줌이 좋고 그 모습을 이해시키는 데는 말이 좋지만, 말은 또 노래로 해줌만 같지 못하고 노래는 또 춤만 같지 못한 까닭에 원효는 노래하고 춤을 추어 말이나 글로서 이해시킬 수 없는 진리를 중생에게 이해시켰다.

부처는 말로서만 중생을 교화하였으나 원효는 노래와 춤을 더 보탰으니 원효의 무애사상(無碍思想)을 어찌 함부로 평가할 것인가?"

원효대사를 일컬어 백부논주(百部論主)라 한다. 그는 생전에 백 권의 책을 썼기에 그를 그렇게 부르기도 하는 것이다. 그런데 어찌된 영문인지 지금 이 땅에 그가 쓴 책이 한 권도 남아 있지 않다. 단지 어쩌다 다른 책에 편집되어 있는 그의 단편적인 논술들을 보고 그의 학문적 세계를 짐작할 뿐이니 안타까운 일이 아닐 수 없다.

그런 생각을 하고 있던 나는 어느 순간 문득 원효대사가 백 권의 책을 썼다면 분명 반야심경도 해설했을 것인데 그렇다면 과연 반야심경을 어떻게 해설했을까 하는 의구심이 들었다.

그는 분명 일반적인 사람들의 생활에 효용가치가 있는 반야심경을 설했을 것이라는 생각이 들었다.

나는 그 후부터 나의 생각을 지우고 그의 생각으로 반야심경을 해설해 나가 드디어 반야심경 해설집을 완성했다. 그런데 일을 해 놓고 보니 과연 반야심경을 어떻게 세상에 내놓느냐가 문제였다. 고민하던 나는 원효대사의 일대기를 소설로 쓰기 시작했다. 소설 속에서 원효대사가 대중에게 설법하는 형식으로 반야심경을 풀어내면 좋겠다 싶었던 것이다.

소설을 쉽게 쓸 수 있었던 것은 그동안 나온 원효대사의 이야기들은 백 권의 책을 쓴 사람의 차원에서 엮어진 것이 아니라는 생각이 내 속에 있었기 때문이었다.

이미 진리탐구의 길에서 어느 경지를 넘어선 사람이 어찌 사람이 만들어 놓은 계율 같은 것에 얽매이겠는가. 그보다는 오히려 그는 한 여인과의 사랑 속에서 또 다른 삶의 등불을 발견하고 생을 찬미하지는 않았을까?

하늘은 만물을 낳고 기를 수는 있어도 그것을 성장시키고 실을 수는 없으며, 땅은 만물을 기르고 실을 수는 있어도 낳고 덮을 수는 없다.

하늘의 도는 양의 원리를 이루고, 땅의 도는 음의 원리를 이루어 이 두 가지가 서로 상생상극(相生相剋)하는 가운데 만물이 성주괴멸(成住壞滅)한다.

자연에는 천지가 있어야 하고 생물에는 음양이 있어야 하듯 사람에게도 남녀라는 것이 있어 그 두 기운이 지니고 있는 힘이 하나 되어야 사람을 사람이게 하는 것이다.

이러한 이치대로 요석은 원효로 하여금 원효가 되게 하는 힘의 원천이었다. 육신은 정신을 담고 있다. 육신도 중요한 인간 존재의 구성 요소일진대 그 본성을 의지로 억제해야 할 이유가 무엇이겠는가?

원효는 전체적인 깨달음은 전 존재로 부딪힐 때 가능한 것임을 알고 있는 선각자였으며, 기성 질서에 얽매이기 보다는 새로운 입법자로서의 자기 존재를 성취해간 위대한 인물이었다.

| 차 례 |

:: 인연은 저 멀리서부터

　신라의 황실에서 웃음이 사라진 지는 오래 되었다. 그 까닭은 황후가 까닭 모를 병에 걸려 온갖 약과 용하다는 의원들이 다 동원되어도 병세는 점점 악화되기만 했던 것이다. 드디어 황제와 신하들이 산천영사(山川靈祠)를 두루 찾아다니며 빌기도 했으나 병세는 호전되지 않았다.

　평소에 황후를 극진히 사랑하던 황제는 홀로 분황사를 찾아가 식음을 전폐하고 밤낮없이 부처님께 빌었다. 여덟 낮밤을 세운 새벽에 홀연히 황제 앞에 관음보살이 나타나 비법을 일러 주었다.

　"사람을 바다로 보내 바다에서 약을 구해 와야 병이 나을 것이오."

　"바다라면 넓은 데 어디로 가야 할까요?"

　"해 뜨는 쪽을 향해 가다보면 약을 만나게 될 것이오."

　말을 마친 보살은 다시 연기처럼 사라지고 말았다.

　황제는 꿈인가 하고 깨어나려 했으나 그것은 꿈이 아니었고 자기는 이미 깨어있었음을 확인하고 서둘러 마땅한 사람을 찾았다.

사인(使人)이 정해지자 황제는 몸소 그를 바닷가로 데리고 나가 그를 배에 태웠다.

하늘도 푸르렀고 바다도 푸르렀다. 두 푸름이 맞닿아 있는 수평선을 향해 사인(使人)은 항해를 계속했다. 어느덧 서산으로 지는 해를 바라보며 밤을 걱정하고 있는 사인 앞에 갑자기 물결이 소용돌이치더니 물결을 박차고 보살이 나타나 말했다.

"나는 용궁에서 나온 사람이오. 그대를 안내하기 위해 나왔으니 나를 따르시오."

"네, 그러겠습니다."

놀란 사인(使人)이 엉겁결에 대답하는데 그는 벌써 자기도 모르게 바다 속으로 들어가고 있었다. 보살의 안내를 받아가며 한동안 물결을 헤쳐나간 사인(使人)은 장엄하고도 화려한 용궁에 도착했다. 신라에서 온 사인(使人)을 접견한 용왕이 말했다.

"우리 궁중에는 전부터 〈금강삼매경(金剛三昧經)〉이 있는데 이는 이각(二覺) 원통(圓通)의 보살행이 담긴 경이다. 그리하여 지금 그대 나라 황후의 병에 의탁해서 상승(上乘)의 인연을 짓고자 한다. 다시 말하자면 이 경을 그대 나라를 시작으로 세상에 널리 유포하고자 하는 것이다."

용왕은 산경(散經)을 사인에게 주면서 말을 이었다.

"이 경을 그대에게 주노니 가지고 나가 서라벌에 있는 대안대사(大安大師)로 하여금 산경의 차례를 바로 잡아 책을 엮게 하고 원효법사(元曉法師)를 청하여 강석(講釋)케 하면 황후의 병이 틀림없이 낫게 될 것이니 이 경을 가지고 가서 그대로 실행토록 하라."

용왕의 배웅을 받으며 바다를 빠져나온 사인(使人)은 다시 서라벌로 향했다. 가슴 깊이 품고 온 산경(散經)을 내놓으며 그간의 일들을 황제께 보고하자 황제는 크게 기뻐하며 즉시 대안대사를 불러 책을 엮게 했다. 대안대사가 책의 차례를 만들어 내니 그 내용이 다 불의(佛意)에 계합하였다. 책이 엮어지자 황제는 다시 서둘렀다.

"이 책을 원효법사에게 빨리 가져가서 경소(經疏)를 짓고 강석케 하라!"

경을 받은 원효가 사인에게 말했다.

"이 경은 본각(本覺)과 시각(始覺)의 두 각(覺)을 종(宗)으로 삼고 있구나. 내가 각승(角乘)을 지을 수 있도록 안궤(案几)를 마련해 주면 고맙겠소."

"네, 곧바로 준비하겠습니다. 그런데 본각과 시각의 뜻을 알고 나면 일이 더 잘 될 것 같으니 그 뜻을 말씀해 주십시오."

"음, 그래. 예를 들어 말하자면 땅 속에 묻힌 금덩어리가 본각이라면 노력을 가해 파낸 것을 시각이라 하오."

이리하여 원효가 소 위에 앉을 수 있게 사인이 안궤를 마련하자 소에 탄 원효가 필연(筆硯)을 소의 양각(兩角) 사이에 두고 경소를 지어 내었다.

경소가 완성 되었음을 황제에게 알리자 황제는 즉시 원효법사에게 황룡사에서 강설해 줄 것을 요청했다. 아픈 황후를 황제와 요석공주가 부축하여 황룡사에 도착하자 절에는 신하들을 비롯하여 수많은 백성들이 운집해 있었다. 그런 가운데 황제의 일행을 마중하기 위해 절 문 앞까지 나와 있는 원효가 요석의 눈에 띄었다.

　소문으로만 듣던 원효를 처음 만난 요석은 온 몸에 뜨거운 열기 같은 것이 확 덮치는 것을 느꼈다. 문 앞에 의젓하게 서 있다가 당당하게 다가오는 그의 걸음걸이에는 함부로 범접 못할 위엄이 가득 스며 있었다. 그리고 이미 세상을 다 넣고 있는 듯한 눈매가 눈썹의 그늘에 가려 영롱하게 빛나고 있는 모습은 사람의 영혼을 사로잡고도 남음이 있는 것 같았다. 그 뿐만 아니라 심오한 사고력과 현명한 판단력이 가득 들어있는 것 같은 이마와 머리, 산마루 같이 솟은 콧날과 그 아래 계곡처럼 나 있는 법령의 선은 사고의 깊이를 여실히 말해주고 있는 듯 했다.

　요석이 원효의 모습에 넋을 잃고 있는 동안 원효와 인사를 나눈 황제가 요석을 원효에게 소개했다.

　"원효법사, 여기 우리 요석공주와도 인사를 하시오."

　이어 황제가 요석에게로 말을 돌렸다.

　"공주, 법사님이시다."

　"네, 요석이라 하옵니다."

　원효 역시 말로만 듣던 요석을 처음 만나 보니 마치 천상의 선녀를 대하는 듯 했고, 향기 짙은 꽃을 보는 듯 했다. 모습도 아름다웠지만 옥피리에서 흘러나오는 것 같은 그녀의 목소리 또한 음악을 듣는 것 같았다. 그러나 다시 보니 또 다른 그녀의 모습이 보였다. 그것은 손을 대면 그대로 묻어날 것 같은 어두운 그림자였다.

　원효는 그것이 그녀가 미망인이기 때문이 아닌가 싶으니 한없는 동정심이 속에서 솟구쳤다.

"처음 뵙겠습니다. 무척 아름답고 향기로운 분이군요."

"잘 보아 주시니 고맙습니다. 저도 말씀은 많이 듣고 있었습니다."

"좋은 말보다는 그 반대적인 말이 많은 줄 알고 있습니다."

"역적이 백이면 충신도 백이랍니다. 도리 없는 일이겠지요."

"이해하고 계시니 고맙습니다. 오늘 혹시 실수가 있더라도 너그럽게 용서하십시오."

"별 말씀을 다 하십니다. 저는 신라 땅에 또 한 분의 부처님이 계신 것을 영광으로 생각하고 있습니다."

"과찬이십니다. 아무튼 들어가시지요."

"네."

원효가 몸으로 안내하자 일행은 절 안으로 향했다.

요석이 내뿜는 향기를 느끼며 절 안으로 들어가는 원효는 다시 또 다르게 느껴지는 그녀의 향기에 취하고 있었다. 처음에는 미망인의 그늘인가 싶었던 그녀의 모습이 이제는 삶을 진지하게 사고하며 살아온 사람의 흔적 같다는 생각이 들었고, 속인들에게는 찾아볼 수 없는 고결함이 주위를 압도하고 있다는 생각까지 들었던 것이다.

원효는 강설에 앞서 먼저 오늘의 법회가 열리게 된 연유를 밝히고 국모를 위한 기도를 대중에게 부탁했다.

"까닭모를 황후폐하의 병세가 천만다행으로 그 원인이 드러났고 이제 그 결과를 얻었으니 황후폐하의 병세는 이 시간 이후부터 점차 회복될 것으로 확신합니다. 황후폐하의 보다 나은 건강 회복을 위해, 국가의 발전을 위해 우리 다 같이 기도부터 하고 설법을 시작하도록 하겠습니다."

모두가 두 손을 모으며 눈을 감자 원효의 염불이 시작되었다. 원효가 '신묘장구대다라니(神妙章句大多羅尼)'를 독송해 나가자 더러는 차오르는 환희심에 기뻐 하였으며, 더러는 불도(佛道)를 이루고 싶은 보리심까지 내고 있었다. 특히 요석은 원효의 독송 속에서 자기의 소리까지 얹고 있었다.

"이 다라니를 독송하면 신통한 지혜를 받으므로 수행자는 저절로 예로부터 있어온 세간의 경전들을 모두 받아 지니게 되고 이 다라니를 외워 지니는 자는 세간의 팔만 사천 가지의 병을 모두 다스려 치료하지 못할 것이 없게 됩니다."

다라니 독송이 끝나자 원효의 강설은 과문(科文)의 해석부터 시작되었다.

"모든 망상이 무시(無始)로 유전하는 것은 오직 상(相)을 취해 분별하는 병 때문입니다. 이제 그 흐름을 돌려 근원으로 돌아가게 하려면 먼저 모든 상이 실체가 아님을 알게 하여야 하므로 〈금강삼매경〉은 처음에 무상(無相)의 법(法)을 관(觀)하는 무상법품(無相法品)으로 시작됩니다. 그러나 비록 모든 상을 없애버렸다 할지라도 관(觀)한다는 마음이 다시 생기면 아니 되므로 생기는 마음을 없애기 위해 두 번째로는 무생(無生)의 행(行)을 나타낸 무생행품(無生行品)이 놓였습니다."

잠시 대중의 반응을 살펴본 원효는 말을 이어 갔다.

"또 행이 이미 무생이면 비로소 본각을 깨우치게 되며 이에 따라 세상을 교화하는 본리(本利)를 얻게 되니 세 번째로는 본각리품(本覺利品)을 밝혀 놓았습니다. 그리고 본각에 의지함으로써 중생을 이롭게 하면 중생은 곧 허(虛)로부터 실(實)로 들어갈 수 있으니 네 번째로는 실제(實際)에 들어간다 하여 입실제품(入室際品)에 놓여 있습니다.

다음으로 내행(內行)에 상(相)이 없고 생(生)이 없으면 외화(外化)는 본래 이롭고 실제에 바로 들어가게 되니 다섯 번째로는 진성(眞性)의 공(空)을 밝힌 진성공품(眞性空品)이 있고, 이 전생에 의해 만 가지 행이 갖추어지면 여래장(如來藏)의 근원에 들어가게 되니 여래장을 밝히기 위해 여섯 번째로는 여래장품(如來藏品)이 놓여 있고, 일곱 번째로는 총지품(總持品)이 놓여 있는데 이는 앞의 여러 품 가운데서 의문을 다 풀어버리고 중심 이치를 모두 지니면서도 하나도 잃어버리지 않아야 하기에 총지를 끝에 두어 경을 마무리한 것입니다."

여기까지 말한 원효는 멀지 않은 곳에 고요히 눈을 감고 앉아 있는 대안대사에게 자기의 이해가 산경의 과목을 배열한 대사의 생각에 어느 정도 맞아 떨어지는지 물었다.

"맞다는 말씀을 드리기가 송구스럽습니다. 빈도는 아무 생각 없이 경을 엮어나갔을 뿐인데 그렇게 설명을 해 주시니 그저 놀라울 뿐입니다. 장하십니다. 법사여! 부디 우리를 깨우치는 설법을 계속해 주십시오."

대안대사의 말이 여기까지 나오자 황제를 비롯한 여러 사람들이 다시 삼배를 올리고 청법가를 부르며 원효대사의 설법을 원했다.

"경왈(經曰),

시결정성 역불일불이 부단불상 불입불출 불생불멸

（是決定性 亦不一不異 不斷不常 不入不出 不生不滅）

이제사방 언어도단 무생무성 역부여시 운하설생불생 유인무인

（離諸四謗 言語道斷 無生無性 亦復如是 云何說生不生 有忍無忍）

이 결정된 성질 또한 같지도 않고 다르지도 않으며, 끊어지지도 않고 이어지지도 않으며, 들어가지도 나오지도 않으며, 생기지도 않고 멸하지도 않는다.

이미 사방(四謗)을 떠났고 말의 길이 끊어졌다. 생김이 없고 성질이 없는 것 또한 이와 같다. 그런데 어떻게 생기고 생기지 않음을 말하며 인정함이 있고 인정함이 없음을 말하겠는가.

이 구절의 이해를 돕기 위하여 이러한 팔불(八不)을 근거로 하여 다른 팔불(八不)을 예로 들어보겠습니다.

과종불이 기상부동고(菓種不異 其相不同故)

이역불이 이종무과고(而亦不異 離種無菓故)

우종과부단 과속종생고(又種菓不斷 菓續種生故)

이역불상 과생종멸고(而亦不常 菓生種滅故)

종불입과 과시무종고(種不入菓 菓時無種故)

과불출종 종시무과고(菓不出種 種時無菓故)

불입불출고불생 불상부단고불멸(不入不出故不生 不常不斷故不滅)

불멸고불가설무 불생고불가설유(不滅故不可說無 不生故不可說有)

원이이변고 불가설위역유역무(遠離二邊故 不可說爲亦有亦無)

부당일중고 불가설비유비무(不當一中故 不可說非有非無)

고언이제사방 언어도단(故言離諸四謗 言語道斷)

아마늑과 여시절언(阿摩勒菓 如是絕言)

법인지심 역무이화(法忍之心 亦無異化)

고언무생심성 역여시등야(故言無生心性 亦如是等也)

법본무유무(法本無有無)

자타역부무(自他亦復無)

불시역불종(不始亦不終)

성패즉불주(成敗卽不住)

열매와 종자는 같은 것이 아니니 그 상이 같지 않기 때문이오.

그렇다고 다르지도 않으니 종자를 떠나서는 열매가 없기 때문이다.

또 종자와 열매는 끊어진 것이 아니니 열매 속에 종자가 생기기 때문이다.

그렇다고 이어진 것도 아니니 열매가 생기면 종자가 멸하기 때문이다.

종자가 열매 속에 들어가는 것도 아니다. 열매일 때는 종자가 없기 때문이다.

열매는 씨 밖으로 나온 것도 아니다. 종자일 때는 열매가 없기 때문이다.

들어가지도 않고 나오지도 않기 때문에 나는 것도 아니요, 이어지지도 않고 끊어지지도 않기 때문에 멸하는 것도 아니다.

멸하지 않기 때문에 없다고도 할 수 없고 생기지 않기 때문에 있다고도 할 수 없다.

이변을 떠나 있기 때문에 있다 없다는 말을 할 수 없으며

하나 가운데 해당되지 않기 때문에 있는 것도 아니고 없는 것도 아니라는 말을 할 수 없는 것이다.

그러므로 사방을 떠났다 한 것이고 언어의 길이 끊어졌다 한 것이다.

아마늑 열매는 이렇게 말이 끊어진 곳에 숨은 진리를 지니고 있으니

믿기 어려웠던 진리를 잘 이해하고 의혹이 생기지 않게 하는 법인의 마음도 이와 다르지 않게 하라.

그러므로 생함이 없는 마음도 역시 이와 같다.

법이란 본래 있고 없음이 없으며

나다 남이다 하는 것 또한 없다.

시작도 아니고 마지막도 아니니

이룩되고 무너짐에 머무르지 않는다.”

이상과 같이 문장을 읊어낸 원효가 청중들에게 물었다.

“지금 읊어낸 문장 속에서 생명 하나의 위대한 신비가 여러분의 가슴에 와 닿는지요?”

“네.”

모두가 하나같이 답하자 원효의 설법이 이어졌다.

"그 위대한 생명의 신비가 바로 지금의 여러분을 만들어 놓고 있습니다. 자기 자신의 생명에 대해 자부심을 가지십시오. 이제 다 같이 생각해 봅시다. 자신이 인간이라고 인간 문제를 놓고 답을 찾으면 문제도 답도 꼬리를 감추고 맙니다. 하지만 이렇게 또 다른 생명을 가지고 얘기를 하면 인간 문제는 저절로 답이 찾아지기도 하지요.

다음과 같은 말이 있습니다. '들판에 서 있는 하나의 잡초 속에 간직된 신성(神性)을 알게 되면 우주의 섭리가 저절로 깨달아진다.' 나는 이 말에 동의합니다. 조금 전에 말했듯이 열매 하나의 안과 밖에서 이루어져 나가는 오묘한 조화, 그것은 말과 글을 초월한 심연 속에 있습니다. 하나의 씨앗이 땅에 떨어지면 뿌리는 땅으로 스며들어 물기를 빨아들이고 둥치는 하늘로 치솟으며 불기운(태양)을 받아들이지요. 그 음기와 양기를 하나의 생명이 조화시켜 꽃을 피우고 향기를 내놓고 열매를 만들고 씨앗을 키웁니다.

사람도 스스로의 생명을 키우는 나무의 의지를 닮을 때 부조화의 결과로 나타나는 어떤 질병도 생기지 않을 것이고 또 생겼다 해도 바로 치료가 되고 말 것입니다. 사람은 누구나 스스로 마음의 병을 만들고 몸의 병을 만듭니다. 병을 물리쳐야 할 사람이 병을 스스로 만들고 있으니 이는 스스로를 해치는 일입니다.

하나의 생명은 위대합니다. 내가 있어야 세상이 있고 내가 없으면 세상도 없습니다. 이토록 소중한 생명 속에는 만병의 근원이 있기도 하지만 또 그 병을 다 물리칠 수 있는 장엄한 힘도 지니고 있습니다. 한 마디로 인간은 온갖 가능성을 다 지니고 있습니다. 그래서 나 자신의 존재를 이용해서 스스로를 아름답고 향기롭게 꽃피워야하는 것입니다. 질병도 운명도 나약한 사람에게 덤비지 강한 자에게는 덤비지 못합니다. 그래서 우리는 질병도 운명도 감히 범접을 못하는 강한 존재가 되어 스스로를 승화시켜 나가야 하는 것입니다."

계속되는 원효의 얘기는 그대로 크나큰 염력(念力)으로 몸이 아픈 황후에게로 전해지고 있었다. 원효의 힘이 시간과 공간을 타고 황후에게로 가 닿자 황후는 새로운 힘이 솟는 것 같은 충동을 받고 있었다.

'원효대사가 아니고서는 〈금강삼매경〉을 이렇게 이해시킬 사람이 없어. 그래서 바다 속 용왕님도 특별한 부탁을 한 것이었구나. 번역이란 제 2의 창작이다. 번역자는 이미 본문을 말한 사람의 차원에 가 있어야 제 2의 창작이 가능한 것이다. 그는 분명 신라의 부처님이 틀림없구나.'

이러한 생각을 흘려보내고 있는 황후의 얼굴에는 이미 건강한 사람의 기운이 돌고 있었다. 한편 요석도 원효의 설법에 취해 있다가 문득 고개를 돌려 황후를 보자 꼿꼿하게 앉은 황후의 얼굴에 화색이 드러나고 있는 게 보였다. 황룡사로 올 때만 해도 병색이 역력했는데 어느새 병색이 다 거치고 없는 것이었다. 황후의 회복이 〈금강삼매경〉에 의해서라기보다 그 내용을 이해시키는 원효의 위력이라는 생각을 한 요석은 그의 모습이나 그의 말이 새삼 예사롭게 들리지 않았다.

원효의 설법이 끝나자 황룡사의 하늘에는 오색 구름이 무지개처럼 몰려들면서 꽃비가 눈보라처럼 휘날리고 있었다. 대웅전에서 마당으로 내려서던 황제 일행은 하늘에서 벌어지는 경이에 넋을 잃고 있는

데 요석공주에게 부축을 받고 있던 황후가 어느새 홀로 서 있었다.

요석이 놀라면서 황후의 손을 잡았다.

"황후폐하! 괜찮으세요? 좋아 보여요."

"응! 몸이 가뿐한 게 날아갈 것 같아."

"그럴 수가...? 황후폐하 이제 회복 되셨군요!"

"다 대사님 덕분인가 싶다."

"그래요. 그렇고 말구요."

황후의 말에 맞장구를 치던 요석이 옆에 서 있는 원효에게로 말을 돌렸다.

"대사님, 감사합니다."

"감사는요. 다 인(因)에 의한 과(果)지요. 이제 인(因)이 사라졌으니 자연스런 일입니다."

원효와 헤어져 궁궐로 돌아온 요석은 마음이 산란하기 그지없었다. 자기 자신이 새가 되어 하늘을 나는 것 같다가 어느새 물 속 깊이 빠져드는 것 같기도 했다. 그런가 하면 갑자기 먹구름에 덮이는가 싶다가 다시 강풍에 휩싸이는 것 같기도 했다. 요석은 스스로도 이해할 수 없는 마음의 변화에 드디어는 남의 눈을 피해 자신의 거처로 서둘러 돌아오고 말았다.

'내가 왜 이러지? 단 한번밖에 만나지 않은 사람을... 물론 소문으로는 잘 알고 있었지만 그렇다고 아득한 옛날부터 정을 나눈 사람같이 느껴지는 것은 웬일인가?'

그런 생각에 사로잡혀 있던 요석은 문득 오늘의 모든 일들이 꿈은 아닌가 하는 생각을 했다. 하지만 다시 또 다시 확인해 보아도 원효와의 만남은 꿈이 아니었고 지금의 자기 상황도 현실이었다. 이제 문을 열고 나가면 바로 그를 만날 것 같고 그가 문을 열고 들어설 것만 같은 생각에 사로잡혀 있는 요석의 귓전에 원효의 법문 소리가 다시 들려왔다.

"인간은 우연히 태어나 필연적으로 죽기 마련입니다. 그 생과 사의 사이에서 사람이 할 수 있는 가장 의미 있고 가치 있는 일은 사랑이 아닌가 합니다. 남을 사랑하고 자연을 사랑하는 일, 그것은 바로 자기 자신을 사랑하는 일이기에 그렇습니다. 형체는 달라도 근원은 하나이니 만물(萬物)이 일물(一物)이고 일물(一物)이 곧 만물(萬物)입니다. 이러한 이치를 깨친다면 남을 미워하는 것은 곧 나를 미워하는 것이고, 남을 사랑하는 것은 곧 나를 사랑하는 일이 되지요. 사랑 속에는 위대한 창조의 근원이 있어, 그 근원으로 인해 만물이 생겨나고 머물고 허물어지고 사라지게 됩니다."

낮이 밤으로 바뀌는 긴 시간이 지난 후 요석은 지금까지 자신의 방황이 무엇을 갈망한 것인지, 대상도 없었던 그 막연한 기다림이 어떤 것이었는지를 어렴풋이 알 것 같았다.

그것은 바로 원효가 말하는 사랑에 대한 갈망이었고 임을 원하는 기다림이었다. 고독과 불안, 그 고통의 까닭을 알게 된 요석은 새삼 원효의 존재가 의미 있게 느껴지는가 하면, 갑자기 세상이 신성한 장소가 되고 미지의 세계로 빨려 들어가는 것 같은 느낌이 들었다. 비록 두 손을 마주잡고 사랑의 언약을 하고 장래를 맹세한 사이는 아닐지라도 자기 자신이 밀어낸 빈자리에 들어앉을 임의 존재가 있다는 사실은 요석에게 분명 아름답고 향기로운 일이었던 것이다.

인연은 운명이 되어

    원효 역시 요석과 헤어진 후 다시 일상생활로 돌아갔으나 마음이 예전 같지가 않았다. 글도 눈에 들어오지 않았고 생각도 진리의 세계로 들어서지 않았다. 요석이 눈 앞을 가로막고 있어 다른 것은 아무것도 보이지 않는 것이었다. 심지어는 눈을 감아도 그녀만 보였고 잠을 자도 꿈에 나타나 마치 긴 세월 동안 사랑을 나눈 연인처럼 사랑을 속삭여 주었다.

    그런 혼란 속에서 원효는 요석과의 만남이 결코 우연이 아니었고 그것이 운명이었음을 실감하지 않을 수 없었다.

    '그녀가 벌써 나의 전부가 되어 나를 나 아니게 만들고 있으니 이 무슨 조화인가? 단 한번 만났을 뿐인데... 사랑에는 세월이 문제가 아니구나. 마치 수행자의 깨달음처럼 어느 순간 번개같이 날아들어 삶 자체를 송두리째 변화시키는구나.'

    안절부절 하던 원효는 자기 자신도 모르게 거리로 나섰다.

거리로 나선 원효의 행동을 〈삼국유사〉에는 다음과 같이 적고 있다.

「어느 날 원효는 마음이 움직여서 이런 노래를 부르면서 서라벌 거리를 거닐고 있었다. '누가 나에게 자루 없는 도끼를 빌려 줄까? 나에게는 하늘도 받칠 기둥이 있다?'」

이 말 속에는 깊은 뜻이 있었다. 그러나 그 뜻이 제대로 이해되지 않음으로 인해서 원효는 여기서부터 파계승으로 매도되기 시작했다.

우선 '빌려 달라'는 말은 가지겠다는 것이 아니다. 이 말은 지금 세상에서도 일반적인 사고를 뛰어넘는 성숙된 의미이다. 그런데 그 당시 원효는 여자를 빌리겠다는 말을 했다. 그것은 인간은 인간을 소유할 수 없다는 것이고 또 지배할 수 없는 것이라는 전제 하에 단지 잠시 차용하겠다는 뜻이 아닌가.

그는 벌써 만물을 소유 개념에서 차용 개념으로 전환하고 있었다. 이 차용의 의미는 벌써 개체의 고유 권리를 인정하고 있는 것이니 그는 분명 선각자였다.

그는 또 "하늘도 받칠 기둥이 있다"고 했다. 이 말은 자신의 존재를 과시하는 용기 있는 소리이다. 모든 인간들이 수직 개념에 얽매여 꼼짝도 못하며, 남이 만든 도덕에 벌벌 떨고 있을 때 그는 이미 수평 개념 속에서 인간의 본성을 그대로 나타내고 있었다.

인간의 행복은 깨어있는 의식과 살아있는 육체 속에서 솟아나는 것이니 무슨 계율 같은 것이 인간 삶의 원칙이 될 수 없는 것이다. 아무도 원효의 노래 속의 참 뜻을 이해하지 못했으나 태종 무열왕은 그의 노래를 이해했다.

'이 사람은 누군가를 찾고 있다. 자기 자신의 존재적 힘을 과시하며 씨를 뿌릴 마땅한 밭을 찾고 있는 것이다. 만일 거기서 현인이라도 태어난다면 이는 나라의 경사이다. 나라에는 인물이 있어야 한다.'

황제는 원효를 계율이나 지키며 불법을 닦는 절에 갇힌 스님으로 보고 있지 않았다. 황제에게 있어 원효는 계율에다 불을 지른 멋진 사람이었고 자신의 법을 창조하는 실력자였다. 황제의 귀에 원효가 부르는 '무애가'는 자유를 부르짖는 인간의 절규였고, 원효가 추는 '무애무'는 자유를 찾는 인간의 몸부림이었다.

'담장 속 문 안에서 보호받고 사는 것을 인간의 행복으로 오해하고 있는 사람들은 그를 이해하지 못한다. 구속 상태 속에서 시키는 대로 하고 주는 대로 받는 노예가 인간 본래의 삶인 줄 착각하고 있는 사람들은 그를 이해할 도리가 없다!'

이때 요석궁에는 미망인 공주가 살고 있었다. 황제는 신하들에게 원효를 요석궁으로 안내하라고 명령했다. 궁을 떠난 신하들은 원효가 이미 궁을 지나 문천교에 이르렀을 때 그를 만날 수가 있었다. 원효는 그들을 만나 사정 얘기를 듣는 순간 그의 기지는 그에게 자기 연출을 하게 했다. 황제의 뜻이 그러해도 정작 공주의 뜻은 어떨지 모르니 공주의 자존심과 자기 변명을 위해 그는 슬기를 발휘했던 것이다.

그는 발을 헛디디는 척하며 물에 빠져 옷을 다 적셨다. 요석궁으로 안내된 원효를 보자 요석이 말했다.

"어머나 옷이 다 젖었군요."

"귀한 분을 만나러 오다 보니 강물이 씻어 보냈소."

"고마운 일이군요. 어서 들어와 옷을 갈아 입으세요."

"고맙소."

방으로 들어가 옷을 갈아입고 앉자 다과상을 들고 온 요석이 말했다.

"황룡사에서 뵙고 처음이군요."

"백 년 전은 아니던가요?"

"대사님도 참… 서라벌에 살아있는 부처님이 계셔서 영광입니다."

"부처는 출가 전에 장가 들었는데…"

"이전과 이후의 차이는 생각 나름이겠지요. 마음 가는 곳에 몸이 따라왔으면 됐습니다."

"깨달음이 성인의 경지에 가 있다 해도 남녀의 정을 모르고서는 아무 것도 모르는 것과 마찬가지라는데 나를 좀 도와 줄 수 있겠는지요?"

"저도 들었습니다. 마음으로 백 년을 산 사람들의 관계보다는 몸으로 하룻밤을 지낸 사이가 더 짙을 수 있다는 말을요."

그들은 계속 서로의 잔에 차를 따르며 점점 더 인간의 향기에 취해 들어갔다.

"곡신(谷神)은 죽지 않으니 이를 현빈(玄牝)이라 한다지요?"

원효가 노자의 글을 빌어 말했다. 이는 물이 모이고 흘러 만물을 낳고 기르는 계곡을 생산하고 양육하는 여자의 몸에다 비유한 말이다. 이 말을 요석이 계속되는 노자의 문장으로 받았다.

"네. 현빈지문(玄牝之門)은 시위천지지근(是謂天地之根)이라 합니다."

이 말은 여자의 생식 문은 천지의 근원이라는 말로써 그것은 숭배되어야 마땅하다는 뜻이다.

원효는 요석에게서 커다란 경이로움을 발견하였다. 성(性)을 인간의 본래적인 것으로 인정하면서 그것을 자연의 도(道)와 연관시켜 풀어나가는 노자의 사상을 그녀가 이해하고 있는 것에 그는 놀라지 않을 수 없었던 것이다.

원효는 노자의 문장을 하나 더 인용해 보았다.

"천문(天門)은 개합(開闔)에 의해 진실로 가치를 드러낸다 했지요?"

천문 역시 여자의 문을 말하는 것이다.

"그렇습니다. 천문이 열리고 닫히는 것도 다 도(道)의 작용이지요."

"부처는 바로 공주군요. 공부를 아주 깊게 하였구려."

"혼자서는 모를 일입니다. 말씀을 하시니 대답으로 나온 것 뿐입니다."

"옛 말에 문을 나오지 않아도 천하를 알고 들창을 엿보지 않아도 천도를 안다 했는데 아마 공주를 두고 한 말 같소."

"저는 아무 것도 모릅니다. 그러나 마음이 통하고 합쳐지는 사람을 만나는 것이 큰 행운인 것은 알고 있습니다."

원효는 요석의 말끝에서 번갯불 같이 스쳐가는 섬광을 느꼈다.

그녀가 말한 통(通) 자와 합(合) 자의 의미가 불교 사상을 불러내게 했던 것이다. 그는 거기서 합(合)과 파(破)를 기초로 하는 중도사상

(中道思想)과 개(開)와 입(立)을 근거로 하는 유식사상(唯識思想)을 전과는 달리 새롭게 깨달았다. 그리고 언어로 붙들 수 없는 것까지 붙들어 무(無)와 유(有), 공(空)과 색(色)의 세계가 내면에서 무지개처럼 펼쳐지는 것을 느꼈다. 그는 부지불식 간에 불교의 종파적 다툼을 극복하여 불교를 하나로 회통(會通)하는 사상적 씨앗까지 발견하고 무척 기뻤다.

영웅 뒤에는 인물이 있다 했으니 원효 뒤에는 요석이 있었다. 만일 요석이 없었다면 원효는 창조의 근원을 찾지 못해 끝내 자기의 사상을 펼쳐내지 못했을지도 몰랐다. 이렇게 사랑은 그가 있음으로 해서 내가 있는 것임으로 어떤 일을 하게 하는 빛으로 작용하기도 하는 것이다.

다음 날 아침 요석궁 뜰에 원효와 요석이 마주 앉았다. 꽃밭에는 꽃들이 만발하였고 나비와 벌들이 춤추고 있었다. 연못에는 물새들이 짝을 지어 물을 헤치며 노는가 하면 우거진 숲 속에서는 상큼한 바람이 불어오고 있었다.

그들은 인간의 마음은 본래 청정한 허공과 같은 것이지만 일체의 영지가 존재 속에 다 내재해 있으므로 내적인 깨달음도 중요하며, 또 문 밖에서 구하는 학문도 중요하다는 얘기를 했다. 그리고 사람이 글만 읽어 가지고는 남의 사고에 매달릴 위험이 있으며 또 생각만 해서도 자가당착에 빠질 위험이 있으니 내외의 조화가 문제라는 말도 나누었다.

원효는 다시 인간들이 시시비비를 가리려고 싸움하는 것에 대해 이는 전체는 파악하지 못하고 부분만 보고 그 작은 일부분에 자기 오해를 드러낸 것으로, 이를 각각 코끼리의 다른 부분을 만진 네 사람의 소경에 비유하기도 했다.

"코끼리의 귀를 만진 소경은 곡식을 까불어 고르는 키라고 생각하고, 다리를 만진 소경은 기둥이라 생각했지요. 그리고 배를 만진 소경은 벽으로, 꼬리를 만진 소경은 빗자루라고 생각했답니다. 그들이 자기가 만져 본 것에 대해 각기 다른 결론을 내리고 서로가 옳다고 싸우는 것을 상상해 보시오."

요석은 모처럼 즐겁게 웃었다.

웃다가 문득 자기 발견을 한 요석은 원효와 눈이 마주치자 고개를 돌리며 말했다.

"세상에서는 저를 두고 대사님을 파계시킨 여인이라 욕하겠지요?"

"아니오. 오히려 승화시킨 사람으로 생각할 것이오."

"위로의 말씀인가요? 아니면 생각의 차원이 다르신 건가요?"

"남을 미워하는 것은 죄가 되어도 사랑하는 것은 죄가 될 수 없지 않겠소."

"사회가 도덕으로, 종교가 계율로 질책하는 데도요?"

"자기 안에 법이 없을 때는 밖에 있는 법에 얽매이게 되지요. 자기 속에 삶의 계율이 있는 사람은 밖의 법에 속박 당하지 않습니다. 도덕이나 계율은 삶의 도구일 뿐 진리는 아닙니다."

"불변의 진리와 상황에 따라 변하는 생활 규범은 구분되어야 한다는 말씀인가요?"

"그렇습니다. 삶의 목적을 어디다 두어야 할까요?"

"당연히 행복에다 두어야지요."

"어떻게 하면 행복할 수 있겠습니까?"

"자기 자신을 사랑해야지요. 불행한 나를 사랑할 줄 아는 마음에 행복이 머뭅니다."

"남과 비교하게 될 때 스스로를 사랑할 수 없는 것을 어찌합니까?"

"남과 같은 나보다 남과 다른 자기의 고귀함을 인식하지 못해서 그렇겠지요. 그리고 분명한 사실은 행복이란 어떤 이유에서 오는 게 아니고 이해에서 오는 것입니다. 때로는 오해에서 오기도 하지만…"

요석은 갑자기 삶의 방향이 잡히는 것 같았고 비어 있던 속이 가득 차오름을 느꼈다.

"말씀을 듣고 보니 저의 길이 열리는 듯합니다. 그런데 자기 자신을 사랑함은 이기적인 행위가 아닐까요?"

"진정으로 자신을 사랑할 수 있는 사람만이 참으로 남을 사랑할 수 있습니다. 나 없는 남이 아니고 나 있는 남과의 관계여야 그 관계가 정상적인 것이 되지요. 자기 존중의 마음 없이 남을 존경할 수도 없고 너와 내가 하나 될 수도 없습니다."

"그렇겠습니다. 자기 자신에게 성실하지 못한 사람이 남에게 충실할 수 없겠지요."

"맞습니다. 그리고 나는 늘 불행할 수밖에 없는 인간이 때로 행복해지려는 노력은 그것이 무엇이든 간에 다 정당하고 합리적인 것이라 생각하고 있습니다."

"그렇다면 선과 악은 어떻게 구분해야 합니까?"

"그건 편리상 구분해 놓았을 뿐, 본래 구분되는 것이 아닙니다. 변화 속에서 일시적으로 나타나는 현상을 놓고 이것이다 저것이다 할 수는 없는 것이지요. 선 속에 악이 있고 악 속에 있는 선이 이해(利害)에 따라 변하면서 그 실체를 은폐시키기도 하고 노출시키기도 하니 상대 개념에서 벗어나야지요."

그들은 혼돈의 세상에서 긍지를 지니고 삶을 지탱해 나가려면 우선 존재 자체를 이해해야 한다는 얘기 속에 계속 많은 말을 주고받았다.

"대사님!"

"?"

"드릴 말씀이 있습니다."

"말씀해 보시오. 어려운 얘기 같은데… 나에게는 이래서 되고 저래서 아니 되는 마음이 없으니 아무래도 괜찮소."

"어제 밤에 대사님의 말씀을 듣고 생각했습니다만… 이런 부탁을 해도 될지?"

"괜찮다니까요."

"제 생각으로는 신라가 삼국을 통일할 것으로 믿고 있습니다. 지금 대사님의 화합 논리가 이 나라 뿐만 아니라 다른 나라에서도 많은 사람들을 감화시키고 있으니 차제에 그 논리를 더욱 더 궁구해 놓으시면 삼국이 통일 되었을 때 대사님의 사상이 이른바 필요 진리가 되어 온 백성들을 하나로 묶는 화합의 요체가 되리라 확신합니다. 설령 국토가 통일이 되었다 해도 백성들이 하나로 통일이 되지 않고 삼분오열한다면 그 무슨 의미가 있겠습니까? 혼란과 갈등의 시기에 정신적 지주가 될 민족적 구심점이 없이는 통일은 오히려 더 큰 불행을 자초하고 말 것입니다. 그 일을 하실 분은 지금 이 나라에 대사님밖에 없습니다.”

눈을 감은 채 가만히 듣고 있던 원효는 요석의 말이 끝이 나도 아무런 움직임이 없었다.

요석은 불안한 생각이 들었다. 자기가 너무 당돌했나 싶어 후회스럽기까지 했다. 그대로 명상에 잠겨 있는 원효의 모습 속에는 어느 누구도 범접치 못할 위엄이 서려 있었다.

요석은 기다렸다. 시간이 지나가니 그의 명상이 다소 이해가 되었던 것이다.

:: 임의 향기 속에서

한참이 지난 후 원효가 물었다.

"공주는 무엇을 근거로 신라가 삼국을 통일할 것이라 믿고 있소?"

"그건 국가 정책을 지켜본 저의 소견입니다. 대사님께서도 알고 계시지요? 신라가 당나라와 군사동맹을 체결한 것을요."

"알고 있습니다. 그러나 고구려는 강한 나라입니다. 연합군이 친다 해도 쉽게 무너질 나라는 아닙니다. 백제 역시 부패했다고는 하나 그렇게 나약하지는 않지요. 힘으로 구분한다면 가장 약한 나라가 신라가 아닌가 합니다. 병법에도 있지요. 남의 힘을 빌려 싸움을 하면 그 전리품은 남의 것이 되고 만다는…"

"알고 있습니다. 그렇지만 신라에는 남의 힘을 이용하고 또 그 힘을 물리칠 저력이 충분히 있다고 봅니다."

"그 점은 인정합니다. 힘은 언제나 이용할 줄 아는 자의 편에 서지요. 그러나 적은 결코 만만한 상대들이 아닙니다. 나는 생각하기를,

이번 동맹도 결국 당의 한반도 지배 야심에 근거한 게 아닌가 합니다. 그런 것을 일러 이이제이(以夷制夷) 수법이라 하지요."

"그게 어떤 수법인데요?"

"이른바 적을 이용해서 적을 친다는 것입니다. 당은 통일신라의 막강한 힘을 원치 않을 것입니다. 반드시 전후의 혼란을 틈타 이이제이(以夷制夷)의 작전을 구사할 것으로 봅니다. 정말로 생사를 건 전쟁은 그때 해야 하니 신라는 그때를 철저하게 대비해야 할 것으로 생각됩니다."

"지도자들에게 그 말씀을 잘 전하겠습니다. 우리는 그동안 170여 회나 전쟁을 치러 왔습니다. 때문에 성장이 늦은 나라가 되었습니다. 솔직히 말해 문화도 백제만 못하고 국력도 고구려만 못합니다. 그러니 이대로 있다가는 어느 나라한테 당할지 모릅니다. 그래서 공격이 최선의 방어라는 신념으로 당과의 동맹을 맺기에 이른 것인데 대사님께서도 이 점을 이해하고 계시겠지요."

"예. 그리고 믿고 있기도 합니다. 이 나라 지도층들의 능력을… 그래서 모든 것이 다 뜻대로 잘 되겠지만 혹시나 하는 염려에서 하는 말입니다."

"감사합니다. 지도층의 능력도 능력이지만 저는 대사님과 같은 위대한 분이 이 나라에 계신 것을 큰 힘으로 생각하고 있습니다."

"과분한 말씀이십니다."

그들의 이야기는 끊어졌다 이어졌다 하면서 계속되어 나갔다. 생각에 잠겨있던 요석이 문득 물었다.

"사실 동맹이라는 것도 종이 한 장에 불과 하겠지요?"

"동맹이라는 것도 결국 서로의 이익이 전제된 순간적 약속에 지나지 않는 것입니다. 체결 당시의 상황에 변화가 발생하거나 자신들의 이익에 저해 요소가 생기면 언제든지 파기될 수 있는 것이니 동맹이라 하는 것은 믿을 것이 못 됩니다. 신라는 신라대로 백제와 고구려를 쳐서 삼국을 통일해야겠다는 야심이고, 당나라는 또 그들대로 힘이 강한 고구려를 응징하고 싶은 야욕이 동맹이 체결될 수 있었던 배경 같습니다. 그런데 여기에는 당나라의 숨은 속셈이 또 있을 수도 있으니 문제라는 것이지요. 통일된 신라를 송두리째 삼키려는 야욕이 그들의 밑바탕에 깔려 있다면 이용하려다가 이용만 당하는 꼴이 되기 십상입니다."

"그렇게 먼 앞날까지 내다보시는 대사님이 계시니 이 나라의 장래가 어둡지 않은 것 같습니다. 그런데 지금 신라의 입장으로서는 어쩔 도리가 없어 통일 후에는 압록강 이북의 고구려 땅을 당에 넘겨주기로 협약이 된 모양입니다. 이 점에 대해서는 어찌 생각하십니까?"

"현재의 신라를 구하기 위해서는 불가피한 양보겠지만 역사는 압록강 이북의 땅을 당에 넘겨주는 것에 대해 굴욕적 협약이라고 비판할 것입니다."

"그럴 수도 있겠지요. 하지만 우선의 양보가 보다 나은 이익을 가져오게 한다면 양보가 양보일 수만은 없겠지요. 힘을 빌리고 난 후 그 힘을 어떻게 물리치느냐에 신라의 역량이 드러날 것으로 믿습니다."

"그렇겠지요. 개인의 삶을 지탱할 수 있는 주체적인 진리도 힘이고, 국가를 발전시키는 진리도 힘 밖에는 다른 게 없다고 생각합니다. 최고의 가치는 힘이기에 인간의 모든 노력은 힘의 축적에 근거를 두고 있지요. 우리가 배우고 익히는 것도 다 상황에 따라 자기의 존재를 있게도 하고 없게도 할 수 있는 힘을 기르기 위해서입니다."

원효와 눈을 마주쳐 요석이 말을 받았다.

"저의 생각도 다르지 않습니다. 주인과 노예의 차이도 힘이겠지요. 승리와 패배도 행복과 불행도 다 힘이 좌우하는 것이라 봅니다. 모든 것을 먹어도 자기는 먹히지 않기 위해 필요한 것은 오직 힘이 아닌가 합니다."

"바로 보셨습니다. 죽을 수도 살 수도 없는 운명 앞에 남이 될 수도 내가 될 수도 없는 상황 속에서 자기 자신을 구해낼 수 있는 것은 오직 힘입니다. 힘을 이용하는 것도 힘이고, 상황에 따라 힘을 사용하지 않는 것도 힘입니다. 타협이나 흥정도 힘이 있어야 가능한 것이 세상사이니 문제는 지도층의 능력 여하에 있는 것 같습니다."

"물론입니다. 그런데 제가 볼 때 백제의 국력은 이미 쇠퇴해 있습니다. 귀족들의 분열과 의자왕의 방탕으로 치면 쓰러지게 되어 있다고 봅니다. 그리고 고구려 역시 연개소문이 정권을 장악하는 과정에서 백여 명이 넘는 귀족 세력을 살해했기 때문에 국내적으로도 적이 많습니다. 그런가 하면 신라와의 동맹을 거부함으로써 결국 신라로 하여금 당과 손을 잡게 했습니다. 연개소문은 그 사고방식이 독불장군식이라 그의 운명이 밝지만은 않다고 봅니다만…"

"바로 보고 계십니다. 하지만 백제의 중앙정부가 무너져도 귀족 세력들이 지니고 있는 지방 세력이 막강하니 이 점에 특히 유의해야 하고, 고구려 또한 세력의 판도가 백제와 비슷합니다. 그러나 고구려는 연개소문을 중심으로 잘 훈련된 군대가 있습니다. 나의 생각으로 고구려의 멸망은 연개소문이 죽은 후에나 가능하지 싶습니다."

"그렇겠군요. 그렇다면 가장 큰 문제는 통일 후 당과의 싸움인데 어떻게 대처해야 할까요?"

"신라가 당과 싸워 승리하지 못하면 백제와 고구려에 이어 신라도 역사 속으로 사라질지도 모릅니다. 그러니 병법적인 자세로 당과의 관계에 임해야 하는데 신라로서는 우선 정복민과의 차별을 없애고 세 나라의 민족을 하나로 만드는데 총력을 기울여야 하겠지요. 백제와 고구려의 백성들을 대당의 전쟁에 동원하기 위해서는 신라가 그들에게 승리자로 군림해서는 안 되며 동족의식을 발전시켜 나가야 할 것입니다."

"그렇지 않아도 통일 후의 정책을 살펴보니 대사면을 단행하고 백성의 부채를 탕감하며 전공에 따른 포상에 신분의 차별을 없애는 것 등이 있었습니다."

"중요한 문제는 통치를 위한 황제권을 강화하는 일입니다. 그러기 위해서는 법전을 정비하고 행정 관서를 강화하여 명령에 일사분란하게 움직이게 해야 하지요. 통일 후 통치자가 가장 먼저 해야 할 일은 황제권의 실질적인 위협이 되고 있는 진골 귀족들의 군사력을 박탈해야 합니다. 그러기 위해서는 새로운 군사제도를 만들어야겠지요."

"기존 세력들의 도전이 만만치 않을 텐데요?"

"어떤 통치자는 반대의 벽을 뚫고 나가는 희열 때문에 정치를 한다고 했습니다. 모름지기 통치자는 악도 선처럼 행할 수 있는 준비가 되어 있어야 합니다. 악으로 시작한 일도 결과가 좋으면 선이 되고,

선으로 행한 일도 결과가 나쁘면 악이 되고 마는 것이니 통치자는 모름지기 선악에 얽매이지 말아야 뜻을 이룰 수 있습니다."

"저도 세상은 선이 끌고 가는 게 아니라 악이 끌고 간다고 믿고 있어요. 아니 선악을 구분한다는 것부터 문제가 있는 것 같아요. 크게 보면 둘이 아니니…"

"그렇습니다. 편리상 구분해 놓았을 뿐이지 사실 구분되는 게 아니지요. 수행자나 생활인의 입장에서 보아도 선하다고 생각되는 인연이 내게 베푸는 은혜보다 악한 인연이 내게 던지는 치욕이 삶을 더 깊고 높게 깨치게 하지요."

이야기 내용이 정치적인 것에서 종교적인 것으로, 다시 정치적인 것으로 옮겨지는 시간 속에서 그들은 보다 깊게 서로를 이해해 나갔다. 그런데도 요석은 어젯밤에도 그렇지만 오늘 역시 원효와의 이야기 속에서 내내 안타까운 마음을 감추지 못하고 있었다. 언제까지나 같이 있을 사람이었으면 하는 욕심과 그가 불교계에 없어서는 안 될 인물이듯 지금의 신라 조정에서도 절실하게 필요한 인물이라는 생각은 그녀의 마음을 심하게 어지럽혔던 것이다. 그러나 그의 길을 돌리게 할 수는 없는 일이었고 더구나 그와 함께 산다는 것도 꿈 같은 일이었으니 그녀의 마음은 점점 더 깊은 나락으로 떨어지기만 했다.

한편 원효는 요석이 공주의 신분으로 이미 정치에 깊이 개입하고 있는 것이 뜻밖이었고, 그녀의 대단한 정치적 소견에도 놀라지 않을 수 없었다. 그리고 그녀가 무지나 갈망의 고통으로부터 자유롭기 위해 노력하고 있는 것도 자기 삶의 자세와 다른 게 아니어서 깊은 호감이 가기도 했다.

요석이 침묵을 깼다.

"그런데 가장 이상적인 통치자는 어떤 사람일까요?"

"통치자는 국가의 정의를 실현할 수 있고 국민에게는 가치 있는 삶을 영위할 수 있게 해야 하는데 그런 힘을 지니려면 철학적 정신으로 권력을 행사할 줄 아는 능력자여야 한다고 봅니다."

고개를 끄덕이며 요석이 말을 받았다.

"저도 통치자가 가장 경계해야 할 일은 국민에게 경멸당하는 것이라 생각합니다. 통치자가 작아 보이면 국민의 충성은 사라지고 말 것입니다. 인간의 속성이 두려운 자에게는 굽실거리지만 힘 없는 자에게는 가혹하게 만들어져 있으니 자기 자신의 안전을 스스로 지킬 줄 아는 사람이 통치자의 자격이 있겠지요."

"그렇습니다. 작은 힘에는 적이 생기지만 큰 힘에는 적이 없습니다. 그것도 자기 스스로의 실력에 기초를 둔 힘이어야 자기에 의한 자기의 통치가 된다는 것을 잊지 말아야겠지요."

"잘 알겠습니다. 문득 생각나는데 아까 말씀에 당나라와의 일전을 예상하고 민족의 총력을 모아야 한다고 하셨지요?"

"예."

"통일된 민족을 빠른 시일 내에 통합하려면 어떤 구호나 구심점이 되는 이론이 있어야 할 텐데 혹 생각나는 것이라도 있는지요?"

"이런 말이 있습니다. '어떤 곳이든 그곳에 가거든 그 사람들이 경배하는 방법으로 경배하라. 신은 여럿이면서도 하나이니 다른 신을 경배하는 것은 곧 나의 신을 경배하는 것이다. 세상의 모든 경전들과 사원들은 다 나를 위해 있고 기도는 통하지 않는 곳이 없다.' 이와 같은 말들이 풀어져 통일된 세 나라 국민들의 가슴에 심어진다면 서로의 화합에 도움이 되지 않을까 싶기도 합니다."

"좋은 말씀이십니다. 강력한 개인이 되는 것이 삶의 목표가 되어야겠지만 인간은 또 관계적일 수밖에 없으니 주위 사람들이나 그들의 믿음까지도 존중해줄 수 있는 자세가 우리에게 있어야할 것입니다."

"누구를 부처라 하느냐 하면 모든 이론에서 해방되어 있는 사람을 말합니다. 이 말이나 저 글에 붙들리는 사람은 중생에 지나지 않으니 사람은 모름지기 논쟁 되어지는 문제에서 자유로워져야 하지요."

"그럼 어떤 이론에도 붙들리지 않는 사람이 깨달은 사람이라 보아도 되겠습니까?"

"그렇습니다. 그 어떤 것에 붙들리면 집착이 생기고 그로 인해 온갖 문제가 발생하기 마련이지요. 그래서 부처는 형이상학적인 문제, 즉 사물의 본질, 존재의 근본 원리를 탐구함에 있어서도 양 극단을 피하고 중도를 취했고 윤리적인 문제에 있어서도 그러했습니다."

"그랬군요. 저도 인간의 생존이나 생활이 무시된 도덕이나 계율은 의미 없는 것이라 봅니다. 물론 진정한 종교는 사람에게 그 무엇이어서 어떻게 살아야 하는가 하는 문제와 답을 제시해야겠지만 우선 인간 본성의 이해가 바탕이 된 것이어야 참다운 인간의 법이 된다고 생각합니다."

"동감입니다. 그렇지 못한 것은 사상의 유희이고 말잔치에 지나지 않는 것이지요. 종교도 누구의 법칙에 따라 존재하는 것이 아니고 사회와 함께 공존하는 것으로 인간의 삶과 직접적으로 결부되고 인간의 삶을 이끌고 나아가는 유용성이 있어야 합니다. 때문에 종교는 유물론적으로 흘러서도 안 되고 유심론적으로 흘러서도 인간과 멀어지고 맙니다.”

무거운 얘기가 잠시 침묵을 만들었다. 구름이 해를 가리고 바람이 나뭇가지를 흔들고 있었다. 요석의 얼굴을 다시 덮는 그림자를 보다가 원효가 말을 이었다.

“사람이 괴로운 원인은 대개 존재방식에 무지하기 때문입니다. 그래서 부처는 열반과 무아에 대해 가르쳤지요. 그런데 여기에 대중들이 오해하고 있는 게 있습니다. 부처는 모든 욕망의 소멸에 대해서는 말하지 않았고, 다만 고통과 절망으로 치닫는 지나친 욕구를 자제시키려 했을 뿐입니다. 또 무아라는 말을 하지만 그것 역시 열반을 이루는 자아까지 없애라는 것은 아닙니다. 세상이 다 있어도 내가 없으면 아무 것도 없는 것이나 마찬가지이니 자기 자신이 먼저 존중되어야 합니다.”

“잘 알겠습니다. 눈을 안으로 돌리면 회의와 무지만 발견될 뿐이고 눈을 밖으로 향하게 하면 논쟁이나 비난 등을 만날 뿐이니 문제는 언제나 나에게 있는 것 같아요. 앞으로는 스스로를 존중하며 자신을 사랑해 나가겠습니다.”

“그래야겠지요. 그러면 반야의 힘이 저절로 얻어질 것입니다.”

“반야의 힘은 무엇을 말합니까?”

“있는 그대로를 받아들일 수 있는 힘을 말합니다. 사람의 고통은 있는 그대로를 통찰하지 못하고 있는 그대로에다 자기 생각이나 계산을 덧붙이지요. 그리하여 계산이 맞아떨어지면 좋아하고 그렇지 못하면 슬퍼합니다.”

::
시공을 넘나드는 교감으로

원효에게서 사람이 느끼는 기쁨과 슬픔의 까닭을 들은 요석은 인간이란 존재에 대해 다시 생각했다. 그토록 단순한 근거에서 인간의 희로애락이 발생되는가 싶으니 어렵게만 느껴졌던 삶의 문제에 쉽게 답이 얻어지기도 했다. 삶의 문제가 다 자기의 생각이 만들어내는 희비극이라는 사실은 요석에게 지금의 상황까지도 다 이해시키기에 충분했다.

이제 요석은 스스로 자신을 이끌어 나갈 수 있는 힘이 생긴 것 같았다. 요석이 자기 생각에 잠겨 있는 동안 원효 역시 자기 생각에 젖어 있었다.

'중생은 본래 마음이 상을 떠나 있음을 알지 못하고 온갖 상을 다 취하여 쓸데없는 생각을 일으키니 먼저 모든 상을 파하고 취하는 마음을 없애야 한다. 그러나 환화(幻化)를 유상(有相)이라고 보는 생각을 파했으나 무화(無化)의 공성(空性)에 집착하면 또 공성에 휘말리게 되므로 무화공성(無化空性)마저 버려야 한다. 그렇게 되면 공(空)을 취하는 마음이 생기지 않게 되므로 모름지기 무주(無住)의 중도(中道)를 만나 부처님이 들어가신 제법(諸法)의 실상(實相)에 들게 된다.'

명상에 잠겨 있는 원효를 바라보던 요석은 그의 모습에서 보리수 아래에서 내면의 여행을 하고 있는 부처님의 모습을 연상했다. 부처님은 더 깊이 더 넓게 더 높이 올라가면서 존재의 본질을 추구해 나갔다. 그러나 그는 추구해 들어가면 갈수록 점점 더 비어 있는 것을 발견했다.

그가 핵심에 닿았을 때는 아무 것도 없었다. 텅 비어 있었다. 텅 빈 공(空)이 존재의 본질이었다. 텅 빈 것으로부터 와 그것에로 돌아가는 것이 존재의 시작이고 끝이었다. 있는 존재를 두고 없는 존재를 느끼며 생각하고 있던 요석은 원효에게 틈이 생기자 끼어들었다.

"화합의 논리에는 중용이나 중도의 논리가 제외될 수는 없겠지요?"

"그렇겠지요. 아무래도…"

"대사님께서는 불교에 귀의하시기 전에 이미 유교와 도교의 경전들을 익히셨다고 들었습니다. 그러니 유교의 중용 논리도 잘 알고 계시겠군요."

"글쎄요. 책을 본 지가 오래 되어 잘 모르겠지만 도움이 되신다면 제가 유교경전을 살펴 본 것에 대해 말씀 드리지요."

"그럼 중용(中庸)은 무엇을 뜻하는 말인지 알고 싶습니다."

"중용(中庸)은 예로부터 지금까지 수많은 곳에서 수많은 사람들에

의해서 제기된 문제입니다. 중용(中庸)의 중(中)은 불이성과 향상성
을 나타내는 말로써 원래는 중심과 적중의 의미를 지니고 있지요. 이
와 같은 중(中)의 가치적 면을 발견하고 그것이 윤리관과 결합이 되
면서 중용사상의 성립을 가져왔습니다. 치우치면 금수(禽獸)가 되고
중(中)이면 사람이 된다는 말을 만든 사람은 중(中)만으로는 그 의미
를 다하기에 불충분하므로 용(庸)을 붙였는데, 그 용은 상(常)인 즉,
바뀌지 않음이라 했습니다. 그래서 중(中)은 천하의 정도(正道)요, 용
(庸)은 천하의 정리(定理)라 합니다."

원효는 중용(中庸)의 한 구절을 마치 염불할 때처럼 읊었다.

"희로애락지미발(喜怒愛樂之未發)이 위지중(謂之中)이요,

발이개중절(發而皆中節)이 위지화(謂之和)다.

중야자(中也者)는 천하지대본(天下之大本)이요,

화야자(和也者)는 천하지달도(天下之達道)이다.

치중화(致中和)면 천지위언(天地位焉)하며

만물육언(萬物育焉)이라."

이어 원효는 설명을 해 나갔다.

"'희로애락이 발하지 않은 상태를 중(中)'이라 했습니다. 인간의
감정은 어떤 계기를 만남으로써 일어나지요. 즉, 어떤 것에 접하고
자극을 받음으로써 그 반응 작용이 일어나는 것입니다. 감정이 일어
나지 않은 상태란 곧 사상(事象)에 접하여 반응이 일어나기 이전 인
간의 심저에 잠재해 있는 순수 본래의 자세를 가리키고 이것을 이름
하여 중(中)이라 합니다. 말하자면 무애무착하여 천하지사에 통할 수
있는 바탕이 성립되어 있다는 말이지요. 그런가 하면 인간은 생명이

있는 이상 그렇게 숙연 부동할 수 없으므로 어떤 행위를 할 수 밖에 없습니다. 행위를 하는 순간 그 공간에서 만난 상대에 대하여 당연지리를 찾아야 하는데 그것이 잘 되지 않는 데서 문제가 발생합니다.

그래서 '발(發)해서 절도에 맞는 것을 화(和)'라 하지요. 인간의 본연이 중(中)인 데도 불구하고 중절(中節)에 의한 화가 이루어지지 않고 불화(不和)의 현상이 일어남은 인간이 욕심에 영향을 받아 과불급의 현상이 일어나 본래의 순수한 것을 보존할 수가 없기 때문입니다. 그래서 본연의 중(中)의 온전한 보전을 중요한 과제로 삼습니다.

다음으로는 '중(中)은 천하의 대본이요, 화(和)는 천하의 달도(達道)'라 했지요. 중(中)이 천하의 근본임은 당연지리가 다 그 속에 있기 때문이고, 화(和)가 천하의 달도(達道)임은 조화의 근본이 그 속에 다 있어 언제 어느 때라도 다 통할 수 있기 때문입니다. 그래서 중화(中和)의 덕은 삶에 있어서 중요한 것입니다.

생은 조화를 얻는 데서 가능해지지만 부조화의 극단적 형태는 대립이고 이 대립이 조화로 돌아서지 않으면 생은 마침내 파멸하고 말지요. 때문에 '중화의 덕을 극진히 하면 천지가 제 자리하여 만물이 자라게 된다'고 한 것입니다.

이 부분을 사람들은 다음과 같이 해석하고 있지요. '중화의 덕을 극진히 하여 한 순간의 불중(不中)도 없으면 내 마음이 바르게 되어 천지의 마음도 또한 바르게 되기 때문에 침묵이나 행동에 있어 불화함이 없어지고 나의 기(氣)와 더불어 천지의 기(氣)도 순조로워져 만물이 저절로 자라게 된다. 이것은 일심(一心)의 묘용(妙用)이며, 학문의 극공(極功)이다'라고 하지요."

여기서 원효는 중(中)에 대한 논리를 정리하기 시작했다.

"중(中)은 정체가 없습니다. 중(中)은 시간에 따라 다르고 공간에 따라 다르며 또한 만나는 사물에 따라 다르지요. 그때, 그곳, 그 일에 있어 중(中)이 이때, 이곳, 이 일에서도 중(中)이 되는 것이 아닙니다. 상황은 바뀌어 가고 모든 사물은 차별되며 상대적이고 조건적인 것에 의해 변동해 갑니다. 이 변화해 가는 현실에 한 가지 일정한 중(中)이 획일되어질 수는 없는 것이지요.

그래서 수시처중(隨時處中)을 바로 중용(中庸)이라고 한 것입니다. 이 수시처중의 기틀은 권(權)에 있으며 권은 저울질한다는 뜻으로 그것은 변동을 가리킵니다. 사물에 적응해서 어느 하나 정해진 국면에 요착하지 않고 항상 타당한 쪽으로 지향하는 것이 권(權)이며 변통입니다. 고집이 없이 변화에 따르는 것, 그것이 삶의 요결이라는 것이지요.

지나침도 없고 모자람도 없는 것을 중(中)이라 한다는 말을 물리적으로 말한다면, 마치 두 점 사이의 거리에 있어 그 가장 중간이 되는 점을 취하는 것입니다. 그러나 중용(中庸)은 그런 물리적인 중(中)을 말하는 것이 아니지요.

사람과 사람 사이에 있어 생기는 문제를 어떻게 하면 가장 잘 해결할 수 있느냐는 것입니다. 이때에 있어 중(中)은 매우 복잡하고 위험한 요소까지 안고 있는 것이므로 이는 스스로 깨달아야 할 문제입니다. 여기에 인간의 의무와 책임이 주어져 있고 그 책임을 어떻게 하느냐에 따라 권리를 행사할 수 있는 힘이 부여되는 것입니다."

원효의 말이 끝나자 요석은 감고 있던 눈을 떴다. 원효를 바라보던 그의 눈매에는 경이로움이 가득 차 있었다.

"아니, 불교의 수행자가 어찌 유교의 논리를 그렇게도 환하게 알고 계십니까?"

"삶에 필요한 논리 같아 익혀 두었을 뿐입니다. 도움이 되었으면 좋겠군요."

"도움이 되고 말구요. 우리 불교의 중도(中道)의 논리도 그와는 별 차이가 없지만 다른 점도 있겠지요?"

"물론입니다. 한 마디로 말하자면 유교의 중용(中庸)은 이율긍정(二律肯定)의 집양용중법(執兩用中法)이고, 불교의 중도(中道)는 이율부정(二律不定)의 해설중관법(解說中觀法)입니다."

"어려워요. 해석 좀 해주세요."

"그러지요. 글을 써 놓으면 바로 알 텐데 말을 하니… 유교의 중용(中庸)은 대립되는 양 쪽을 다 긍정하면서 서로에게 쓰임이 있는 중간을 선택하는 것이고, 불교의 중도(中道)는 대립되는 양 단을 다 부정하면서 왜 그래야 하는가 하는 이해를 제시한다는 말입니다."

"이제 알겠습니다."

"그런데 이렇게 중용(中庸)과 중관법(中觀法)이 나온 이유가 따로 있습니다."

"그게 무엇인데요?"

원효는 내놓을 말이 재미있는 듯 혼자 웃다가 입을 열었다.

"사람은 아무리 공부를 하고 도를 닦아도 절대로 중간을 모른다고 합니다."

"호, 호, 호, 정말 그런 것 같군요."

요석은 즐거운 듯 웃고 있는데 원효가 말을 이었다.

"그렇지요. 좋으면 좋은 데 치우치고 싫으면 싫은 데 치우쳐 언제나 시비를 일으키는 게 사람이지요."

"아무려면 다 그럴까요? 대사님 같은 분은 예외겠지요."

"나도 지금 사랑에 치우쳐 있는 것 같은 데요?"

"설마…"

"내가 지금 물불 못 가리고 있는 것 같지 않으세요?"

"말씀 잘 하셨어요. 사랑은 물불 못 가리고 그대로 푹 빠져버린 사람이 하는 것이래요."

이번엔 원효가 크게 웃다가 말했다.

"하, 하, 하, 그거 맞는 말 같아요. 이 생각 저 생각 하다가는 아무 짓도 못할 테니 말이오."

같이 웃고 있는 그들의 가슴 속에는 임의 말이 그대로 노래로 들리고 있었고, 임의 동작은 그대로 춤이 되어 나타나고 있었다. 사랑 속에 내재되어 있는 오묘한 조화와 찬란한 분열을 경험하고 있는 그들은 사랑의 위대성에 새삼 놀라고 있었다.

:: 사랑의 대화는 이어지고

다시 밤이 와 혼자가 되자 원효는 자기 생각의 흐름을 따라갔다.

'사람이 어느 한 쪽에 치우치는 것은 지극한 이치의 소재를 파악하지 못한 것이다. 사람이 중(中)을 상실하거나 또 중(中)에 매이는 것도 마땅한 일이 아니다. 중(中)에도 변통이 없으면 고집이 되고 마는 것이니 우리가 고집을 문제시해야 할 이유는 하나에 붙들리는 것은 백을 놓치는 위험이 따르기 때문이다.

깨달은 자는 스스로 치우침이 없이 변통 자재하는 것이다. 극단에 치우치는 고집(固執)도 없고 중간에 매달리는 집중(執中)도 없이 상황과 상대에 따르는 변통이 있어야 한다. 어떤 문제에 응(應)하고 통(通)하며 내외가 상합되고 물아(物我)가 일체가 될 수 있는 중(中)이 참다운 중(中)이다. 또 화(和)는 그 시간 그 공간에서 당연지리(當然之理)를 찾아 합일(合一)을 모색하는 것이 화(和)의 요체가 된다.

그러면 사람과 사람 사이에 있어 중화는 어떻게 찾을 수 있는가?

그것은 바로 이(利)와 해(害)의 일치점을 찾는 것이다. 이익과 손해가 상충되는 곳에서는 귀신의 힘을 써도 부조화가 생겨나고 손익 계산이 맞아 떨어지는 곳에서는 가만히 있어도 저절로 조화로워지는 것이 사람의 본성이다. 인간을 추종하게 하려면 이익이 따르게 해야 한다. 종교의 논리도 예외가 아니다. 살아서도 갈 곳을 모르고 방황하는 인간에게 사후세계를 보장하는 대가를 교묘하게 요구하면서 합일점을 찾는다.

종교마저 그런 것이라면 사회적인 문제는 더 말할 것도 없지 않은가. 인간의 본성을 무시하고 어떻게 인간적이기를 바라겠는가.

인간에게서 무조건적인 것을 기대하다가는 부조화의 극단적 형태가 나타나 서로가 다치게 되고 말 것이다. 그러니 간단하고 아주 단순하게 이익을 쫓을 수밖에 없는 인간 본성을 파악하여 개별적인 실천 요소를 더욱 학구적으로 발전시켜 나간다면 공리공론이 아닌 보다 실질적인 화합의 논리가 정립될 것이다.

사람은 대자연 속에서 태어나기 때문에 사람의 도는 자연의 도를 그 기본으로 삼아야 하는 것이고 거기에 어긋나는 도는 천지의 도에 위배되는 것이다. 바람이 불어오듯 구름이 흘러가듯 본성의 흐름을 타야지 그렇지 않고 본성을 무시하는 지금의 논리로서는 진정한 자타간의 화합이 불가능하다.

사람의 생활이란 육체가 지니고 있는 안이비설신의(眼耳鼻舌身意)가 밖에 있는 색성향미촉법(色聲香味觸法)을 대하게 될 때 발생하는 문제를 그때 그때 처리해 나가는 과정에 불과한 것이다.

이때 주체가 되는 것은 소위 마음인데 마음이란 본래가 허영불매

(虛靈不昧)한 것이라 적연부동(寂然不動) 하지만 외적인 자극이나 내적인 충동이 일어나면 그 작용을 시작하는 것이다. 그것은 마치 바람이 일면 파도가 생기는 것과 같다. 그 바람의 위력에 따라 파도의 세력도 달라져 아무 일 없었던 것처럼 끝나는 일도 있고 또 스스로 감당할 수 없는 문제를 당하기도 한다.

그러면 이 마음의 문제를 어떻게 해결할 것인가? 그것은 개별적인 기질에 의해 개체의 형질이 구성되어 있는 것이 인간이니 만큼 만(萬)에 통하는 하나의 답은 있을 수 없다. 하지만 하나의 인간이 본성의 영향을 많이 받았는지 아니면 이성의 영향을 많이 받았느냐는 차이에 따라 동물적인 것과 인간적인 구분이 생기는 것이므로 인간은 조화의 원리를 터득하여 도에 머물러야 한다.

그러기 위해서는 생명의 본질에서 생존의 방법을 끌어내고 삶의 근원에서 생활의 방법을 찾아 자기 상황에 부합하는 존재의 법을 창조해야 하는 것이다. 물체가 몸이 아니고 망상이 마음이 아니다. 법신(法身)이 따로 있고 진아(眞我)가 따로 있다.

원효의 생각은 여기서 다시 끊어졌다. 침묵이 깊은 밤처럼 그를 지배했다. 그러다가 자기도 모르게 다시 생각이 이어져 나갔다.

'행지(行智)의 구비(俱備)는 수레의 이륜과 같고 자리이타(自利利他)해야 함은 새의 양 날개와 같다. 화쟁(和諍)의 목표가 무쟁(無諍)이라면 일방적인 이익이나 손해로서는 시비가 끝날 리 없으며 모름지기 이해(利害)의 일치점을 찾아야 한다. 조화를 위해서는 이상론이 배제된 현실적인 논리여야 하고 스스로 만족케 하려면 이론적인 화쟁(和諍)이 아닌 감각적인 화쟁이어야 하며, 유도 무도 아니고 중도

(中道)에도 집착하지 않아야 참다운 화쟁의 논리가 될 것이다.'

긴 생각이 지나간 끝에 원효는 그것이 몽(夢)인지 환(幻)인지도 알 수 없는 오묘한 순간을 맞이했다.

그에게는 지금껏 볼 수도 없었고 들을 수도 없었던 신비의 세계가 갑자기 펼쳐졌던 것이다. 우주적 파장과 진동이 빈 공간에 온갖 색채와 소리로 황홀하게 엉켜들더니 그것이 창조와 파괴의 음률이 되고 율동이 되는 것이었다.

그는 거기에서 보이지 않는 근원이, 보이는 현상을 만들어 내는 것을 확인했다. 모든 것은 독립적인 것 같지만 그것은 또 상호의존적으로 생겨나고 사라지는 것을 보았다.

창조와 파괴가 하나였고 진실과 허구도 둘이 아니었다. 진실의 구조도 아름다운 것이었지만 허구의 구조도 향기로워 좋고 나쁜 구분도 할 수 없었다.

그는 끊임없이 탄생하고 소멸하는 우주적 음률과 율동 속에서 자기 자신의 생명의 신비도 확인할 수 있었고 그 생명의 의의와 가치도 깨달을 수 있었다.

그는 들리지 않는 소리를 듣고, 보이지 않는 형상을 봄으로써 마침내 생명의 실상과 허상을 바로 깨달을 수 있었다.

없는 가운데 묘하게 있는 것, 진공묘유(眞空妙有)와 비어 있는 가운데서도 묘하게 없는 것, 진공묘무(眞空妙無) 속에서 우주적 창조와 파괴의 이치까지 알게 된 원효에게는 또 다른 게 보였다.

궁극의 실재와 합일한 그에게는 인간의 고통이나 좌절도 생의 근본적인 실상을 깨닫지 못한 데서 생기는 것이었고, 변화와 유전이 자연의 모습임을 알게 되자 지금까지의 모든 질곡(桎梏)으로부터 자유로워지는 느낌이 들었다.

신비롭기까지 했던 깨달음의 순간이 지나고 원효가 눈을 뜨자 밤은 벌써 낮으로 변해 있었다. 그의 눈에 저 쪽에서 자신을 바라보고 있는 요석이 아련히 보였다. 그녀에게로 다가간 원효가 말했다.

"여기서 뭐하고 있소?"

"생각이 끝나도록 기다리고 있었습니다."

"허허 참, 이래서 부처님이 인연 맺지 말라 했던가."

"그만 안으로 드시지요."

"네. 그러지요."

다가와 내미는 원효의 손을 요석이 잡았다. 함께 걸으며 원효가 말했다.

"사람들이 짝을 찾는 이유를 알 것 같군. 네 발로 걸으니 좋아. 위험하지도 않고…"

원효의 발상에 놀라며 요석이 말을 받았다.

"듣고 보니 두 발은 위험하군요. 비바람 눈보라가 거세니…"

함께 집 안으로 들어가는 그들의 모습은 정말 하나 같았다. 그러나 요석은 원효의 존재를 그런대로 알고 보니 그의 옆에 있는 것에 자기도 모르는 두려움이 생기고 있었다. 그를 잘 모를 때는 가까이 가는 것 자체가 기쁨이었는데 이제는 그를 쳐다볼 수조차 없었다. 요석은 그러한 자기의 마음이 이별의 두려움 때문인가 싶기도 했으나 곧 바로 고개를 저었다.

'문제는 그가 너무 크고 내가 너무 작기 때문이다. 그는 진리의 꽃을 피우고 향기를 만드는 사람이다. 그는 세상을 위해 기도하고 고민한다. 그는 사람들을 심오한 길을 통해서 높은 곳으로 안내해야 하는 의무를 지닌 사람이다. 사람들은 그를 통해서 기쁨이 넘치는 완성의 경지에 도달할 것이다. 그런데 내가 장애물이 되어서는 안 된다. 임을 위하여, 사랑을 위하여 내가 할 일이 무엇인가. 나는 사랑을 위하여 어떤 희생이라도 해야 하고 어떤 이별이라도 해야 한다.'

요석이 혼자 생각에 잠긴 모습을 보자 원효가 입을 열었다.

"마음이 복잡한 것 같소마는…"

"아니에요. 그저…"

요석은 자기의 속을 드러냈는가 싶어 미안하기까지 했다.

"생각을 어렵게 하지 마시오. 잠시 내 말을 들어 보오. 사람은 그 무엇보다 우선 생명의 실상을 이해해야 합니다. 사람이 음식을 먹고 마시는 것은 땅의 기운을 받아 넣는 것입니다. 그리고 사람이 호흡을 하는 것은 하늘의 기운을 받아들이는 것이오. 사람은 먹지 않아도 죽지만 호흡을 하지 못해도 살지 못해요. 여기에 또 하나의 기운이 있는데 그것은 양기와 음기라는 것이오. 사람은 호흡으로 천기(天氣)를 받아들이고 음식으로 지기(地氣)를 받아 넣고 음양의 교합으로 사람의 기운을 받아야 생기가 돌게 되어 있소. 사람은 혼자서는 아무 것도 못하게 만들어져 있는 존재라 언제나 짝을 찾아 하나가 되려 하고 있소. 사람이 병이 들거나 자기 명대로 살지 못하는 것도 다 잃어버린 자기의 짝을 찾지 못했기 때문이지요. 그런가 하면 어긋난 인연이 내뿜는 기운은 자신을 해치고 남까지 상하게 만듭니다. 그런데 우리의 만남은 어떤 것 같소? 서로를 해치는 기운은 없는 것 같지 않소?"

요석은 그와 같이 지낸 밤을 생각했고 그와 같이 있는 낮을 생각했다. 그리고 지금 하늘을 나는 것 같은 기분이 어디서 온 것인가를 생각하니 그의 말을 모두 긍정할 수밖에 없었다.

"자연에 하늘이 있고 땅이 있어 만물을 자라게 하듯 사람에게도 너와 내가 있어야 생산도 가능하고 존재의 의미나 가치를 알게 된다고 들었습니다. 그런데 그것이 생명과도 관계가 있는 줄은 미처 몰랐습니다."

요석과 말이 통해 좋은 듯 원효의 말이 계속 되었다.

"그뿐만 아니라 혼자서는 백 년 동안 도를 닦아도 어려운 무아(無我)의 세계를 사랑 속에서는 단번에 이루기도 하며 우주로의 문을 바로 열기도 합니다. 너와 내가 같이 사라지고 생과 사도 없는 무아의 세계를 나는 사랑 속에서 비로소 체험했습니다. 그런 신비스런 체험은 외부에서 들어오는 것이 아니고 내부의 핵심에서 이루어지는 것이었습니다."

그들에게는 더 이상 말이 필요 없었다. 그저 어떤 축복처럼 서로가 서로에게 흘러들고 있을 뿐이었다.

:: 사랑은 영글어만 가는데

원효는 요석과 같이 있는 시간 속에서 그녀의 인간됨에 놀라지 않을 수 없었다. 어줍잖게 공부하고 그녀 앞에 나타났다가는 망신만 당하고 돌아갈 뻔 했다는 생각이 들 정도로 그녀의 학문적 깊이는 실로 대단한 것이었다.

어떤 화제가 나와도 막힘 없이 엮어내는 그녀의 지식과 지혜에 원효는 스승이 여기 있었구나 하는 생각마저 들었다. 더욱이 스스로 함이 없이 하고 움직임 없이 남을 움직이는 그녀의 삶에 대한 자세는 모든 사람의 귀감이 되고도 남음이 있는 것 같았다.

한편 요석 역시 옆에 있는 사람이 무엇을 필요로 하는지 미리 알고 요구가 있기 전에 먼저 알아서 하는 원효의 감각과 사고는 상대로 하여금 사랑을 느끼기에 충분한 것이었다.

자기 삶을 구원할 인간상을 이제야 비로소 만난 것 같은 요석의 마음은 하늘의 별을 잡은 것 같았다. 같이 있는 데도 그리움을 느끼게 하는 향기로운 사람이라는 생각을 하며 찻상을 준비한 요석이 원효에게로 가 말했다.

"대사님의 대승기신론(大乘起信論)이 일심이문(一心二門)의 법(法)으로 요약되며 그 논(論)이 개합(開合)을 자재(自在)하고 입파(入破)가 무애(無碍)한 논리라 평을 하셨는데 사실이 그런가요?"

"그렇다고 봅니다. 그 안에는 만 가지 법을 포용하고 있지만 혼란하지 않고 전개해도 번거롭지 않고 합해도 협소하지 않으며 정립(定立)을 해도 얻을 것이 없고 논파(論破) 해도 잃을 것이 없으니 그 논(論)이야말로 가장 불교적인 것이라 생각하고 있습니다."

"설명을 좀 해주세요. 저의 수준으로서는 이해가 어려우니…"

"그러지요. 이른바 더럽고 깨끗해 보이는 모든 존재들의 본성은 다르지 않습니다. 그러므로 진여문(眞如門)과 생멸문(生滅門)에도 다름이 있을 수 없지요. 그래서 하나라고 합니다. 둘이 없는 경지가 모든 존재들의 참된 모습입니다. 비어 있으면서 빈 것 같지 않으며 스스로 환히 깨달으니 이것을 마음이라 하지요. 그러나 둘이 없다 했으나 어찌 또 하나인들 있을 수 있겠습니까. 하나도 없으니 무엇으로 일심(一心)이라 하겠는가 말입니다. 이와 같은 이치는 말을 떠나 있고 생각이 끊어진 자리여서 무엇으로서도 가려낼 수가 없습니다. 그래도 말을 해야 하니 억지로 이름을 붙여 일심(一心)이라 할 뿐입니다."

말을 끝낸 원효는 설명이 부족한 듯 잠시 후 말을 다시 이었다.

"그리고 세속의 그물에 가려서 시공상(時空上)으로 불성(佛性)에서 멀리 떨어져 나온 자아를 다시 찾게 해 주는 게 불법(佛法)이어서 나의 철학은 일심(一心)의 현상을 중심으로 대승(大乘)으로 향(向)해 나아가는 것입니다."

"그렇군요. 그럼 대승은 무엇인가요? 대강은 알아도 이해는 하지 못하고 있습니다."

웃으며 요석을 바라보던 원효가 입을 열었다.

"그런 문제들이 있지요. 대승의 대(大)는 큰 법을 뜻하는 말이며 또 널리 모든 것을 감싼다는 뜻을 지니고 있습니다. 그리고 대(大)는 본체를 가리키는 말이기도 하지요. 다음으로 대승에서의 승(乘)은 수레라는 뜻을 가지고 있지만 여기서는 실어 나르는 의미로 쓰이고 있어요. 그러니 두 글자를 합하면 깨달음을 이루고자 하는 중생들을 피안(彼岸)으로 이르게 하는 구실을 한다는 뜻입니다."

"또 의문이 생기는군요. 대사님이 주장하시는 일심(一心)을 말이 떠나 있고 생각이 끊어진 심연이라 생각해도 되겠습니까?"

"일심(一心)이란 무화(無化) 되거나 공(空)에 머물러 아무 것도 아니 하는 그런 마음이 아니고 스스로 작용하여 무엇이든 이루어 나가는 창조의 핵심을 일컫는 말입니다. 그리고 또 나의 일심(一心)은 고고한 곳에 숨어 있는 게 아니고 절대적인 진리를 통하여 자타(自他)의 차별이 있는 현실로 복귀함으로써 참다운 불성(佛性)을 생활 속에서 실천하는 것입니다."

"잘 알겠습니다. 모든 부처님과 보살들이 중생을 건지기 위해 자기 한 몸 돌보지 않으며 삼계(三界)의 화택(火宅)에 뛰어드는 것도 다 불성(佛性) 때문이겠지요. 그런데 일심(一心)에는 두 문이 있다지요?"

"그렇습니다. 적멸(寂滅)로서의 일심(一心)이 진여문(眞如門)이고 여래장(如來藏)으로서의 일심(一心)이 생멸문(生滅門)이지요. 그러나

이 두 문은 서로 떨어지지 않습니다. 진여문은 현상적인 것과 본체적인 것을 다 품고 있고 생멸문도 현상적인 것과 본체적인 것을 다 드러내는 것이어서 두 문은 별개의 것이 아닙니다."

"그렇게 왔느냐는 여래(如來)라고 하는 말은 본래의 마음을 가리키나 뒤에 장(藏)이 붙어 있는 것은 마음이 무명(無明) 뒤에 감추어져 있어 그렇다고 하는데 사실인가요?"

"진여문(眞如門) 가운데는 대승(大乘)의 본체(本體)가 있고 생멸문(生滅門) 가운데는 대승(大乘)의 작용(作用)이 있어 여래장이란 말이 묘하게 쓰이기도 하지요."

차를 마시며 대화하던 원효와 요석은 흐르는 시간 속에서 화제가 자연스럽게 돌려졌다.

"중관(中觀)사상이란 벌써 상대적이고 대립적인 것을 인정하고 있다는 것입니다. 그 대립적인 것의 조화로 절대적인 것을 찾는 것이 불교적인 가르침이지요. 예를 들자면 진(眞)과 속(俗)이 별개의 것이지만 다르게 보면 그것도 하나의 양면에 불과한 것입니다. 중생들은 속(俗)을 통하여 진(眞)에 도달할 수도 있고, 진(眞)에 의해 속(俗)을 깨달을 수도 있지요. 어느 일변에 치우쳐 고집을 부리는 것은 깨달음의 자세가 아님을 중관(中觀)의 중(中)은 이해시킵니다. 지금의 불교계도 중관(中觀)과 유가(瑜伽)가 심각한 대립 양상을 띠고 있는데 이 역시 중(中)을 제대로 이해하지 못한 결과가 아닌가 합니다."

"지금껏 대립을 타파하기 위해 노력하셨지요?"

"진속원융무애(眞俗圓融無碍)의 도리를 밝혀 보려 하지만 힘이 드는군요."

"마음이 통하여 마음을 돌이켜 보는 자각(自覺)으로 경계를 없애나 가야 할 텐데 다들 공부를 하지 않나 봅니다."

"그러게 말이오. 마음의 경계가 풀리면 스스로 조화로워질텐데…"

원효가 허공을 바라보며 생각에 잠기고 있었다. 그 모습을 지켜보는 요석은 큰 행복이 가슴 속으로 밀려드는 것을 느꼈다. 그가 자기에게 내놓는 마음, 그 사랑의 자세는 지금까지 자기가 생각했던 차원과는 전혀 다른 것이었다.

그가 내놓는 마음은 흔히 남자가 여인에게 내놓는 그런 관계적인 것이 아니었다. 그는 마치 어떤 신앙의 대상을 대하듯 자신을 신성시했으며 말이나 행동이 무슨 성스러운 의식(儀式)을 치루는 듯이 하였다. 그의 행동은 매혹적인 신비였고 신성을 체험하게 하는 그런 것이었다. 불가사의한 그의 사랑을 마음으로 느끼고 있던 요석이 원효에게 물었다.

"대사님께서 사람의 마음 그 자체를 종교로까지 승화시키는 데는 어떤 까닭이 있겠지요?"

"있지요. 나는 사람 그 자체가 숭고한 신앙의 대상이 되어야 한다고 봅니다. 세상에서 인간이 가장 위대한 존재여서 사람이 마땅히 숭배의 대상이 되어야 한다는 것입니다."

"그럼 대사님의 사상은 인간 존중의 사상인지요?"

"그렇지요. 일체유심조(一切唯心造) 심외무별법(心外無別法)이라, 모든 것이 다 마음에서 만들어지니 마음 밖에 무슨 법이 있을 수 없지요. 일체의 것이 다 마음에 의해 의의나 가치를 지니므로 마음을 문제시 아니 할 수 없고 그 마음이 사람에게 있으므로 인간 자체를 존중하는 것입니다."

여기서 요석은 자기가 지금 몹시도 확인하고 싶은 문제를 두려움 속에 꺼냈다.

"종교라는 것이 사랑이겠지만 그 중에서도 특히 남녀 간의 사랑을 어떻게 생각하고 계세요?"

"사람을 위대하게 만드는 것은 결국 사랑의 힘이라 생각합니다. 인간의 고매한 본래의 가치를 찾게 하고 모순이나 대립을 극복할 수 있는 힘이 사랑 속에 있지요. 사랑은 그 자체 속에 신성(神性)을 지니고 있으며 창조의 근원이기도 해서 삶을 예술처럼 승화시키기도 하는 것입니다."

"저도 사랑이란 것은 유한한 삶에서 무한을 구현하는 창조적 실재라고 생각하고 있었습니다만 그것이 삶을 예술처럼 승화시킨다는 생각은 못해 봤습니다. 그런데 듣고 보니 정말 그런 것 같아요. 결국 인간 존중은 마음의 위대성 때문이고 마음의 위대성은 그것이 사랑을 창조할 수 있어 그렇군요."

"내가 생각하기에는 마음이라는 것에는 신(神)이나 부처, 어떤 초월적인 것까지도 만들어내는 신성(神性)이 있습니다. 이 신성(神性)이라는 말에는 아주 중요하고도 소중한 의미가 내포되어 있으니 이말은 깊은 이해가 필요해요. 하늘에는 일월성신(日月星辰)이 있고 땅에는 산천초목(山川草木)이 있지요. 그리고 그 가운데 사는 사람에게는 마음이라는 것이 있습니다. 이 마음이라는 것은 하늘을 하늘이게 하고 땅을 땅이게 하고 나를 나이게 하고 너를 너이게 하는 근원이지요. 더욱이 마음은 우리에게 이른바 행복을 가져다줍니다. 마음은 예술과 종교를 만드는가 하면 행복의 근원인 사랑을 창조하니 마음보다 위대한 것은 세상에 없는 것입니다."

"알겠습니다. 그러면 사랑하는 사람의 자세는 과연 어떠해야 할까요?"

"사람이 대상을 사랑할 때는 그 대상을 수평적으로 대하지 말고 그 대상을 수직으로 상승시켜야 합니다. 말하자면 하늘 같이 받들 줄 알아야 한다는 말입니다. 그저 내가 너를 좋아한다는 생각은 어디까지나 관계이고 거래일 뿐 참사랑이라 할 수 없습니다. 상대를 존중하고 숭배할 수 있는 사람만이 자기도 존경받을 수 있지요. 아니 그렇다기보다 사랑의 대상은 곧 남이 아닌 나이기에 임에 대한 존중은 바로 나를 존중하는 것이 됩니다. 내 존재의 의의나 가치를 인식하게 해 주는 임이 신(神) 이상으로 경배의 대상이 될 때 나의 존재 또한 승화한다는 것을 알고 사랑에 임하는 것이 사랑하는 사람의 참다운 자세가 아닌가 싶습니다."

요석은 비로소 원효의 마음과 그 사랑의 자세를 이해할 수 있었고 그 이해는 바로 행복으로 통했다. 행복해 보이는 요석을 바라보던 원효가 입을 열었다.

"행복해 보이는 공주를 대하니 그것이 바로 내 행복임을 부인할 수 없소. 이래서 사랑하는 사람들은 둘이 아닌 하나라 하고 임이 남이 아닌 내 존재로 생각되는가 보오."

"그래서인지 저는 이제 비로소 삶을 밝히는 등불을 켠 것 같아요."

"나는 무명(無明)에 불을 켠 것 같소. 아까 사랑이란 것이 유한한 생명이 무한을 구현하는 것 같다 했던가요?"

"네."

"그래요. 사랑에는 근원과 궁극적인 가치도 인식시키는 무한한 힘이 있어요. 우리 이런 순간을 소중히 합시다. 순간을 놓치면 영원을 놓치고 마는 거니까요. 지금 이 순간 우리의 마주 봄이 이렇게 손을 잡는 하나의 동작이 곧 둘이 하나 되는 숭고한 사랑의 의식이라고 생각해봐요."

요석은 더 이상 자기 자신을 지키지 못하고 원효의 품 속으로 달려들었다.

"저는요, 저는요, 행복한 것만큼 두려워요. 무서워요."

요석을 안은 원효는 그녀의 등을 어루만지며 사랑의 말을 내놓았다.

"사랑은요. 사랑이 올 때는 사랑만 오는 게 아니오. 다 같이 와요. 미움과 원망과 질곡과 공포와 불행까지도… 그 모든 것을 전체적으로 수용할 수 있는 자가 사랑할 자격이 있는 것이오. 좋은 것 좋아하는 사람에게는 그 반대적인 것도 다 수용할 수 있는 힘이 있어야 사랑을 승화시킬 수 있어요. 그러니 두려움이나 무서움까지도 다 사랑이거니 하고 곱게 받아들이세요."

"싫어요. 행복하기만 하고 싶어요."

"허허 참, 공주도 억지를 부릴 줄 아는구려."

"저도 여자예요."

"아니요. 내게는 신이요. 나를 나이게 해주는…"

아까 원효의 말에서 사랑하는 사람은 그 대상을 신으로 숭배해야 한다는 말을 생각한 요석이 말했다.

"말로서만 아니고 정말 실천도 하시는 거예요?"

"아니, 그럼 날 말뿐인 사람으로 알았소? 사람은 음과 양의 합성인 동시에 사랑은 모든 것의 초월입니다."

"그렇군요. 미처 몰라 뵈어서 죄송해요. 그런데 지금 문득 생각나는 게 있어요. 대사님의 어느 글에선가 봤는데 저는 그 글의 시적(詩的) 표현에 무척 감동 받았어요. 마음을 일컬어 '가장 슬기로운 그 무엇'이라는 표현 말이에요."

"아! 그거… 뭐 별로."

"별 게 아니에요? 굉장한 거에요. 아무도 그런 생각은 하지 못했어요."

"마음이라는 것이 뭐라고 말할 도리가 없는 것이라…"

"전 그 말 한 마디에 대사님에게 반한 걸요."

"그 참, 별 말씀도 다 하시오."

사랑이 던져주는 행복에 싸여 그들은 낮이 가고 밤이 오는 지도 모르고 있었다.

사랑의 결실

한편 무열왕은 요석궁으로 들어간 원효의 소식이 궁금하여 내관을 보냈다.

"요석 공주님과 원효대사님의 금슬지락(琴瑟之樂)이 엄청나서 연못의 원앙들도 시샘을 하고 있다고 합니다."

요석궁을 다녀온 내관의 보고에 무열왕은 말했다.

"그래, 그것 참 경사로운 일이로다. 요석의 외로움이 항상 마음에 걸렸는데…"

만면에 웃음을 띠던 무열왕이 말을 이었다.

"내 가만 있을 수 없구나. 곧 바로 잔치준비를 하고 요석과 대사를 초대하도록 하라! 이는 황실의 경사로다."

이런 말을 하는 황제의 마음은 표가 나게 결혼식을 시켜 줄 수도 없는 것이 두 사람의 상황이라 잔치가 바로 그들의 결혼 피로연이 되게 할 참이었다. 황제의 뜻대로 잔치는 성대하게 베풀어졌고 주빈으로 초대된 요석과 원효가 나란히 등장하자 풍악이 울리며 본격적인 가무가 진행되었다.

"이렇게 잔치까지 베풀어 주시니 한없는 영광입니다."

요석과 함께 무열왕 앞으로 가 멈추어서며 원효가 말했다.

"원 별 말씀을 우리의 인연이 아무래도 남이 아닌 것 같으니 부담스럽게 생각하지 마시오."

황제의 입에서는 사위라는 말이 맴돌았으나 차마 그 말까지는 하지 못하고 요석에게로 눈을 돌리며 말을 이었다.

"공주야."

"네, 황제폐하."

"모처럼 네 웃는 모습을 보니 내 마음이 즐겁구나. 아무튼 좋은 인연 잘 가꾸어 나가도록 하여라."

"네, 명심하겠습니다."

다시 원효를 보며 황제가 말했다.

"옛 말에 영토가 없어도 임금 노릇을 하고 벼슬이 없이도 권세를 휘두르는 사람이 있다 했습니다. 이는 곧 대사님을 두고 한 말 같습니다."

"받기 민망한 말씀이십니다. 빈도는 아직도 학인(學人)에 지나지 않습니다."

"누구나 다 배우는 과정에 있지요. 그런 가운데서도 대중을 위해 큰 일을 하는 사람은 흔하지 않습니다. 과인은 대사님을 이 나라의 보배라 생각하고 있습니다."

"제 정신이 아니라는 사람이 많은데 그렇게 잘 봐주시니 감사합니다."

"아닙니다. 그런 게 아니고 과인이 대사님을 만나기 전에 우리 공주와 대사님의 인품과 소문에 대해 이야기 한 일이 있소. 공주가 말합디다.

'대성(大成)은 약결(若缺)이나 기용(其用)은 불폐(不弊)하고, 대영(大盈)은 약충(若沖)이나 기용(其用)은 불궁(不窮)하며, 대직(大直)은 약굴(若屈)하고 대교(大巧)는 약졸(若拙)하며 대변(大辨)은 약눌(若訥)이라.' 하면서 나를 설득시켰어요. 공주야, 아무래도 이 글의 해석은 네가 해야 잘 하겠구나. 어디 한 번 더 들어보자."

"네, 아바마마. 그 글귀는 도덕경에 있는 것으로, 큰 사람은 겉보기에 모자라는 듯 보이지만 그 쓰임은 영원하며, 가득 찬 것은 오히려 텅 빈 것 같으나 그 쓰임은 무궁무진하고, 크게 곧은 것은 오히려 구부러진 것 같고, 참다운 기교는 졸렬한 것 같지만 일체를 성취하고, 큰 웅변은 어눌한 것 같지만 깊은 심연에서 흘러나오는 것이라 진리가 스며있다. 이렇게 대성(大成) 대영(大盈) 대직(大直) 대교(大巧) 대변(大辨)은 요컨대 도(道)의 참 모습으로 이는 유도자(有道者)의 경지라고 말씀 드렸습니다."

요석의 설명을 만족스러운 듯 듣고 있던 황제가 원효를 보며 말했다.

"과연… 그래서 과인은 대사님을 이해하게 되었소."

원효가 웃으며 말했다.

"빈도는 폐하께서 공주님에게 빈도를 소개한 줄 알고 있었는데 그게 아니었군요. 아무튼 공주님은 정말 훌륭한 분이십니다. 저에겐 스승이 없었습니다만 이제 비로소 스승을 만난 것 같습니다."

원효와 황제의 대화에 요석은 고개를 들지 못하고 있었다. 그들의 대화 속에 축제 분위기는 점점 고조되어 노래하고 춤추지 않는 사람이 없었다. 세 사람의 이야기 분위기도 어느새 바뀌어 황제의 표정은 진지해져 있었다.

"과인은 대사님의 학덕이 이 나라 정치, 경제, 사회, 문화 전반에 지대한 영향을 미치고 있다고 믿고 있습니다. 멀지 않은 장래에 한반도는 우리 손에 의해 통일이 될 것입니다. 물리적인 힘으로 통일의 대업을 이루었다 해도 그것을 지켜나갈 정신적인 구심점이 없으면 또 다른 문제가 생길 수밖에 없으니 과인은 대사님에게 큰 기대를 걸고 있습니다."

원효가 부담을 느끼고 입을 열지 못하자 요석이 말했다.

"황제 폐하, 그 문제는 염려하시지 않아도 될 것으로 생각됩니다. 이미 대사님의 심중에는 답까지 나와 있는 것으로 알고 있습니다. 뿐만 아니라 대사님께서는 본질상 동일한 불교사상이 여러 갈래로 나누어져 있는 것은 교리에 문제점이 있는 것이 아니라 인간의 해석에 있다는 것을 밝히고, 불교에는 하나의 진리가 있다는 것을 보여 줌으로써 불교의 이론(異論)과 쟁론(諍論)을 화합하고 있으니 이 나라와 민족을 화합시키는 일은 쉽게 이루어지리라 봅니다."

황제가 요석의 말을 받았다.

"그래. 그래야지. 그러한 일은 대사님처럼 유교와 도교, 불교에 두루 통한 사람이 아니고는 불가능할 것이야. 부모에게 효도하고 나라에 충성하는 유교의 도덕 윤리와 인간과 자연의 조화를 주장하는 도교의 원리와 삶의 진리를 깨달아 열반에 들게 하는 불교의 가르침이 어우러지면 새로운 조화의 논리가 나올 것이다.”

요석을 보고 이야기한 황제는 원효에게로 고개를 돌리며 물었다.

“그렇지 않소? 대사.”

“말씀을 듣고 보니 줄거리가 생기는 것 같습니다.”

잔치가 끝나고 황제와 헤어진 원효와 요석은 궁인들을 다 물리치고 둘이서만 황제궁의 뜰을 거닐고 있었다. 달빛은 등불처럼 가까이서 포근하게 대지를 밝히고 있었고, 별빛은 멀리서 보석을 뿌려놓은 듯 반짝이고 있었으며 나무숲 사이를 지나가는 바람 소리마저 곡조처럼 들리고 있는 아름다운 밤이었다.

“무슨 생각을 하고 계세요. 말씀이 없으신 지 오래 됐습니다.”

요석이 원효에게 물었다.

“세상을 혼자 봤을 때와 임과 같이 볼 때가 이렇게 다를 수가 있는가 하는 생각을 하고 있었소. 혼자 봤을 때는 저 달빛이 한없이 차가워 보였고 밤에 숲을 지나는 저 바람 소리는 외로운 가슴을 찢는 소리 같았소.”

“시인의 노래를 듣고 있는 것 같군요. 사랑하는 마음은 세상을 아름답게 보게 하는 힘이 있나 봐요. 삶을 축제가 되게 하고 존재를 성스럽게 하는 힘도…”

“그런 것 같소. 초월하게 하고 승화시키는 그런 힘이 있는 것 같소.”

“저주하고 파괴하는 힘도 있겠지요?”

행복이 깨어질까 하는 불안을 느끼며 요석이 내놓은 말이었다.

"염려 마시오. 창조와 파괴의 힘을 동시에 지니고 있는 것이 사랑이지만 사람의 능력에 따라 불행을 막을 수도 있고 저주를 축복으로 바꿀 수도 있을 것이오."

그들의 발걸음은 어느새 연못에 가로 놓인 돌다리 위에 와 있었다. 달빛을 받은 물은 땅과는 또 다른 분위기를 만들었다. 바람이 지나가니 물결은 흡사 은비늘 같이 반짝이고 있었으며 못가로 가 부딪치는 물소리는 바다를 연상케 하고 있었다. 다리 난간에 기대 앉은 원효와 요석의 모습은 마치 선경에서 노니는 선인들 같이 신비롭고 그윽하게 보였다.

"이제 만일 공주가 불행해진다면 그건 내 책임이라는 생각이 드오."

원효의 말을 요석이 바로 받았다.

"아니에요. 그렇지 않아요. 제가 어떻게 되는 건 어디까지나 제 탓이에요. 모든 건 마음이 만들고 마음 밖에는 법이 없다면서요."

"온 세상이 마음[三界唯心]이며 만 가지 법이 오직 마음에 기초한다[萬法唯識]지만 또 불행하면 불행할 수밖에 없는 게 인간이기도 하지요."

"열심히 정진하면 되겠지요. 부처님이 평생 동안 진리의 문을 열어[開] 모든 중생에게 보이시고[示] 깨치게[悟] 하여 열반에 들게[入] 하셨으니 열심히 정진하면 삶의 지혜도 생기겠지요. 염려 마세요."

"그래요. 공주를 믿으니 걱정하지 않으리다. 말씀대로 진리의 문을 열어 펼쳐 놓았으니 깨치고 들어가기만 하면 될 것이오. 그래서 모든 일에 걸림이 없는 자유인이 되면[一切無碍人] 삶과 죽음마저도 초월할 수 있을[一道出生死] 것이오."

"알겠어요. 사람을 별보다 더 멀리 이끌어 갈 수 있는 것도 사랑이고 꿈보다 아름다운 것이 사랑인 것 같으니 초월의 의지도 생길 것 같아요."

어느 절에서 치는 종소리인지 삼경을 알리는 종소리가 은은하게 들려왔다. 공간을 타고 울려드는 시간의 소리를 듣고 있던 요석은 원효의 품으로 파고들었다. 요석을 받아 안은 원효도 그 하나 됨을 무척 행복해 했다. 물에 비치는 그들의 그림자 역시 둘이 아닌 하나가 되어 길게 드리워진 채 언제까지나 떨어질 줄 모르고 있었다.

"오늘 밤엔 잠들고 싶지 않아요."

원효의 품에 얼굴을 묻은 채 요석이 말했다.

"잘 때는 자고 또 다시 보는 게 좋지 않을까요?"

"한 번쯤 낮밤을 바꾸어 보지요."

"아 예, 아주 낮밤을 없애 버리는 것도 괜찮을 것 같소."

"도와주시면요."

"사랑은 도우면서 해롭게 하는 것이라던데…"

"다 좋을 수만은 없잖아요. 뭐든 달게 받겠어요."

"더 부담되는구면."

"짐이 되지는 않을 거에요."

말이 끊어졌다. 하늘의 달과 별도 어둠 탓인지 더 밝게 빛나고 있었고 연못의 물결도 은린옥척(銀鱗玉尺)이 뛰노는 듯 변해 있었다.

"생각해 보니 말이오. 우린 만나는 순간 서로가 바뀐 것 같아요. 내 영혼은 임에게로 가고 임의 영혼은 내게로 와서 영혼이 서로 다른 몸에 가 있는 것 같다는 말이오."

원효의 말을 요석이 사랑으로 받았다.

"이해가 가요. 저도 그런 것을 느꼈거든요. 저의 영혼은 다 나가고 없고 그 자리에 임의 영혼이 들어와 있는 것 같은…"

"대개는 몸이 죽어야 갈 곳 없는 영혼이 빈 육신을 찾는데 우린 몸은 그대로 있는데 영혼이 바뀌었으니 이걸 저승에서는 어떻게 판단할지 모르겠소."

"그 쪽을 헷갈리게 했다가는 나중에 벌 받지 않을까요?"

"애초에 그 쪽에서 잘못했기 때문에 우리에게 생긴 문제는 아닐는지요. 우리의 운명을 기구하게 만든 것은 그 쪽 실수에 의한 것인지도 모르지 않소."

"더욱 벌 받을 말씀 같군요."

"억지일까?"

"네."

"그럼 우리끼리 한 이야기로 덮어 둡시다."

마주보고 웃는 그들의 얼굴은 그지없이 행복해 보였다. 그들의 귓가에 멀리서부터 가까이 오는 몇 사람의 발자국 소리가 들려왔다.

"이매망량(魑魅魍魎)이라는 소리 들어봤소?"

원효가 물었다.

"못 들어봤는데 무슨 말이죠?"

"산천초목의 정령에서 생겨난다는 도깨비들이요. 지금 들려오는 발자국 소리들이 아마 그들의 소리 같소."

놀라 원효의 품으로 달려들며 요석이 말했다.

"야심한 시각이라 나다니나 보지요?"

요석을 꼭 안으며 원효가 농담을 했다.

"그보다 야심한 시각에도 여자가 목석 같으면 부드럽게 만들려고 찾아다닌다고 합니다."

"설마…"

파묻었던 고개를 드는 요석의 눈에 몇 사람의 화랑이 질서정연한 발걸음으로 다가오는 모습이 보였다. 가만히 바라보던 요석이 원효에게서 떨어지며 말했다.

"법민(法敏) 오빠에요. 아니 세자님이십니다."

"정령이 아니고…?"

말하면서 돌아다 본 원효의 눈에도 화랑의 모습이 보였다.

"아마 군사 훈련에 참가하나 봅니다."

"이렇게 일찍?"

"감포 바닷가에서 훈련이 있다고 들었어요."

"아! 그래요."

두 사람의 이야기 속에 세자 일행이 그들 가까이 다가왔다.

"아니 공주님 아니신가? 대사님도…"

"네, 세자저하."

"이른 새벽부터 산책하시는군요."

"저하께서도 일찍 출행하십니다."

"네, 오늘의 훈련 시간은 일찍부터 잡혀 있습니다."

원효에게로 얼굴을 돌리며 세자가 말을 이었다.

"대사님께서도 청년 시절에는 화랑이었다고 들었습니다."

"네, 국가 없는 백성이 없으니까요."

"물론입니다. 화랑의 훈련 방법도 원광 스님의 세속오계(世俗五戒)에 기초를 두고 있습니다. 그러니 아무튼 우리들의 정신 발전에 불교가 계속 공헌해 주기를 바랍니다."

"노력 하겠습니다."

원효의 말 끝에 할 말이 있는 듯 세자가 망설이고 있는 모습이 요석의 눈에 띄었다.

그런 법민을 보다가 요석이 말했다.

"오라버니, 무슨 할 말이 있으세요?"

"응."

"말씀해 보세요."

"할 말이라기보다 스님한테 부탁 드릴 일이 있어서 그래."

원효가 나섰다.

"말씀해 보십시오. 그 게 뭐든 제가 할 수 있는 일이라면 기꺼이 하겠습니다."

법민이 말을 받았다.

"말씀을 듣고 보니 용기가 생깁니다. 저의 부탁이 무엇인가 하면 우리 화랑들을 위해 설법을 좀 해주셨으면 하는 것입니다. 흔히 우리가 말하는 화랑이란 말 뒤에는 도(道)라는 글이 붙기도 하는데 우린 사실 도에 대해 무지합니다. 그러니 우리 화랑들을 좀 깨우쳐 주시면 고맙겠습니다. 이건 오래 전부터 생각해 왔던 일입니다."

"아! 그러셨던가요. 그런 일이라면 빈도가 나서야지요."

"감사합니다."

"빈도도 세자님을 만나면 전해야 할 말을 가슴 속에 품고 있었습니다."

"말씀하십시오. 대사님 말씀이라면 깊이 새기겠습니다."

"그럼 말씀드리지요. 빈도의 생각으로는 앞으로 이 나라를 이끌어 나갈 주축이 지금 말씀하신 화랑이 아닌가 합니다. 그렇다면 그 화랑들의 가슴에 무엇보다 굳은 신념과 사명감이 심어져야 할 것입니다."

"동감합니다. 저 역시 늘 그 생각을 하고 있었는데 아직껏 마땅한 자료를 찾지 못하고 있었습니다. 대사님께 그런 자료가 있으면 말씀해 주십시오."

"이 문제가 화랑들의 가슴에 어떻게 받아들여질지 모르겠지만 빈도의 생각은 다음과 같습니다. 우리의 민족은 천손(天孫)의 후예입니다. 아시다시피 환인과 환웅, 단군으로 이어진 천손의 후예지요. 그러므로 천손의 후예라는 긍지를 화랑들의 가슴에 심는다면 그것이 큰 힘으로 작용하지 않을까 싶습니다."

세자는 비로소 찾고 있던 바를 얻은 듯 입을 열었다.

"바로 그것입니다! 화랑의 깃발이 천손의 후예가 되면 모든 화랑이 아니 그보다 만 백성의 가슴 속에 힘이 저절로 솟아나게 될 것입니다."

원효도 동감하며 말했다.

"바로 이해해 주시니 고맙습니다."

"그런데 그런 얘기를 대사님께서 화랑들에게 직접 해 주시면 더 좋을 것 같은 데요?"

"아닙니다! 그렇지 않습니다. 그런 내용은 세자 저하께서 직접 하셔야 세자로서의 권위가 서게 될 것입니다. 그리고 그 문제를 정책적으로 다루시면 좋을 것 같다는 생각도 하고 있습니다."

"알겠습니다. 그 말씀의 뜻도…"

요석은 두 사람의 대화를 들으며 나라의 장래가 밝은 것 같아 흐뭇했다. 원효가 새로운 힘을 얻은 것 같은 세자를 보다가 말을 이었다.

"그 내용을 정책적으로 다룸에 있어 참고가 되실 얘기 하나 하지요."

"네, 말씀하십시오."

"기록에 의하면 옛날 주몽이 고구려를 건국할 때도 앞에 내세운 깃발이 '천손의 후예'였습니다. '천손의 후예'들이란 긍지를 심어 작은 힘을 크고 강하게 만들었습니다."

세자가 놀라며 말을 받았다.

"이미 그런 전례도 있었군요."

"네, 그랬습니다."

"그런데 왜 중간에서 그러한 깃발이 사라졌을까요?"

원효가 답했다.

"이제 세자님이 다시 시작하라는 하늘의 뜻인 것 같습니다."

"하, 하, 하."

세 사람은 크게 웃고 있었다. 일이 그렇게 엮이게 되자 요석은 이게 무슨 부처님의 보살핌인가 하고 좋아했다. 요석은 사실 떠나야할 원효를 계속 붙들어 놓을 명분이 없어 골몰하고 있었던 것이다.

원효와 헤어진 요석은 바로 황제 폐하와 황후 폐하를 찾아가 세자와 원효 사이에 있었던 얘기를 털어 놓았다.

　요석의 얘기를 들은 황제와 황후도 무척이나 좋아하면서 자신들도
참석할 뜻을 밝혔다.

::
노자 이야기

    서라벌의 황제궁은 그 규모가 엄청났다. 열 두 대문을 지나야 황제가 정사를 돌보는 중화전이 있었고, 그 주위에 있는 여러 부속 건물 중에는 유명한 학자들을 모셔다 강연을 듣는 설법전도 있었다.

    원효대사를 초청해 설법을 듣는다는 글이 궁궐 게시판에 붙자 문무 백관들과 화랑들 모두가 기대로 가득 찼다.

    마침내 설법 날이 되자 궁궐 안의 일은 일시 정지되고 사람들은 설법전 안과 밖에 모여 들었다. 시간에 맞추어 황제와 황후, 세자가 나타나고 원효와 요석도 제 자리에 앉자 사회자가 오늘의 설법 내용이 '도(道)'에 대한 것이라는 설명을 했다. 이어 원효가 소개되자 청중들의 박수 속에 원효가 연단에 올라 입을 열었다.

    "앞으로 수차에 걸쳐 강연 계획이 잡혀 있는 모양인데 제가 시작부터 도(道)에 대한 얘기를 하고자 하는 것은 우리는 너무 흔하게 도(道)라는 말을 사용하고 있기 때문입니다. 예를 들자면 도(道)를 닦는

다느니, 도(道)가 통했다느니, 도(道)에 가까이 갔다느니 하는 식으로 우리는 도(道)라는 말을 하고 있지요. 그렇지만 도(道)라는 말을 하는 사람한테 도(道)가 대체 무슨 뜻이냐고 물으면 대답할 사람은 그렇게 흔하지 않을 것입니다. 왜 그런가 하면 이 도(道)라는 말은 획일적으로 사용되는 것도 아니고 아주 다양하게 사용되고 있기 때문에 뭐라고 한 마디로 정의할 수 없는 것이라 그렇습니다.

도교(道敎)에서 말하는 도(道)는 천지만물의 생성근원이지요.

유교(儒敎)에서 말하는 도(道)는 그저 사람이 가는 길입니다.

불교(佛敎)에서 말하는 도(道)는 그야말로 중도(中道)이지요.

보다 쉽게 말하자면, 어느 사람의 생활 그 자체를 달리 말하면 도(道)인데 그 도(道)를 놓고 너의 도(道)는 도(道)가 아니고 나의 도(道)가 도(道)라는 것도 말이 되지 않는 소리입니다. 아무튼 이런 도(道)의 문을 연 사람이 노자라는 사람이니 우선 그 사람이 어떤 사람인지 한번 살펴보기로 하지요."

"대개 위대한 인물에게는 전설이나 신화가 있는데 노자에게는 그런 게 없다시피 하지요. 그런 가운데 한두 가지 얘기를 소개하여 그에 대한 이해를 도울까 합니다.

그가 젊었을 적에는 지적 갈망이 남달랐습니다. 항상 무엇인가 모르고 있다는 마음이 지식에 대한 동경과 무지에 대한 공포마저 느끼게 하고 있었습니다. 그는 자신이 지금 모르고 있는 바가 무엇인지를 알아야 했습니다. 그러던 중에 어디에 가면 굉장한 도사가 있다는 소문을 듣고 그를 찾아 나섰습니다. 긴 여행 끝에 목적지에 도착하니 스승은 없고 동자만 있었습니다.

다음의 시는 그가 동자와 나눈 대화 내용입니다.

송하문동자(松下問童子) 언사채약거(言師採藥去)
지재차산중(只在此山中) 운심부지처(雲深不知處)
소나무 아래에 있는 동자에게 물으니 스승은 약초 캐러 갔다 했다.
지금 이 산중에 있기는 있는데 구름이 짙어서 어디 있는지 알 수가
없다.

그래서 노자는 내일 다시 오겠다며 발길을 돌리고 말았습니다. 지친 몸을 주막에서 술로 달래고 있는데 낮에 동자와 나눈 얘기가 문득 섬광처럼 찾아들었어요. 그는 그 말을 다시 새겨보니 아무 것도 아닌 것 같아도 그 말 속에 다 있었습니다.

자기가 묻고 싶었던 질문과 그 질문 끝에 나올 답까지 다 있었습니다. 그는 들었던 술잔을 팽개치고 밖으로 뛰쳐나갔어요. 생각해보니 자기는 너무나 바보였습니다. 그 동자는 바로 스승이었어요. 스승이 앞에 있어도 있는 줄을 몰랐고 진리의 말을 했어도 그게 무슨 소리인지도 몰랐으니 말입니다.

노자는 단숨에 소나무 아래까지 달려 갔으나 스승은 이미 흔적도 없었습니다.

'도대체 사람이 무엇을 아는가? 분명히 거기에 무엇이 있는 것 같아도 구름에 가린 듯 알 수가 없는 게 삶이란 것이다. 그 신비는 소리쳐 불러도 대답을 들을 수 없고 눈을 뜨고 찾아도 찾을 수 없고 아무리 손을 휘저어대도 잡을 수 없는 그 무엇이다.'

그러한 생각 끝에 그는 비로소 무(無)의 세계를 만났습니다. 그리고 그는 깨달았지요. 사람은 모름지기 알려고 해도 알 수 없는 그것을 이해해야 한다는 사실을요."

원효의 이야기에 감동을 받은 청중들은 모두 넋을 잃고 있는데 그의 강연이 이어졌다.

"얘기 하나 더 하지요. 노자는 도인이었지요. 그는 자신이 이제 죽을 때가 되었다는 것을 느끼고 서서히 죽을 준비를 했습니다. 보통 사람들은 죽기 전까지도 살 준비를 하며 죽을 때가 와도 죽지 않으려고 발버둥을 치는데 도인은 그렇지가 않습니다.

죽을 준비를 마친 그는 마침내 죽을 장소까지 물색하기에 이르렀습니다. 여기 저기를 생각하던 그는 자신이 죽을 장소를 히말라야로 정했습니다. 그가 생각하기를 만년설 위에 가 죽으면 만년이 지나도 시신이 썩지 않을 것이니 그곳이 사지(死地)로 적당하다 싶었던 것입니다.

사지가 그렇게 정해지자 노자는 히말라야로 떠나려는데 노자가 떠난다는 소문이 황제의 귀에까지 들어가 황제가 그를 불렀습니다.

「떠나는 그대 마음 이해한다. 그래서 그대가 떠나는 것을 도와주려 한다. 그 전에 한 가지 부탁이 있다. 그게 뭔가 하면 떠나기 전에 그대가 알고 있는 바를 모두 글로 써 놓고 가거라. 그것은 또 이 나라에서 태어난 자로서 당연한 의무이기도 할 것이다.」

노자의 대답은 다음과 같았습니다.

「그건 안 될 말씀이십니다. 내가 알고 있는 세계는 도(道)의 세계인데 도(道)의 세계는 글이 될 수 없는 것입니다.」

「그렇다면 글이 될 수 없다는 그 사실을 글로 쓰면 될 게 아닌가?」

「안 됩니다. 과학은 그 발견을 글로 전할 수 있고 다른 사람들이 그 것을 이용할 수도 있습니다. 그런데 도(道)는 완전히 개인적인 깨달음이라 말이나 글이 될 수 없는 것입니다. 도(道)의 세계는 언제 어디서나 개인적인 도전입니다. 그 누가 이리 가라 저리 가라 할 수 없는 길 없는 길입니다.」

황제도 지지 않았다.

「글쎄, 그렇다는 얘기를 글로 남기라니까.」

「설명이 되는 것 속에는 아무 것도 없는데 쓰면 뭘 합니까. 정말 중요한 것은 설명이 안 되는 것 속에 있습니다.」

노자와 황제는 한동안 된다 안 된다는 시비를 했지만 결론이 나지 않았습니다. 화가 난 황제가 신하에게 명령 했습니다.

「노자가 글을 다 쓸 때까지 가택 연금하고 감시를 철저히 하도록 하라.」

이리하여 노자는 할 수 없이 감옥 아닌 감옥에 갇히고 말았습니다. 자유롭게 해도 아니 될 일을 억지로 하자니 더 되지 않아 노자는 한동안 갇혀 있다가 야반도주하고 말았습니다. 아침에야 노자가 사라진 것을 확인한 병사들은 황제에게 보고 했습니다.

「노자가 도망을 쳤다면 그가 갈 곳은 히말라야이다. 히말라야로 통하는 모든 길을 봉쇄하고 노자를 색출해 내어라!」

그리고 황제는 국경수비대장 윤관에게 노자의 초상화를 보내 그를 놓치지 말 것을 부탁했습니다. 한편 노자는 황제가 체포 명령을 내릴 것을 예상하고 상인으로 변장하여 국경을 넘다가 윤관의 눈에 붙들렸습니다. 깨달은 사람은 아무리 변장을 해도 그 몸에서 나오는 빛까지 감출 수는 없으니까요. 노자를 감옥에 가둔 윤관이 지필묵을 건네주면서 말했습니다.

「황제의 명령에 따르십시오. 그래야만이 당신이 히말라야로 갈 수 있습니다.」

노자는 도리 없이 글을 쓰기 시작했는데 그는 며칠 만에 오천 자 도덕경을 다 쓰고 푸른 소를 타고 히말라야로 떠났다는 전설이 있습니다.

그럼 여기서 노자 도덕경의 첫 문장을 간단하게 설명해 보도록 하겠습니다.

도가도비상도(道可道非常道)

명가명비상명(名可名非常名)

무명천지지시(無名天地之始)

유명만물지모(有名萬物之母)

고 상무욕이관기묘(故 常無欲以觀其妙)

상유욕이관기요(常有欲以觀其徼)

차양자동출이이명(此兩者同出而異名)

동위지현현지우현(同謂之玄玄之又玄)

중묘지문(衆妙之門)

도(道)라는 것을 두고 도(道)라 말하면 참 도(道)가 아니다.

이름을 두고 이름이라 하면 참 이름이 아니다.

이름이 없는 것은 천지의 시작이고

이름이 있는 것은 만물의 어머니다.

그러므로 늘 없는 것에서 오묘한 것을 보고자 하고

늘 있는 것에서 차별상을 보라.

대립적이고 상대적인 것은 다 같은 것에서 나왔으나 그 이름을 달리할 뿐이다.

같다고는 하나 그것은 알 수 없는 것이고 알려고 들면 더 몰라지는 신비한 것이다.

그러나 그 알 수 있고 없는 사이를 오가다보면 자기도 모르게 기묘한 문이 열리기도 한다.

세상에는 천지만물을 생성하고 소멸시키는 힘이 있는데 그 힘을 다르게 말하자면 도(道)라는 것입니다. 세상은 인간의 지혜로는 알 수 없는 조화에 의해 돌아갑니다. 그 조화는 어떤 말로써 설명이 될 수 없고 무슨 글로서도 밝혀낼 수 없는 신비입니다.

인간의 삶이란 알 수 없는 저 깊은 심연 속에서 아무도 모르게 만들어지는 것인데 그 알 수 없는 것을 얘기할 때 마땅한 다른 말이 없어서 도(道)라는 글자를 우선 빌려 쓴 것입니다.

그러므로 나중에 도(道)라는 말보다 더 마땅한 말이 찾아지면 그때는 도(道)라는 글자를 밀어내고 다른 글자로 바꾸어도 됩니다. 지금은 도리 없이 알 수 없는 그것을 얘기할 때 도(道)라는 말을 할 수밖에 없습니다. 그러니 노자도 자기의 책 첫 머리에 '도(道)를 두고 도(道)라 하면 도(道)가 아니다' 라고 한 것입니다.

다음으로 노자는 어떤 명칭이나 호칭에 좌우되지 말라고 했습니다. 명칭이란 어쩌다 그렇게 붙여진 것입니다. 그 명칭 속에 사물의 본질이나 인간의 근본이 담겨 있는 것은 아닙니다. 애초에 소를 말이라 불러도 됐고 개를 닭이라 불러도 됐습니다. 이와 같이 이름이란 어쩌다 그렇게 붙여졌고 사물이란 변화와 조화의 원리에 의해 그 근원과 형상마저 변하는 것입니다. 세월 속에서 바위도 깨어져 흙이 되고 흙도 뭉쳐 돌이 되기도 합니다.

그러므로 그저 그렇게 붙여진 이름을 두고 시비할 것은 아닙니다. 지금 이 순간 불행이라 느껴지는 것도 행복이 가면을 쓰고 나타난 것일 수 있고 지금 이 순간의 실패라 생각되는 일도 그 실체는 성공이란 것일 수도 있습니다.

다음으로 이름 없는 것은 천지의 시작이고 이름이 있는 것은 만물의 어머니라 했습니다.

처음 세상이 생겼을 때는 모든 것이 다 이름이 없는 혼돈이었습니다. 그랬던 것이 이름이 하나 둘 붙여지면서 제 자리를 찾아가기 시작했습니다. 그리고 앞과 뒤가 생기고 속과 밖이 생겨났지요.

이와 같은 말을 한 노자는 보아도 보이지 않는 것을 이(夷)라 하고, 들어도 들리지 않는 것을 희(希)라 하고 잡아도 잡히지 않는 것을 미(微)라 한다 했는데 이 세 가지를 합해서 하나[一]라 하기도 했습니다. 이 문제는 여기서 계속 설명하기 어려우니 각자가 스스로 도(道)를 틔우시길 바랍니다. 그래야 미래의 문을 스스로 열게 되니까요.

다음으로는 늘 없는 것에서 오묘한 것을 보고 늘 있는 것에서 차별상을 보라 했습니다. 참으로 빈 것, 그 속에 오묘한 것이 다 있습니다. 보이지는 않지만 텅 빈 것 속에 만물의 근원이 있는 것입니다. 지금 우리와 같이 앉아 있는 이 공간에도 끊임없이 우주적 진동과 파장이 오고 가서 창조와 파괴의 노래와 춤을 추고 있지요. 그 우주적 기운은 때로는 직선으로 곡선으로 오가며 때로는 소용돌이 치며 만물의 틀을 짜내고 있는데 지금 이 땅에 발붙이고 있는 '나'라는 존재는 과연 지금 무엇을 하고 있는지 한번 자문해 보십시오. 그것이 자기발전의 기초가 될 것입니다. 그리고 보이지 않는 질서가 우리의 눈에 보이는 질서를 만들어낸다는 것을 아시고 차별상을 보면서 근원을 만들어내는 조화도 같이 보는 사람이 되십시오.

　우리는 하나다 여럿이다 하는 그 모든 것이 다 같은 근원에서 나와 그 이름을 달리할 뿐임을 알아야 합니다. 만물의 모습은 달라도 근원은 하나입니다.

　그런데 하나라 하지만 그것은 알 수 있는 하나라기 보다 알 수 없는 하나입니다. 이리하여 노자는 만물의 생성 근원인 도(道)는 그 머리를 볼 수 없으며 그 꼬리도 볼 수 없다 했습니다.

　그러므로 우리는 그 알 수 없는 것을 이해하는 마음이 될 때 그야말로 도(道)의 세계에 대한 문을 스스로 열게 될 것입니다. 우리 다 같이 알 수 없는 그것을 이해하는 사람이 되어 자신만의 세계를 창조하는 사람이 됩시다."

:: 장자 이야기

노자 이야기를 마친 원효는 이야기를 계속 이어나갔다.

"노자 얘기를 했으니 이제 그의 사상을 이어받아 이른바 도가(道家)를 형성시킨 장자에 관한 얘기를 하지요.

장자의 아내가 죽자 친구인 혜자가 문상을 갔어요. 그런데 장자는 두 다리를 뻗고 앉아 질그릇을 두드리며 노래를 부르고 있었어요. 그래서 혜자가 나무랐습니다.

「같이 살고 자식을 키우면서 함께 늙은 아내가 죽었는데 곡(哭)도 하지 않고 질그릇을 두드리며 노래까지 하다니 이거 너무 심한 짓 아니오?」

노래를 그친 장자의 대답이 다음과 같았습니다.

「아니 그렇지가 않소. 아내가 죽은 당초에는 나라고 어찌 슬퍼하는 마음이 없었겠소. 그러나 아내는 지금 천지라는 커다란 방에 누워 있다는 생각을 했어요. 지금 당신 저 죽은 자의 얼굴을 좀 보시오! 살아 있을 때보다 얼마나 좋아 보이오? 마치 죽고 보니 이렇게 편하고 좋은 것을 내 어찌 저 못난 남편과 더불어 살려고 발버둥쳤던가 하는 후회를 하고 있는 것 같지 않소? 그런데 내가 소리를 내어 울고 불고 한다면 그것은 죽은 자를 모르는 일이라 생각되어 그만 곡을 그치고 말았소. 아직 죽어 보지도 않은 것이 죽음에 대해 뭘 안다고…」

혜자는 그 때서야 장자의 노랫가락이 이해가 갔어요. 사람이 어쩌다 이 세상에 태어나는 것도 태어날 때를 만났기 때문이며, 또 이 세상을 떠나는 것도 죽을 운명을 만난 것뿐이지요. 그래서 때를 맞추어 살면 기쁨이나 슬픔 따위의 감정이 끼어들 여지가 없다는 것을 그도 알고 있었으니 더 설명을 할 필요가 없었지요.

그렇다면 장자가 죽을 때는 무슨 일이 있었는지 얘기해 봅시다.

장자가 죽어가고 있자, 제자가 물었어요.

「스승님, 지금 돌아가시는 기분이 어떠하십니까?」

「처음 죽어 보는 것이라 잘 모르겠네.」

「그렇겠군요. 아무래도…」

「귀신이 되고 난 후에라도 기회가 생기면 답해 주지.」

「예, 기다리겠습니다. 꿈에서라도… 그런데 돌아가신 후 장례식은 어떻게 치러 드릴까요?」

「내 영혼이 내 육신을 떠나면 그냥 들판에 내다 버리게.」

「그러면 짐승들이나 새가 덤빌 텐데요.」

「별 걱정을 다 하는구나. 물론 땅 위에 있으면 까마귀나 솔개의 밥이 되겠지. 하지만 땅 속에 있다고 먹히지 않겠는가. 어느 경우에도 나는 먹힐 것이다. 그런데 그대들은 어찌 땅 위에서 먹힐 것만 생각하는가. 내가 다른 생명을 파괴하고 죽이면서 생명을 유지해 왔으니 내 육신 또한 기꺼이 다른 생명들의 식량이 되어주는 것이 옳지 않겠는가. 그것이 변화와 조화의 원리에 순응하는 자세야.」

제자들은 스승의 높은 차원에 말문이 막혀 있는데 스승의 말이 다음과 같이 이어졌어요.

「나는 하늘과 땅을 나의 관으로 삼을 것이다. 해와 달이 나를 밝히는 횃불이 될 것이고 혹성과 별무리들이 내 둘레에서 보석처럼 빛날 것이다. 그리고 만물이 조문객으로 참석할 것이니 더 이상 무엇이 필요하겠는가.」

"어떻습니까? 장자의 기개가 느껴지십니까?"

이렇게 말을 마친 원효가 청중들에게 물었습니다.

"예."

청중들이 이구동성으로 대답했다.

"그럼 이제 다시 장자를 대변하는 얘기를 하나 해 보지요. 장자가 어느 날 제자와 함께 산길을 걷고 있는데 길가에는 잎과 가지가 무성한 큰 나무가 한 그루 서 있었습니다. 그런데 벌목꾼이 그 나무에는 관심이 없는 것 같아 장자가 그 까닭을 물었어요.

「이 나무는 아무 데도 쓸모가 없는 나무입니다. 휘어지고 비틀어지게 자라서 가구나 문짝 같은 것을 만들어 놓으면 이내 못쓰게 되고 말아요.」

그 말을 들은 장자가 제자한테 말했습니다.

「이 나무는 쓸모 없게 자람으로써 천수(天壽)를 다 할 수 있었구나. 다른 것들한테 이용 가치가 없게 자람으로써 그 생명을 유지할 수 있었어.」

제자가 답했습니다.

「그렇습니다. 사람들은 대개 쓸모 있는 존재가 되려고 발버둥 치다가 요절하고 말지요.」

「그러기에 말이야. 이른바 생명의 차원에서 보면 인간이 이 나무만 못하구나.」

산을 내려온 장자가 친구 집에 들르자 친구는 하인에게 거위를 잡아 손님에게 대접하라고 했습니다.

「분부대로 하지요. 그런데 주인님, 거위가 한 마리는 잘 울어서 도적을 쫓는데, 한 마리는 울지를 못합니다. 어느 것을 잡을까요?」

「그야 물어볼 게 뭐 있느냐? 당연히 쓸모 없는 것을 잡아야지.」

「네, 알겠습니다.」

친구로부터 대접을 잘 받고 다음 날 다시 길을 나서자 제자가 장자에게 물었습니다.

「스승님, 묻고 싶은 게 있습니다.」

「뭔데?」

「어제 산 속의 나무는 쓸모가 없어서 천수를 다 할 수 있었는데 친구 집 거위는 쓸모가 없어 죽었습니다. 대체 삶의 기준을 어디다 두어야 하는 것입니까?」

장자가 입을 열었습니다.

「쓸모 있음과 없음의 중간에 머물러야지. 그러면서도 상황에 현명하게 대처하는 요령이 있어야 생명을 부지할 수 있어. 그러나 그 중간이라는 것도 도(道)와 비슷하면서도 실은 참된 도(道)가 아니므로 때로는 화(禍)를 당하게 된단다. 세상이라는 게 하도 묘해서 쓸모 없는 것에 의해 쓸모 있는 것의 가치가 드러나고 또 쓸모 있는 것에 의해 쓸모 없는 것이 나타나기도 하지. 그러니 자기 생각에 다치지 않도록 해야 하는 것이야.」

스승의 설명을 진지하게 들은 제자가 다음과 같이 답했습니다.

「그럼 절대적인 의미를 지닌 하나의 진리는 세상에 없는 것이군요?」

「그래, 오직 시와 때에 맞게 현명하게 처세해야 살아남을 수 있으니 무엇보다 자기 자신을 잘 이용하는 사람이 되어야 해.」

노자는 논리적으로 사람을 이해시키려 하는데 장자의 책은 처음부터 끝까지 이와 같은 이야기로 사람에게 교훈을 던집니다. 그러니 돌아가시면 두 책을 같이 보면서 도(道)라는 게 무엇인지 가슴에 새기도록 하십시오. 이제 그 두 사람의 사상에 대해 잠시 언급해 보겠습니다."

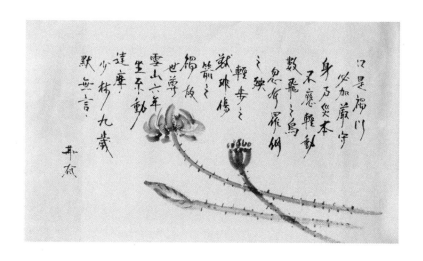

:: 노자의 사상

노자와 장자에 대한 얘기를 마친 원효가 이번에는 두 성인의 사상에 대해 갈파하기 시작했다.

"노자는 비어 있는 계곡을 좋아했고 또 그 밑에 흐르는 물을 좋아했습니다. 계곡은 비어 있기 때문에 아래로 물이 흐르는 것이니 그런 현상이 그의 철학의 궁극적 대상이었던 것입니다. 노자의 관심은 무위자연의 길과 무위자연의 덕을 밝히는 데 있었지요. 형체 없는 형체, 소리 없는 소리는 노자 철학의 근본을 이루는 말입니다. 형체 있고 소리 있는 모든 것이 다 거기에서 생겨나고 또 거기로 돌아가는 이 세계의 근원에 있는 궁극적 실재가 도(道)이기에 그는 도(道)를 추구했던 것입니다.

인간을 포함한 만물은 생멸변화를 되풀이하는 유한한 존재이지만 이른바 도(道)는 생멸과 변화를 주재하는 근원입니다. 유한한 존재인 인간이 무한한 실재인 도(道)에 대하여 근원적으로 눈을 뜨고 형체 있는 것 속에서 형체 없는 것을 보고 소리 있는 것에서 소리 없는 것을 들을 수가 있을 때 인간은 자기가 본래 어떠한 존재이며 무엇을 해야 할지를 깨닫게 됩니다.

노자는 도(道)의 세계를 그대로 자기의 세계로 삼습니다. 도(道)는 만물과 일체를 낳았으면서 자기를 창조자라 하지 않고 일체를 다 포용하여 어떠한 것과도 대립하지 않고 그 무엇과도 투쟁하지 않기에 그렇지요. 그래서 그는 형체 있는 것을 부르는 이름과 그 이름에 의해 성립되는 세계에 사로잡히지 않고 어떤 고정 관념에 얽매이는 일도 없이 사람을 자유롭게 하는 조화의 이법을 제시했습니다.

움직이지 않고도 변화시키고 아무 짓을 하지 않고도 모든 것을 이루는 경지에다 사람을 놓으려고 했던 그는 무위(無爲)란 것을 물에다 비유했습니다. 물은 상황에 따라 자기의 모습을 무너뜨리지만 어떠한 경우에도 자기 근본을 잃지 않지요. 그것이 바로 싸우지 않고 이기는 그의 생활철학인 것입니다. 삶이 투쟁이라면 승리가 목적인데 싸워 이긴 자보다는 싸우지 않고 이기는 자가 진정한 승리자이지요.

노자의 무위(無爲) 사상을 한 마디로 말하면 물의 유연성으로 굳고 강한 것을 물리치는 것입니다. 그의 책에 고유명사가 전혀 들어 있지 않다는 사실은 그가 시간과 공간을 초월하면서도 보편적인 진리를 지향했기 때문이 아닌가 합니다.

그에게 있어 문제는 존재의 근원에 있는 것이었기에 형체를 갖고 이름을 가진 것은 그의 관심사가 아니었던 것이지요.

그의 책에 고유명사가 없다는 문제는 그의 책을 이해하는데 중요합니다. 고유명사는 인간에 국한시켜 말하면 특정한 육체를 갖고 정신을 가진 구체적인 인격을 가리키지요. 철학이나 종교의 저작물에 있어 고유 명사가 커다란 비중을 차지하는 것은 진리가 진리 그 자체보다 그것을 말하는 인격에 의해서 더 중요한 의미를 가지며, 그 인격에 대한 존경과 귀의가 신앙으로까지 발전하는 것이기 때문입니다.

유교에 있어 공자가 그랬고 불교에 있어 석가가 그랬습니다. 그러나 노자는 그러한 인격적인 것을 모두 원리적인 것에 돌리고 진리와 인간을 연결 짓는 매개자도 물리치고 인간이 진리 앞에 바로 서도록 가르쳤습니다. 인간들이 저마다의 길을 찾게 하는 것이 그의 중요 관심사서 그의 말에는 고유명사가 필요 없었던 것입니다.

그런 가운데 일인칭 대명사인 '나'가 돌연 나타나는데 이 '나'는 '도(道)'가 이름 없는 것처럼 이름이 없지요. 이름이 없기에 이름을 초월한 그 곳에서 삶의 우수와 환희를 사고할 수 있는 '나'인 것입니다. 그에게 있어 '나'는 말 없는 말로 온갖 삶의 의미를 주고받는 생의 반려자였습니다.

이러한 그의 사고방식은 철학으로써 의미 깊은 것입니다. 보통 다른 사람들의 앎의 본질은 이름과 더불어서 이것과 저것을 구별하는 데 있고 온갖 차별과 대립의 세계를 허구화시켜 나가는 데 있지요. 더구나 한 번 허구화된 그 차별과 대립의 세계는 스스로의 허구성과 가설성을 잊고, 그 상대성을 절대성으로 대체시키며 그 허구의 세계에 진실이 있다고 착각하는 것이라고 합니다.

인간이 심오한 것을 보는 영지(靈智)에 돌아가지 않고 계속 차별지(差別智)에 빠져 있는 한 그에게 비치는 세상의 모습은 끝없이 분극

되고 절단되는 대립의 세계입니다. 사람의 눈이 밖에 있는 것을 추구할 때 마음은 밖을 향해 무한히 확산되고 그 때문에 인간은 태어나면서부터 지니고 있는 본래의 빛이 흐려지고 말아 근원적인 진리에 대해서는 장님이 되고 말지요.

그런가 하면 또 인간은 학문 따위에 힘을 쓰기 때문에 근심 걱정이 많아집니다. 학문을 한다는 것은 요컨대 문화를 따르는 것인데 그 문화라는 것이 과연 인간에게 얼마나 도움을 주었을까요? 학문을 끊어버리면 근심 걱정이 없어진다는 그의 말은 지혜를 먹고 사는 것이 비극이었고 자기가 지식인이었던 것에 큰 불행을 겪었기 때문인지는 모르지만 근원적으로 하나인 것을 이것 저것으로 구별 지우는 삶으로 고통을 부르지 말라는 것입니다.

우자(愚者)가 지자(智者)가 되는 것은 쉬워도 지자가 우자가 되는 것은 어려운 일입니다. 삶에 명백히 통달해 있으면서도 아무 것도 모른다는 입장에 머물러 있을 수 있으며, 자연이 하는 일과 사람이 하는 일이 무엇인지를 아는 것이 인지(人知)의 최고라고 보는 것이 그입니다.

사실 불행이라는 것에는 행복이 의지되어 있고 행복에는 불행이 잠복해 있어 행복과 불행은 늘 붙어 다니지요. 그래서 죽는 일도 기뻐할 것이 못 되고 나쁜 일도 슬퍼할 것이 아닙니다. 사람이 하나의 시작에서 결과를 볼 줄 아는 깨달음만 있으면 만남이 기쁨이 될 수 없고 이별이 슬픔이 될 수도 없지요. 사랑의 결과가 미움이라면 사랑은 벌써 미워하기 위함이고 죽음으로 가고 있는 우리의 삶도 예외는 아닙니다. 그렇다면 어떠한 일에도 초연할 수 있는 자기를 만들고 바쁜 생활 속에서도 한가한 나를 찾아 옛날로, 어린애로 돌아갈 수 있으면 되는데 그게 어려워서 문제입니다.

공자는 진정한 어른은 어린아이의 마음을 잃지 않고 있는 사람이라 했고, 부처도 그렇게 말했습니다. 노자에게도 어린아이는 장애물을 넘어서 자유로이 행동할 수 있는 무위의 자유인을 상징하는 말입니다. 어린아이 같은 무심의 경지, 그것은 이미 성인이 된 인간이 시간의 추이를 반대 방향으로 돌려서 갓난아이가 되라는 육체적 기적을 말하는 것이 아니라, 생활인으로서 사리 분별을 가지면서도 그러한 생각에 사로잡히지 않는 자유로운 생활 자세를 가지라는 것입니다. 그래서 그는 본래의 자기가 그러했으므로 어린아이로 돌아가는 것을 복귀라고 했어요.

뼈가 약하고 근육이 부드러운 데도 손아귀가 강한 것은 그 빈 주먹 속에 우주가 들어 있기 때문이며, 종일 울부짖어도 목이 쉬지 않는 것은 음양의 조화가 완전하기 때문이라는 노자의 주장은 성인이 되어 그러한 모든 것을 상실하고 있는 지금의 자신과 어릴 때의 자신을 비교해 봤을 때 과연 자기 자신은 무엇을 얻고 무엇을 잃었는가를 반성해 보게 하는 말입니다. 어린아이들이 남을 만날 때는 적어도 어른 같지는 않지요. 내 앞에 있는 네가 누구라도 좋습니다. 그냥 같이 있으니 함께 놀고 또 그럴 수가 없으면 그대로 헤어지고 마는, 서로를 몰라도 좋기 때문에 만남이 자유롭고 이별이 자유로운 것이 아이들입니다.

그런데 과연 어른들의 만남과 이별은 어떤가요? 서로가 천만 개의 가면을 지닌 채 상황에 따라 바꾸어 쓰며, 내놓는 말은 모두 다 자기를 나타내는 소리가 아니고 자기를 감추는 소리입니다. 가면이 진실인 양, 감추는 말이 사실인 양 오해하고 있다가 또 다른 오해와 착각으로 헤어지고 마는 게 사람입니다. 그렇다면 알고 믿는 것이 사실은 모르고 있는 것보다 못한 것이니 알고 불행한 어른보다 모르고 행복한 어린아이가 동경의 대상이 아닐 수 없는 것입니다.

그리고 또 인간들이 불행하다고 생각하는 것은 거의 모두가 다 있는 것을 있는 줄 모르고, 없는 것을 없는 데서 찾음으로써 오는 것이지요.

불행하지 않고 행복하려면 있는 것은 있는 줄 알고, 없는 것은 없는 줄 알면 되는데 그것 역시 쉬운 일은 아닌가 봅니다. 이 세상에 잠깐 발 붙였다가 떠나고마는 존재로서 초대 받지 않는 손님이 되어 천대 받다가 가지 않고, 초대 받은 손님이 되어 환영 받다가 가려면 있고 없는 것 사이에서 있는 자기 존재에 대한 준엄한 인식과 이제 그만할 줄 아는 마음이 없이는 안 됩니다.

물욕을 자제하여 현재 상태에 만족할 줄 알며 자기 자신을 반성하여 허물과 부족함을 자인할 줄 아는 마음만 있으면 스스로 도인(道人)이 됩니다. 아름다운 것을 느낄 수 있고 향기롭고 영원한 것을 생각할 줄 알며, 자고 싶을 때 잘 수 있고 먹고 싶을 때 먹을 수 있으면 됐지 그 이상 무엇을 더 바라겠어요. 속이 빈 큰 것보다는 속이 꽉 찬 작은 것에 만족할 줄 모르면 별 도리 없이 불행해지고 마는 것이 우리의 삶입니다. 집이 백 칸이라도 내가 쉴 곳은 반 평도 못 되며, 천하의 논밭이 다 내 것이어도 하루에 세 끼 이상 더 먹겠어요? 빈 손으로 왔다가 빈 손으로 가는 것이고 그 과정에 있었던 내 것도 다시 남에게 주고 말, 남의 것입니다.

  잠시 내 것인 것을 위해 물욕에 붙들리어 자기 인생을 놓친다면 세상에 나온 보람을 어디서 찾겠습니까? 노자는 무엇이 되어 자기의 삶을 빼앗기며 사는 것보다 차라리 아무 것도 아닌 것이 되어 자기의 삶을 사는 것을 잘 사는 것이라 보았습니다. 자연은 아무 짓도 하지 않는 것 같지만 모든 것을 다 하고 사람은 온갖 짓을 다 하는 것 같아도 사실은 아무 것도 못하고 마는 것임을 안 노자는 아무 짓도 아니함으로써 모든 것을 다 하려 한 훌륭한 자연인이었습니다."

장자의 사상

원효가 노자의 이야기를 이상과 같이 마치자 좌중은 큰 박수로 답했다. 박수 소리가 끝나자 원효는 다시 말을 이었다.

"그럼 지금부터 노자의 뒤를 이은 장자라는 사람의 사상은 어떤 것인지 말해 보겠습니다.

이른바 도덕이니 질서니 하는 것을 맹목적으로 추종하는 사람들은 얼마나 피곤하게 살고 있는지 모릅니다. 사람의 행복은 오히려 도덕이 무너지는 그곳에 있을 수도 있으며 질서가 파괴되는 그곳에 새로운 희망이 나타날 수 있는 데도 말입니다.

우리가 배우고 닦는 지식과 지혜라는 것이 사실은 남을 해치고 죽이는 도구를 준비하는 것이라는 장자의 시각은 섬뜩하기까지 합니다. 왜냐하면 그것이 사실이기 때문입니다. 내가 명예를 차지했다면 지식이란 도구를 이용하여 남의 자리를 약탈한 것이며 내가 재물을 축적했다면 지혜란 도구를 이용하여 남의 재물을 갈취한 것이라는 말이 된다는 게 장자의 주장입니다. 이 도구 준비라는 말에 삶의 진리가 있다고 보고 말을 계속해 보지요.

모든 도구들이 다 그렇듯이 지식과 지혜도 쓰기에 따라 이롭기도 하고 해롭기도 한 것입니다. 그래서 자기 것을 쓰기도 하고 빌려 쓰기도 할 때 그 도구들의 사용 방법이 문제가 아닐 수 없습니다. 상황에 따라 필요 적절하게 활용할 수 있는 도구는 귀하기도 하지만 사용도 쉬운 일이 아닙니다. 필요에 의한 이용의 도구로서 과연 자기 존재는 어떤 가치가 있으며 자기가 관계하는 타인들은 또 어떤 의미가 있느냐에 따라 사람의 마음이 오고 가고 몸이 움직이는 것이 사실이라면 삶의 의미를 미화시켜 놓은 소리들은 의미 없는 것이 되고 맙니다.

남의 필요에 이용될 수 있는 자기 창조와 내 필요에 남을 이용할 수 있는 자기 창조가 되어 있지 못하면 그 사람은 자연 도태되고 마는 것이 현실일진대 장자가 내놓는 사상은 그 어느 누구의 말보다 강한 삶의 지혜가 될 것입니다.

이러한 장자는 모든 현상을 상대적인 것이라는 인식에서부터 출발하여 그의 사상을 전개시켜 나갔습니다. 음양의 상대 원리에 따라서 모든 존재의 현상을 풀이하려고 한 것이 저 유명한 역경(易經)인데 그러한 사상은 예부터 있었습니다.

역(易)은 변화한다는 뜻으로 온갖 사물은 그 반대적인 것으로 변하기 마련이라는 사상이지요. 이러한 유무(有無)의 상대 원리에 따라서 무(無)의 의미와 가치를 풀어나간 사람이 장자입니다. 사람의 몸도 빈 곳이 있기 때문에 물에 뜰 수가 있으며 마음도 빈 곳이 있기에 남을 불러들일 수가 있지요. 방도 비어 있기 때문에 방으로서의 효용 가치가 있어 사람이 기거할 수 있으며 마루도 마당도 길도 빈 곳에 의해 그 가치를 드러내고 있는 것입니다. 저 하늘도 비어 있기에 해와 달이 오고 가며 밤과 낮을 만들고 바람과 구름이 오가며 계절을 만들어 만물을 키우고 있지요.

사람과 사람의 관계도 떨어져 존재할 수 있는 빈 거리가 있기에 문득 문득 일어나는 감정이나 생각들을 저절로 해소할 수 있어 관계가 유지 발전됩니다. 그릇이 그릇으로서의 구실을 하는 것도 가운데 빈 곳이 있기 때문입니다. 유(有)가 이로움을 가지게 되는 것은 무(無)에 의해서라는 장자는 사람들이 다 쓸모 있는 것의 쓸모는 알아도 쓸모 없는 것의 쓸모는 모른다고 사람들을 깨우쳐 나갑니다."

잠시 숨을 고르고 청중들을 둘러보던 원효는 설법을 계속 이어갔다.

"장자는 또한 다음과 같이 그의 생각을 풀어 나갑니다.

「무용(無用)의 가치를 알아야 비로소 용(用)의 가치를 알게 된다. 대지가 넓어도 사람이 걸어 다니는데 필요한 땅은 두 발 디디는 곳 뿐이다. 그렇다고 해서 두 발 얹을 자리만 남기고 나머지 땅을 다 깎아 없앤다면 과연 사람이 걸어다닐 수 있겠는가. 결국 쓸모 없는 것에 의해 쓸모 있는 것의 가치가 드러나는 것이니 무용(無用)은 역시 용(用)인 것이다. 저것이 있음으로 이것이 있으며, 저것은 이것으로 인해 나오고 이것 또한 저것으로 인해 있게 됨으로 저것과 이것은 병생한다. 그런데 구분하는 것을 전제로 하여 따진다면 시(是)와 비(非), 가(可)와 불가(不可)의 대립은 영구히 해소됨이 없이 더욱 더 분화되어 상대적인 대립은 심해지고 마는 것이다.

참 자유의 삶은 상대적인 세계에 대한 집착을 벗어 던질 때 비로소 얻어진다. 이 상대적인 세계를 초월하기 위해서 지금 당장 살고 있는 세계를 이탈하라는 것은 아니다. 그런 것은 참 삶이라 할 수 없다. 상대적인 세계 속에 살면서도 그 상대 세계가 베푸는 제한에서 벗어날 줄 아는 요령이야말로 상대 세계를 초월하는 것이다. 그러기 위해서는 만물을 다 구분하면서도 하나로 보는 깨달음이 있어야 한다.」

장자의 이러한 깨달음은 부분적인 자기 존재를 전체적인 존재가 되게 하고 세상과 동화하게 만듭니다. 그리고 또 더 보태거나 빼지도 않는 있는 그대로의 세상을 보게 하며 비로소 자신과 대상이 하나가 될 수 있게도 하지요.

장자가 살펴 본 사람의 관계는 또 이렇습니다. 무엇을 주고받는 관계는 벌써 남입니다. 무엇을 주고받을 수 있는 둘은 이미 하나가 아닌 것이지요. 네가 바로 나이어서 아무 것도 주고받을 수가 없는 하나의 경지, 언제나 더 준 것 같고, 또 덜 받은 것 같은 그런 관계에 있는 보통 사람의 마음으로는 들어갈 수 없는 세계입니다. 그는 또 다음과 같은 말도 합니다.

「당신은 얼마 전에는 걷더니 지금은 멈추고 아까는 앉아 있더니 지금은 서 있소. 어째서 일정한 절도가 없는 거요?」

그림자가 대답합니다.

「나는 내 뜻으로 그러는 게 아니고 기대고 있는 사람의 몸에 따라서 그러는 거요. 그러면 내가 기대고 있는 몸은 또 달리 그가 기대고 있는 것에 따라 그럴 테지요.」

그림자는 몸 따라 움직였기 때문에 대답이 있지만 그 몸이 기대고 있는 마음은 그 까닭을 모르니 말이나 글은 여기서 끊어지고 맙니다. 이 끊어지고 만 얘기에서 문제만 있고 답이 없는 인간의 문제가 시작되지요.

어떤 존재나 사물의 운동은 그 자체로서 성립되는 것이 아니고 반드시 원인이 있고 또 그 원인에 한층 더 높은 원인이 있어 캐어 나가면 끝이 없습니다. 결국 인간의 지혜를 초월한 저 먼 곳에 궁극적인 원인이 있다고 할 수 밖에 없는데 그 속에 도(道)가 있습니다.

모든 사물은 도(道)의 그림자이며 또 그 실체입니다. 인간은 이유를 알 수 없는 필연에 의해 이 세상에 내던져져 있기 때문에 자기 존재에 대해 책임을 져야 하며 불교의 업보 같은 것에 의해 태어난 것도 아니고 그 자체로서 태어나고 죽어갈 뿐이므로 지금 살아있는 이 사실을 중시해야 한다는 것이 그의 사상임을 우리는 이해해야 합니다.

인간은 애초부터 고독하며 불안해하는 절망적인 존재입니다. 아무도 대신 죽어 줄 사람 없고 아무도 대신 살아 줄 사람도 없습니다. 자기 자신의 삶은 오직 스스로 살아야 하고 죽음도 혼자 맞이해야 하는 것입니다. 아침의 불행이 낮의 행복으로 바뀌고 그것이 밤에 또 어떻게 변할지도 알 수 없으며 잘해도 불행해지고 잘못해도 행복해질 수 있는 것이 이 세상입니다.

그래서 장자에게 있어 이념적인 철학이나 관념적인 사고는 문제가 되지 않습니다. 문제는 인간이 현실의 고통 속에 직면해 있으면서도 고통을 없애지도 못하고 오히려 고통을 만들고 있다는 사실입니다.

마음의 분별에 의해 원인과 결과를 나누고 본래 하나인 실재의 진상을 여러 가치 기준으로 나누는 데에서 인간의 미혹과 망집이 시작되지요. 본래 자생자화(自生自化)하는 만상을 인과적 사유로 문제를 만들어 스스로 그 속에 갇히는 게 사람입니다. 그러니 자기 주장 없이 변화에 순응하는 것이 삶을 사는 지혜이고 상황에 따라 자신을 없애기도 해야 하는 것이 무너지는 그 속에서 끝내 포기할 수 없는 자신을 지키는 길이라는 것이 그의 철학입니다.

그는 상식적인 사고와 세속적인 가치를 무시하는가 하면 인간의 미망을 안타까워하면서도 한편으로는 그 미망을 비웃기도 하는 이중성을 나타냅니다. 이러한 이중성은 그의 사상 전반에 흐르고 있습니다. 그와 같은 현상은 지옥으로 가면서 천국을 회의하고 언제나 삶이란 울타리 속에서 자유의 노래를 부른 사상가라 그런지 모르지요.

결론적으로 말하자면 그는 또 생명이 없는 질서보다는 생명이 있는 무질서를 사랑했습니다. 그는 상식적인 사고에 사로잡힌 인간들과 세속적인 가치관에 붙들린 사람들을 연민하면서 거기에 반역한 위대한 철학자였습니다."

원효가 이상과 같이 장자의 얘기를 끝내고 청중들의 반응을 살핀 후 다시 말을 이었다.

"이상으로 도가(道家)를 이룬 노자와 장자의 얘기가 끝났는데 사실 두 분은 공통점이 있는가 하면 차이점도 많이 있습니다.

그 공통점은 두 분이 다 같이 신의 존재에 대해서는 함구했지만 초월적인 것에 대한 사모나 절대적인 힘에 대한 동경은 있었다는 것입니다. 그러나 그것은 인간과 자연, 만물이 동등하게 이 세상을 살고 있고 이를 다 같이 생성 변화시키는 자연의 도(道), 그 도(道)는 다시 말하면 두 분의 신이었습니다. 그런가 하면 두 분이 내세운 도(道)는 무심망아(無心忘我)의 경지에서 인간의 미혹과 망집을 초극하는 것이었지요.

다른 점은 무엇인가 하면 노자의 도(道)에 대한 생각은 천지만물 근원으로서의 정적 실재를 말하고, 장자는 시시각각으로 변하는 유전 자체를 말하지요. 또 노자는 인간이 근원으로 복귀하는 것을 말하지만 장자는 현재 있는 그대로의 흐름을 타는 것을 중요시 하지요. 이러한 공통점과 차이점을 비교해 보는 것도 두 성인의 이해에 도움이 되리라 봅니다. 이상입니다."

: :

설법은 계속 되고

    법문이 성공적으로 끝나자 원효와 요석공주가 마주 앉아 차를 마시며 얘기를 나누었다.

    "설법전 안팎에 그렇게 꽉 차게 사람들이 모인 건 처음이었어요. 아마도 유명한 분이시니 기회를 놓칠 수 없었겠지요."

    요석의 말을 원효가 웃으며 받았다.

    "아무튼 다들 말귀가 트인 것 같아 이 나라의 미래가 밝다는 생각도 들었습니다.

    "그보다 설법을 잘 하셔서 그랬겠지요. 저는 다음과 같은 말을 들은 일이 있어요.

    어느 자리에 사람 백이 모였다면 그 반은 이유도 없이 연사에게 거부 반응을 가진대요. 그리고 호감을 갖는 나머지 반 중에도 말귀를 알아듣지 못하는 사람이 반이나 되고 또 말귀를 알아들었다 해도 그 말을 이해하는 사람은 몇 되지 않는다는 것입니다. 그런데도 전체적인 반응이 좋았다면 그건 법사의 능력 때문일 것입니다."

원효가 담담하게 말을 받았다.

"과연 그랬을까요? 나는 이런 말도 들은 일이 있어요. 남 앞에 서는 사람은 대개 스스로의 열등감을 은폐하고 보다 우월해지려는 치사한 욕망을 가지고 있다고요. 예를 들자면 어떤 화가가 감동적인 그림을 그렸다 칩시다. 그것 역시 못난 자신을 감추고 잘난 것을 드러내 보이려는 위장(僞裝)된 술수(術數)에 지나지 않는다고 해도 과언은 아니랍니다. 자신의 강점을 내보여 약점을 덮는 결과로 화가가 유명해지듯이 설법을 한다는 것도 예외는 아니라는 생각이 듭니다. 예술이란 것 자체가 가상과 허구의 세계를 진실인 양 조작하는 것이듯 책을 쓰는 것도 말을 한다는 것도 다 편집이나 기교의 묘를 부리는 것 같아 스스로 좋은 생각이 들지 않을 때가 있어요."

요석은 원효의 인간적 고충을 이해하다가 입을 열었다.

"사람은 자기 의식의 깊이만큼 불행해진다지요? 그렇다 해도 글을 아무나 쓰고 대중 앞에 아무나 서겠어요? 그보다 보람된 일도 없으니 그저 운명이라 생각하며 자신의 일을 하세요."

"어찌 피해볼까 했더니 도리어 짐을 지우는구려."

"운명이라니까요. 차나 드세요."

원효는 요석이 따라주는 차를 입에 대고 있었다.

창밖에는 어느새 해가 졌는지 어둠이 깔리고 있었지만 그들의 얘기는 계속 이어졌다.

"다음 설법은 의학적인 내용을 주제로 삼을까 합니다. 사람은 사실 일반적인 생활에서도 마음만을 문제시하지 몸에는 별로 관심을 가지지 않습니다. 그것은 가장 중요한 것이 무엇인지를 모르는 데서 비롯되는 실수가 아닌가 합니다. 몸이 없는 마음이 어디 있다고 몸을 등한시하는 것일까요? 그러니 사람 몸의 중요성을 인식시키는 의미로 주제를 그렇게 정해볼까 싶은데 공주의 생각은 어떤지 모르겠소."

요석은 다소 의외인 듯 물었다.

"의학이라면 전공 분야가 아니잖아요?"

"그렇긴 한데 나는 나를 생각해볼 때 전생이 의원이었던 것 같아요. 어쩌다 몸이 아픈 사람을 보면 저 병에는 어떤 약이 좋다 싶은 생각이 그냥 들거든요."

"지금 마음이 아픈 사람을 치료하는 의원이시니 전생에 몸이 아픈 사람을 치료하는 의원이란 말도 이해가 되는군요."

"그렇다 싶기도 해요. 다 지우지 못한 전생의 기억이 나로 하여금 의학 쪽으로 생각을 자꾸만 하게 되는 것 같아요. 그런데 몸의 병에는 어떤 약을 쓰면 된다는 공식 같은 게 있는데 마음의 병에는 까닭이 모호한 것도 많아서 그 치료가 어려운가 싶어요."

"이미 지금까지 해 오신 일이, 또 앞으로 하실 일도 사람을 치료하고자 하는 의원 일이 아닌가 합니다. 몸과 마음의 연구가 합쳐지면 훌륭한 의원이 되겠어요."

"뭐 그런 건 바라지 않지만, 아무튼 다음 설법의 내용은 의학적인 얘기로 정해 봅시다."

"그렇게 하세요."

문득 생각난 듯 원효가 말을 이었다.

"그런데 말입니다. 그동안 의학이 크게 발전하지 못한 이유가 따로 있어요."

"그게 뭔데요?"

"생명은 신비이고 신의 영역인데 거기에 도전하는 것은 무모한 짓이라 생각한 거에요. 인명은 재천이라는 말을 하면서..."

"저도 들었어요. 그런 말..."

"그렇지요. 그래서 덜된 사람을 욕할 때도 저 놈은 의원도 무당도 못해 먹을 것이라 했어요. 무당 역시 신의 영역에 도전하는 사람으로 본 거지요."

"말씀을 듣고 보니 그런 내용은 정말 세상을 바로 본 게 아닌가 싶은 데요?"

"그런지도 모릅니다. 의원도 사실 뭘 모르면서 다 아는 척하는 사람이고 무당도 그렇지요. 그렇게 따진다면 철학이나 종교인들 예외겠어요?"

"그런 전제하에 이야기 하시면 되겠네요."

이리하여 원효의 다음 설법 주제는 의학적인 것이 되었다.

::
의학에 관하여

　원효는 마음의 문제에 이어 몸의 문제를 다루는 의학을 주제로 설법을 시작했다.

　"인간에게 중요한 것은 나그네 같은 마음보다는 그 나그네가 드나드는 집인 몸입니다. 뼈와 살이 없는 인간이 어떻게 존재할 수 있다고 다들 몸에 대해서는 그다지도 무심한지 이해가 되지 않습니다.

　육체적 문제는 전문가에게 맡기는 것이 상식화되어 있으나 그것은 무지(無知)에서 비롯된 것입니다. 왜냐하면 인간에게 있어 육신이라는 신전이 이해될 때 정신은 신(神)이 되고 정신세계가 이해될 때 육신은 그대로 종교가 될 수 있기 때문에 그렇습니다. 무지의 결과로 외면당하고 있는 육신을 이제부터라도 이해해야 그 속에서 위대한 정신도 제대로 피어나리라 생각됩니다.

　육신보다 완전하고 조직적이고 신비로운 것은 이 세상에 없습니다. 하나의 육신이 하루에 하는 일은 마음이 일 년 동안에 하는 일보다 많습니다. 묵묵히 자신의 일에만 열중하는 몸을 마음은 언제나 황폐화시켜 놓고 있는 것이 지금의 여러분은 아닌가요?

그 결과 자기 존재도 사라지고 마는데 정신은 그것마저 미리 깨닫지를 못하고 육신에 대해 너무 무심하고 있지는 않은가요?

신비한 육신에 대해서는 백치이면서 불완전한 정신세계 그것 좀 들여다봤다고 으스대는 사람들이 있는데 그것은 반쪽의 앎이니 자랑할 게 되지 못합니다. 인간은 육신의 언어를 이해해야 생명을 지킬 수 있고 고통을 예방할 수 있고 삶을 승화시킬 수도 있다고 생각합니다.

종교 같은 데서는 이 순간에도 육신이 헐벗고 굶주려야 참다운 정신을 깨닫는다는 오해로 무자비하게 육신을 학대하고 있지요. 예를 들자면 어떤 종교에서는 사람의 귀와 입을 막아서 듣지 못하게 하고 말도 못하게도 합니다. 이유는 말을 하거나 들으면 그게 다 죄악의 근원이 된다는 것입니다. 그런가 하면 채찍으로 자기를 가장 많이 때리는 사람이 가장 위대한 성인이 된다고 몸을 못살게 굴기도 하고, 몸을 씻게 되면 치장을 하고 꾸미는 행위가 된다고 평생 동안 몸을 씻지 못하게도 합니다.

종교에서 인간의 몸을 죄악의 근원으로 보고 학대하는 것이 어찌 이뿐이겠습니까. 사회에서도 무슨 도덕이니 규범이니 하는 것으로 순수한 본능을 억압하는 횡포가 비일비재하지요.

인간에게 어떤 굴레를 뒤집어씌울 때 양성화되지 못한 인간의 본능은 음성화되어 소위 죄를 낳는 원인이 되고 맙니다. 존중할 것은 존중하면서 그것이 악의 방향으로 흐르지 않고 선의 방향으로 흐르게 인도하는 게 진정한 계율이 아닐까요?

육신 자체를 경시하는 것은 의미 없는 굴레일 뿐이며 이는 생명을 제대로 이해하지 못한 억압이라 만병의 원인이 되기도 합니다. 육신과 정신은 다 음양의 기(氣)가 모여 형성되는 것입니다.

그러므로 목숨도 내 것이 아니고 자연이 잠시 맡겨 놓은 것일 뿐이지요. 그런데도 인간은 육신을 학대하면서 생명을 제멋대로 파괴하는 만행을 저지르고 있으니 한심한 일이 아닐 수 없습니다. 살 수 있어 사는 것도 복이고, 죽을 수 있어 죽는 것도 복이며, 살 수 있는데 살지 않는 것은 화(禍)이고, 죽을 수 있는데 죽지 않는 것도 화(禍)라 했습니다.

그러므로 찾아드는 상황에 적응하면서 마음에 성실하고 육신에 충실한 것이 자연에 동화되는 삶이고 인간적인 삶인 것입니다.

사람이 자연과 합일이 되기는 어렵지만 진정한 마음을 찾아 생각을 좇으면 적어도 외물로 인해 육신이 병들지 않게 된다는 게 나의 견해입니다. 다른 생물들의 삶을 보십시오. 그들에게는 약도 의사도 없습니다. 먹고 마시며 사는 것이 자연의 조화에 의하기 때문에 그들에게는 병이 없습니다. 그들에게 병이 있다면 그것은 인간에 의해서 생기는 것입니다.

'화자구출 병자구입(禍自口出 病自口入)'이라는 말이 있습니다. 이는 모든 정신적인 고통은 자기 입으로 말을 잘못 내놓아서 생기고 육체적인 고통은 자기 입으로 무엇을 잘못 들여놔서 생긴다는 뜻이지요.

사실이 그렇습니다. 인간은 자기 몸에 뚫려 있는 구멍 관리만 잘하면 마음도 몸도 고통 받을 이유가 없어요. 인간에게 밖으로 뚫려 있는 구멍들은 모두 욕망의 문입니다.

눈은 좋은 것을 보고자 하고, 귀는 좋은 것을 듣고자 하고, 코는 좋은 냄새를, 입은 맛있는 것만 먹고자 하지요. 그 욕구들을 절제시키는 것이 도(道)의 길이지만 그것이 결코 쉬운 일이 아닌 것에 문제가 있습니다. 오죽했으면 터진 강물은 막을 수 있어도 사람의 작은 입구멍 하나는 못 막는다는 속담이 생겼겠습니까?

사실, 하지 않아도 될 소리를 해서 고통을 당하고 아니 해도 될 약속이나 맹세를 해서 패가망신을 당합니다. 또 몸은 몸대로 먹지 않아도 될 것을 먹어 고통을 만들고 마시지 않아도 될 것을 마시면서 병을 부르지요. 변명이 없는 것도 아닙니다.

마음은 괜히 외롭고 괴로워서 아무라도 만나 쓸데 없는 소리라도 해야 했고, 몸은 또 목마름과 배고픔에 아무 거라도 먹고 마셔야 했습니다.

마음이 만드는 병, 몸에 생기는 병을 한의학에서는 모두 자기 중독 현상이라 풀이합니다. 본래 이 중독 현상이란 서서히 인간을 침범하는 독소에 의한 것입니다. 해독제가 없는 것도 아니지만 알다시피 모든 약은 다 독인지라 그 효과에 상응하는 부작용을 지니고 있어 권할 만한 치료제는 없습니다.

예방이 제일인데 본래 인간이란 당해 보기 전에는 문제의 실체를 깨닫지 못하는 존재라 현재 상태로서는 별 다른 수가 없는 것도 사실입니다. 하지만 이제라도 몸을 움직이는 힘의 근원인 물을 가릴 줄 알고, 느끼고 생각하는 정신의 근원인 불을 새로이 지필 줄 알면 가능성이 없는 것도 아닙니다.

불에도 횃불, 번갯불, 모닥불, 화롯불 등 그 종류가 헤아릴 수 없이 많듯 물도 마찬가지입니다. 물은 밤과 낮의 물이 다르고 사계절의 물이 다르며 하늘에서 내려오는 물이 있고, 땅에서 솟는 물도 있지요.

물 중에서 가장 좋은 물은 밤에 내린 이슬이나 서리가 풀잎이나 꽃잎에 맺혀 있는 것입니다. 이는 오장육부의 음기와 양기를 다 보하지요. 그럼 여기서 생명의 신비 하나를 같이 이해해 봅시다.

꽃을 피우지 못하던 풀 한 포기도 어떤 환경적인 이유로 그 생명이 위협을 받게 되면 서둘러 꽃을 피우게 됩니다. 그것은 종족 보존의 욕망이 생명의 근원인 씨를 만들기 위해 그러는 것이지요. 이러한 일은 생명이 있는 것에게는 다 있으니 이 또한 신비가 아니고 무엇이겠습니까.

그건 그렇고, 풀잎이나 꽃잎에 맺혀 있는 물이 좋은 것은 하늘에서 내려온 물이, 땅에 닿으면 독이 생기지만 이는 아직 땅에 닿지 않아 천기(天氣)가 상하지 않고 있어 그런 것입니다.

다음으로는 땅에서 솟는 물은 지기(地氣)를 그대로 지니고 있으며 그 성(性)이 중화되어 음 중의 양이고 양 중의 음이라 능히 생발(生發)의 기를 지니고 있다고 봅니다. 그리고 또 중화(中和)를 득한 물 중에 제일 좋은 물은 각종 과일들이 지니고 있는 물입니다.

과일 물은 생명이 정화시킨 물이어서 득은 있어도 해는 없는 것입니다. 철마다 나오는 과일들은 그대로가 다 몸에 이로우니 과일을 물처럼 먹으면 그 성분들은 능히 병을 물리치고 사람을 건강하게 한다는 사실을 잊지 마십시오.

다음으로는 물이 변한 것입니다. 그것은 변화에 의한 조화로 얼음으로 변하기도 하고 수증기로 변하기도 하는데 냉천수(冷泉水)나 온천수(溫泉水)가 다 조양부음(助陽扶陰)의 묘약이기도 합니다.

그러나 또 다른 환경적인 이유가 작용하여 나쁘게 변한 물이 있지요. 이는 벌써 물 자체가 중독되어 버린 것이므로 중독 상태에 있는 사람들은 언제나 옆에 있는 물이 이로운 것인지 해로운 것인지를 스스로 확인해 봐야할 것입니다.

조물주는 인간에게 자기 관리를 스스로 할 수 있게 만들어 놓았습니다. 넣는 구멍이 하나이어서 그 하나만 관리를 잘하면 나오는 구멍들은 관리가 필요 없는데 그것 하나를 제대로 관리하지 못해 중독 현상을 일으키니 한심한 일이지요. 하지만 문제가 발생하면 물에 의한 중독은 대개 불로서 해독하기도 합니다.

무릇 생물들은 물과 불의 조화로 성장하듯이 사람도 예외는 아니므로 이로운 물과 해로운 물을 가릴 줄 알게 되면 사람은 아픔 없이 살 수 있게 될 것입니다. 예를 하나 더 들자면 몸이 상처를 받으면 핏물이 쏟아지고 마음이 상처를 받으면 눈물이 쏟아집니다. 다 같은 물이나 그 빛깔과 내용이 다르지요.

마음의 본래 모습은 눈물처럼 맑고 둥글며 빛나는 것입니다. 이는 천진난만하고 순진무구하여 마음이 속진에 오염되지 아니 하였을 때입니다. 그런데 지금 세상을 살아가는 사람의 마음은 대개 고통을 받으면 솟구치는 맑은 눈물 같은 것이 아니고 몸이 상처를 받으면 솟아나는 피와 같습니다. 그것도 뜨겁고 둥근 것이 아니고 땅에 떨어져 썩은 나뭇잎 같이 변해버린 것입니다.

그것을 중화시키고 해독시켜 본래의 모습대로 되돌릴 의무가 인간에게 주어져 있는 데도 인간은 스스로 책임을 느끼지 못하고 있으니 이는 생명의 차원에서 다시 한 번 진지하게 생각해 볼 문제라 사료됩니다.

이제 우리는 자연과 인간을 구분 짓지 말고, 몸과 마음도 하나로 보고 철학과 의학도 하나로 생각하며 살아야 하니 얘기를 계속 해 봅시다.

우선 약물로 사용하는 식물의 부위에 따라 그 효과가 각기 다르다는 것을 살펴보면 거기에는 생명의 법칙이 그대로 있어 신뢰가 가게 됩니다. 예를 들어 약으로 사용되는 식물의 부위가 뿌리인 것은 인체에 영양과 원기를 돋우고, 열매와 씨앗은 생식기와 신장에 작용하고, 잎은 위와 폐에 작용하며, 꽃은 간장과 심장에, 가지와 싹은 주로 사지의 질환에 사용됩니다.

잘 몰라도 우선 이치에 맞는 소리 같지 않습니까? 인간도 자연의 한 부분이니 생명은 같이 작용하는 것입니다. 이는 동물도 마찬가지입니다. 뼈는 뼈에 간은 간에 작용합니다.

또 약을 먹을 때도 마땅한 때가 있는데 병이 흉부 이상일 때는 식후이며, 병이 심복에 있을 때는 식전이며, 병이 사지에 있을 때는 공복이며, 병이 골수에 있을 때는 밤이 좋지요. 시와 때를 중시하는 이것 역시 철학과 통합니다. 주역의 가르침, 그 핵심이 바로 나아가고 물러섬에 때를 중요시한 것이니 말입니다.

때를 중시하는 것은 변화에 적절히 대처한다는 것이지요. 무슨 일이든 마땅한 시기를 파악하여 융통성 있는 방법으로 처세하는 것이 삶의 요령 아니던가요? 그때 그 문제의 답이 이때 이 문제의 답으로 통할 수 없는 게 세상사입니다. 시기를 얻은 자는 흥하고 시기를 놓친 자는 망하고 만다는 주역의 내용을 우리는 언제나 잊지 말고 육신과 정신을 잘 관리해야 할 것입니다.

또 한의학에서는 기색을 보기만 해도 병을 아는 사람을 망진(望診)을 하는 사람이라 하는데 이는 벌써 신(神)의 경지에 가 있는 의원이라 하고, 또 말소리 숨소리만 들어도 병을 아는 사람을 문진(聞診)이라 하는데 이는 벌써 성(聖)의 경지에 가 있는 의원이라 해서 귀하게 여깁니다. 그런데 지금은 이런 경지에 가 있는 사람은 거의 없고 물어서 겨우 아는 문진(問診)의 사람, 진맥을 하고 짐작하는 절진(切診)의 의원들뿐입니다. 말하자면 진짜 의원이 없습니다.

이와 같은 전제하에 지금 한의학에서 진단의 기초가 되는 것은 허(虛), 실(實)과 음(陰), 양(陽)입니다. 의학에서 뿐만 아니라 인간사 모든 것이 다 허와 실로 결정되고 있지요.

강하냐 약하냐에서 승과 패가 결정되고, 그 승패에서 행복과 불행이 좌우되는 것이 인간의 삶이기도 하니 말입니다. 힘 앞에서는 진실도, 사실도 무의미한 것이듯 힘 앞에서는 질병도 운명도 비켜가고 맙니다. 죽어도 패자가 되지 말아야 하는 것이 인간이라면, 인간은 승패의 기초가 되는 허와 실의 의미를 깨닫고 자기 존재를 힘의 존재로 성장시켜 나아가야 할 것입니다.

또 음양의 논리도 그렇습니다. 위로 천문(天文)을 보고 아래로 지리(地理)를 살펴 그 이치를 인간에게 그대로 적용한 것이 음양의 논리지요. 인간 자체가 하늘과 땅 사이에 존재하고 있는 자연의 일부분이니 인간의 생성과 변화와 멸망이 그대로 천지 자연의 법칙과 다르지 않은 것입니다.

세상은 음양의 배합으로 모든 것이 이루어지고 음양의 유전(流轉)으로 모든 것이 변화하고 다시 또 조화됩니다. 이러한 원리에 의해 한의학도 병리(病理)나 약리(藥理)가 발전되어 왔습니다.

마음을 탐구하는 철학, 육체를 연구하는 의학이 한결같이 이 이론에 의하니, 이 이론은 하나의 범주가 되어 있습니다. 본래 한의학은 병 자체를 진단하기보다 병자를 진단하며, 결과보다는 원인을 중시하고, 부분보다는 전체를 파악하려 합니다. 또 심신일여(心身一如)라 하여 마음과 몸을 하나로 보고 만병을 기(氣)의 울체(鬱滯)로 여기며 마음을 중요시하기도 하지요.

마음의 문제가 마음에서 해결되지 않으면 그것이 몸으로 들어가 병을 만드는 것이므로 의학도 심법(心法)이 먼저 이해되지 않으면 발전을 기대하기가 어려운 것입니다.

그런가 하면 약에도 사기(四氣)가 있는데 이 사기는 사계절과도 통하고 있습니다. 온(溫) 약은 봄에 해당되어 만물이 소생하는 기에 응하여 발육을 위주로 하고, 열(熱) 약은 여름으로 만물이 소생하는 기에 응하여 창달을 위주로 하고, 양(涼) 약은 가을로 만물이 조락하는 기에 응하여 숙청(肅淸)을 위주로 하고, 한(寒) 약은 겨울로 침잠하는 기에 응하여 살아(殺我)를 위주로 합니다.

여기에서도 멋진 처방은 한(寒)은 열(熱)로, 열은 한으로 다스리니 이 의학의 논리가 철학과 다르지 않다는 것입니다. 또 약물을 서로 배합하였을 때 일어나는 약물 상호간의 작용을 약정(藥情)이라 하며 한 가지 약으로 질병을 치료하는 것을 단행(單行)이라 합니다. 혼자서 세상을 사는 사람을 독행(獨行)이라 하던가요.

아무튼, 두 가지 약이 서로 화합하여 전혀 다른 효능을 내는 것도 있고, 또 두 가지의 약이 상호 견제하여 그 작용이 감퇴되는 것도 있고, 또 약물 배합 시 어느 일종의 약물 작용을 억제시켜 그 독성 및 약효를 정지시키는 것도 있는가 하면 두 가지 약물 배합 시 배합이 불가능해지는 반대 작용이 나타나서 중독 증상과 부작용을 나타내는 것도 있으며, 한 약물이 다른 일종의 약물 작용을 아주 없애 버리는 작용을 하는 것도 있습니다.

어떻습니까? 이러한 약정(藥情)이 사람의 관계와 같지 않은가요? 혼자 있고, 화합하고, 반목하고 서로 죽이는 인간들의 삶과 다를 게 없지 않은가요?"

::

의학과 철학은 둘이 아니거늘

　원효는 여기까지 이야기하고 잠시 숨을 고르고 더 깊은 의학 설법을 이어 나갔다.

　"다시 사람의 오장을 오미(五味)와 연관시켜 맛이 인체에 미치는 결과를 보면 다음과 같습니다.

　신맛은 간을 보하고, 쓴맛은 심장을, 단맛은 비장을, 매운맛은 폐를, 짠맛은 신장을 보하지만 여기에도 중도의 과불급의 논리가 그대로 적용되어 지나치거나 모자라면 아니 먹은 것만 못하게 된다는 것입니다.

　한 가지의 맛은 적당량일 때는 보가 되지만 그렇지 않으면 도리어 해가 되고 맙니다. 이러한 논리로 미루어 볼 때 사람이 어디가 아프다는 것은 맛을 고르게 섭취하지 않은 결과이니 약을 찾기 전에 먼저 자신이 먹는 음식물부터 먼저 챙겨 보아야 할 것입니다.

　한의학의 논리는 한 마디로 오장(五臟) 오미(五味) 오색(五色) 오기

(五氣) 오행(五行) 간의 상생 상극의 법칙입니다.

그러면 다시 오색(五色)으로 사람의 병을 보는 법은 어떠한가 봅시다.

간장 계통에 병이 있다 해도 초즙(草汁)처럼 광택이 없는 자는 죽고, 비취색처럼 빛이 나는 자는 삽니다. 위장 계통에 병이 있다 해도 탱자 빛 같은 자는 죽고, 게(蟹)의 배와 같이 빛이 나는 자는 삽니다. 폐장 계통에 병이 있다 해도 마른 뼈 빛 같은 자는 죽고, 돼지비계 같은 자는 삽니다. 신장 계통에 병이 있다 해도 그을음 같은 흑색은 죽고, 까마귀 깃의 광택이 있으면 삽니다. 심장 계통에 병이 있다 해도 엉킨 피와 같은 자는 죽고, 닭의 벼슬 같은 빛이 있는 자는 삽니다.

색에는 광이 있으면 좋고, 그렇지 않으면 흉한 것인데 색을 보기는 결코 쉽지 않은 일입니다. 예를 든다면 붉은 색 하나에도 홍(紅), 자(紫), 적(赤)이 다 붉은 색인데 그 색의 차이에서 생사가 가름되니 색을 파악하려면 만물의 본질과 형색을 먼저 깨달아야 가능한 것입니다.

또 오음(五音)으로 병을 진단할 때에도 위와 같은 연결성으로 하지만 그건 너무 전문성을 띠게 되니 다르게 말해 보지요.

윗 자리에서 자기 소리를 내는 사람은 간장에 병이 생기고, 아랫 자리에서 남의 말을 받는 사람은 위장이 많이 상하며, 할 말을 못하고 사는 사람은 심장이, 할 짓 못하고 사는 사람은 신장이, 번민의 많은 사람은 폐장에 병이 들어갑니다. 이렇게 주고받는 소리도, 하고 못할 짓도 그것이 다 속으로 들어가 병이 되므로, 하나의 인연을 만들어 마음에 백 가지 고통을 만들고 몸에 병까지 생기게 하는 것은 과연 누구를 위한 삶인지 다시 한 번 생각해 볼 일이라 사료됩니다.

또 인간은 배꼽을 중심으로 하체에 뼈 없는 곳에 뼈가 생기면 정기가 솟는 것이고, 상체에 뼈 없는 곳에 뼈가 생기면 기력이 없다는 증거입니다.

귀가 뻣뻣하고 코가 부드럽지 않으면 곧 쉬어야 하는 것이 사람이므로 육체가 나타내는 징후들을 읽을 줄 알면 자신의 관리가 가능해지기도 하는 것입니다.

사람은 특히 겉을 뼈로 싸 놓은 머리를 다치지 않게 조심해야 합니다. 조물주가 머리를 뼈로 포장하고 그 위에다 초목까지 심어 놓은 것은 거기는 부딪혀도 아니 되고 햇볕이나 비바람을 바로 맞아서도 아니 되기 때문입니다.

그런가 하면 가슴은 뼈를 가지고 띄엄띄엄 엮어 놓았는데, 가슴은 병이 생기면 약간 들여다 보아도 괜찮다는 것이지요.

다음으로 배는 가죽만으로 싸 놓았는데 이는 문제가 생기면 다 열어놓고 좀 잘라내도 되고 들어내도 괜찮다는 것입니다.

이 사실만 보더라도 조물주의 생각이 얼마나 깊은 것인가를 알고도 남음이 있지요. 하지만 무엇인 것 같은 것이 알고 보면 별 것 아니고, 아무 것도 아니던 것이 사실 무엇이기도 하듯이, 사람의 뱃속은 모든 힘의 근원이라 머리 못지 않게 소중한 곳이기도 합니다. 도적의 부대 속에도 필요 없는 것은 들어가지 않는데 하물며 인간의 가죽 부대 속에는 아무 거나 마구 들어갑니다.

이런 자신의 파괴 행위가 무식이 저지르는 실수라 하더라도 그것이 곧 자신을 죽이는 살생이 될진대 이는 용서받지 못할 죄이기도 합니다. 물론 이롭지 못한 것이 들어오면 몸이 스스로 설사나 구토 같은 거부 반응을 일으켜 뱉어 내기도 하지만, 그럴 수도 없는 문제도 있으니 이는 정신에게 주어진 의무이고 책임입니다.

그리고 누가 뭐래도 인간은 두냉족열(頭冷足熱)이면 살고 그 반대 현상이 일어나면 죽고 맙니다. 그 열 관리처도 뱃속에 있으니 오장육부가 다 들어있는 뱃속을 언제나 문제시해야 하는 게 사람이지요.

철학에서도 차가운 정신과 뜨거운 육신으로 살라 했던가요? 이는 냉정하게 생각하고 열정적으로 당면 문제를 파악해야 한다는 말이겠지요. 그렇습니다. 그리해서 사람들은 터져 나오는 화산 같은 뜨거운 사랑 속에다 그대로 자신을 내던지기도 하고, 또 북극의 하얀 만년설 속의 빙산 같은 차가운 정신으로 자신을 찾아내기도 하지요.

아무튼 검은 연기 속에서 하늘로 치솟는 용암도 아름답지만 희다 못해 푸르기까지 한 푸른 빙산도 얼마나 신비롭던가요.

그럼 여기서 학자들이 연구해 놓은 것을 다시 한번 살펴보지요. 사실 아무 거나 먹지 말아야 할 이유가 여기에 있습니다. 인간도 화를 내면 타액 속에 강한 독소가 생겨나는데, 그 독소는 독기(毒氣)가 물질화된 것이며 그 본질은 정신력입니다. 화가 치민 동물의 혈액 중에는 이 독소를 중화시키는 항독소(抗毒素)도 같이 발생해서 그 독소를 중화시키기도 하는데, 만약 그렇지 못하면 화를 내는 것과 동시에 자기 자신이 그 독소에 의해 죽어 버릴 수도 있습니다.

그런데 이 항독소도 그 자체가 무독하냐 하면 그렇지가 않고 성질이 다른 독소들과 섞였을 때 그 독들이 서로 중화되어 무독해지는 것이며, 반대 요소가 없으면 곧 그 항독소만으로 유독작용을 일으키게 됩니다. 동물이 살해당할 때 생긴 독소나 항독소는 밖으로 내뿜어지기도 하지만, 근육 조직 속에 스며들고 혈관 속에 잔류해 있기 때문에 사람이 고기를 먹을 때는 그것도 같이 먹게 되어 해를 입게 됩니다.

초식 동물인 양이나 사슴들은 한없이 순한데 비해 육식 동물인 호랑이나 사자 같은 것이 사나운 것도 다 이 같은 이유 때문입니다.

또 다른 각도에서 음식을 살펴봅시다. 모든 생물들은 동일한 성품에서 태어나는 것이니 비록 모양과 성명(性命)이 달라서 그 품류가 같지 않으나 모두가 삶을 사랑하고 죽음을 두려워하는 것은 마찬가지입니다.

어미와 새끼 사이에는 모성애가 있고 암컷과 수컷 사이에는 애정이 있어 함께 있기를 좋아하고 떨어져 있기를 싫어합니다. 그런데도 인간들은 한 끼의 배를 채우기 위해 뭇 생물들을 무자비하게 죽이며 그들의 사랑에 이별의 아픔을 던지지요. 새끼를 죽이면 어미의 창자가 마디마디 끊어지고 수컷을 죽이면 따라 죽는 암컷이 얼마나 많이 있는지 모릅니다.

그래도 인간들은 조금도 그런 사정을 아랑곳하지 않고 오직 맛 좋고 영양 많은 것만 찾으니 그 업을 다 어찌할 것인지 모르겠어요.

만물은 한 가지 근원으로 다 함께 존재할 뿐 귀천의 분별이 없으며, 생명들은 다 자연계의 한 부분일 뿐입니다. 자기 생명이 소중하면 남의 생명도 존중할 줄 알아야 자기 생명도 보호받게 되는 것입니다. 예로부터 사람에게 이로운 식물들은 요리가 되어 음식으로 발전되어 왔으니, 약은 딴 것이 아니고 우리가 먹는 오곡백과와 산해진미가 다 약이기도 합니다. 그러한 음식들을 잘 가려 먹을 줄 알면 그것이 바로 예방약이고 치료약이 되기도 하지요.

마음이 찾는 도(道)라는 것도 다 보다 나은 길로 발전하여 인간으로 하여금 마음의 병을 만들지 않게 하는 마음의 영양소들이지요. 어느 한 쪽에 치우치지도 않고, 어느 한 곳에 의지함이 없이 지나치거나 모자람이 없어야 한다는 중도(中道)의 도(道)가 그대로 의학에 적용되어 몸을 살리는 이론이 되어 있으므로 아무래도 진리는 둘이 아니라 하나가 아닌가 싶습니다. 반대로 의학적인 논리가 철학이 되었는지 모르겠어요.

그러나 모르는 게 약이고 아는 게 병이라는 말이 있는가 하면, 약 중에 가장 좋은 약은 모르는 것이고, 병 중에 가장 큰 병은 안다는 것이라는 말도 있습니다. 똑똑하다는 자들은 지금 거의 다 정신 분열증이나 신경 쇠약에 걸려 등신 짓이나 하고 있고, 어리석은 자들은 애초에 장님이나 귀머거리처럼 아무 것도 모르는 병신이 되어 있습니다.

천하에 명의가 따로 없고 명약이 따로 없으니 병든 자들은 다 그 병으로, 또 그 병이 만든 합병증으로 죽어갈 수밖에 도리가 없습니다. 하지만 또 크게 걱정할 것도 없어요. 자기와 인연이 되면 풀 하나 꽃 하나가 다 약이 되고 지나가는 말 한마디가 병을 낫게도 하며 또 인간의 육체는 신비로운 것이라서 본래 자연 치유의 능력을 지니고 있습니다. 외상(外傷)을 입어도 피가 흐르다가 멎고 딱지가 앉아 낫듯이 내상(內傷)을 당해도 또 그렇게 스스로 회복되는 것입니다. 실제로 자기가 언제 아팠는지도 모르고 언제 나았는지도 모르는 병이 많이 있기도 하니 말입니다.

그리고 또 의원도 약도 인간에게 그 위대한 자연 치유 능력이 없으면 무용지물이라는 사실도 알아야 합니다. 우리 다 같이 그 위대한 인간이란 존재를 이해합시다. 자기 자신을 찾아 자기에게 귀의해야 육체라는 객사는 물론 그 안에 있는 나그네인 마음도 편히 쉬다가 갈 수 있을 것이니 말입니다.

사람에 의지해서 마음의 병을 만들지 말고, 약에 의지해서 몸에 병을 만들지 않아야 합니다. 희망이 크면 절망도 크듯이 좋다는 약은 다 나쁜 독이어서 그 효과에 상응하는 부작용이 반드시 있으므로 약은 독이라는 생각으로 약을 대해야 소중한 목숨을 지키게 될 것입니다. 오늘의 설법은 이것으로 마칩니다."

원효의 설법이 그렇게 끝나자 대중들은 한동안 감동에 젖어 있었다. 왜냐하면 자신들은 지금까지 철학과 의학은 별개의 것으로 생각하며 살아왔던 것이다. 그런데 원효의 설법을 들으니 그 둘은 하나였다. 아니 그보다 원효가 철학과 의학을 접목시킨 최초의 학자 같은 생각이 들어 놀랍게 느껴졌던 것이다.

원효의 설법이 성공적으로 끝나고 나자 원효는 요석과 다음 설법에 대해 의논했다.

"다음 설법은 어떻게 할까요? 지금까지는 울 밖을 돈 것 같은데..."
요석이 답했다.

"그와 같은 생각이 드시면 이제 울 안으로 들어와야지요."

"〈반야심경〉을 다음 얘기로 삼으면 어떨까 합니다."

"그건 하루에 다 못 할 내용이지요?"

"그렇습니다. 3회 정도로 나누면 좋겠다 싶어요."

"그럼 다음 설법은 〈반야심경〉을 3회로 나누어 설법한다고 게시하지요. 저도 벌써 기대가 되는데 사람들이 많이 기대 하겠어요."

"글쎄요. 잘 할 수 있을는지?"

"별 걱정 다하세요. 비 전공 분야에서 청중을 사로잡았는데 전공 분야는 말할 것도 없겠지요."

이리하여 며칠 후 원효의 〈반야심경〉 설법은 시작되었다.

※〈반야심경〉의 내용은 다소 길어서 소설이 끝난 후 부록으로 편집하였다.

:: 눈물은 별이 되어

원효가 사흘에 걸쳐 〈반야심경〉 270자를 다 설법하고 나자 위로부터 아래에 이르기까지 모든 청중들은 원효에게 경배했다. 지금까지 글자로만 대해왔던 경전이 이제 비로소 그 뜻이 가슴에 스며든 것 같아 사람들은 저절로 환희심이 생겨났던 것이다.

요석 역시 새삼 원효의 학문적 깊이와 종교적 높이에 놀라지 않을 수 없었다. 그러나 그 감동은 바로 원효를 더 이상 자기 옆에 머물게 해서는 안 된다는 생각을 다시 하게 만들었다. 그는 한 사람을 위해 살도록 운명 지어진 사람이 아니고 세상을 밝히는 빛이 되어야 할 사람이라는 생각은 요석에게 모진 마음을 먹게 했다.

그에게 어서 위대하고 영원한 일을 할 수 있는 자리를 마련해야겠다는 생각까지 한 요석은 황제 폐하를 만나 자기의 뜻을 그대로 전했다.

"이 나라의 공주다운 참으로 기특한 생각을 했구나. 내 그의 거처를 마련해 볼 터이니 너는 그를 보낼 준비나 하거라."

황제의 말을 요석이 받았다.

"황제 폐하, 감사하옵니다."

"인사는 무슨... 그 사람이 나라와 국민을 위해 일을 하게 해야 하는 것은 우리에게 부여된 사명이야. 너도 벌써 그 사실을 깨닫고 이렇게 상의하는 게 아니냐."

"네, 그러하옵니다."

"한반도의 통일이 지상 목표인 우리에게 없어서는 안 될 인물이 그 사람이니 그로 하여금 화합의 사상을 만들어 내도록 네가 옆에서 도와주거라. 너에게 주어진 임무가 막중한 것이니 네가 지혜롭게 처신해야 할 것이다."

"네, 황제 폐하의 뜻을 깊이 새기겠습니다."

"그래, 내 준비가 되는 대로 네게 연락하마."

"기다리고 있겠습니다."

시간이 지난 후 황제 폐하로부터 원효의 거처가 준비됐다는 연락이 오자 요석은 원효와 마주 앉았다.

"드릴 말씀이 있습니다."

"말씀해 보세요."

"......"

요석이 뜸을 들여 놓고도 말이 없자 원효가 말했다.

"내 마음이 언제 남 생각하던가요?"

"?"

요석은 그 말에서 크게 느껴지는 바가 있는지 잠시 주춤하다가 입을 열었다.

"그렇군요. 저는 지금 남 생각하고 있는 줄 알고 있었는데 생각해 보니 그게 아니군요."

"아전인수(我田引水)라 하지 않습니까. 남의 논에 물 대려고 들에 나가는 사람은 없어요."

"만사에 사람에 대한 이해가 우선 되어야 한다는 생각이 듭니다."

"그렇고 말고요. 성불작아(成佛作我)의 기초가 이기(利己)입니다. 그런데 지금 그 숭배되고 존중되어야 할 이기가 죄악시 되고 있으니 한심한 노릇입니다."

요석은 다시 원효의 소리에 놀라다가 말했다.

"어디서부터 잘못 되었을까요?"

"종교적인 것에서, 정치적인 것에서 어긋난 것 같아요. 종교인은 대중의 착취를 위해 위선을 내세웠고 정치인은 그들의 목적을 달성하기 위해 개인의 희생을 강요한 데서 비롯된 일 같습니다."

"바로잡을 도리는 없는가요?"

"있습니다."

"어떻게요?"

"사람 사는 것에서 배우려 들지 말고 자연의 섭리를 익히면 해결될 문제입니다."

"?"

"꽃이 아름답고 향기로운 것은 꽃이 되고자 하는 이기적 삶의 방식 때문입니다. 나무도 마찬가지입니다. 만일 이 꽃이, 나무가 양보하고 희생한다면 꽃은 있어도 꽃밭은 없고 나무는 있어도 숲은 없을 것입니다. 모든 생물은 이기적 본성으로 삶을 영위해 나가고 발전해 나갑니다. 인간도 다들 그렇게 살아가면서 위선과 기만의 가면을 쓰고 있으니 다른 생물들과 달리 발전이 느린 것 같아요."

"진실을 깨닫는 게 의외로 간단한데 사람들이 눈을 돌리지 못하고 있는 것이군요."

"그런 것 같습니다. 둘러보면 길은 많은데 찾지 못하고 있으니 안타까운 일이지요. 종교도 나를 버리고 남을 찾아가는 것이 있고, 남을 등지고 나를 찾아가는 것이 있지 않던가요?"

"어떤 게 더 종교적인가요?"

"나는 생각하기를, 나를 버리고 남을 찾아가는 것도 위선이고, 나를 위해 남을 등지는 것도 무지의 결과가 아닌가 합니다."

"그럼 어떻게 해야 합니까?"

"부분에 치우치지 말고 전체적인 존재가 되어야지요. 그래서 더불어 살아가는 지혜를 익혀야 할 것입니다. 세상에 그 어떤 것도 독립적으로 존재하는 것은 없고 유기적 연대 속에 있습니다."

생각에 잠겨 있던 요석이 말했다.

"개별성과 전체성이 이해가 갑니다. 저의 존재 역시 전체 속의 부분이라는 것도 이해가 됩니다."

"그렇습니다. 나도 내가 아니고 남도 남이 아니지요."

"모두가 소중한 것이군요."

"그러니 참으로 나를 생각하는 것이 진정으로 남을 위하는 것이 됩니다. 어중간하게 남을 위하다가는 남도 해치게 되고 자신도 괴롭게 되요. 그런데 얘기가 좀 빗나간 것 같지요?"

"네, 그렇습니다."

그 대답이 있고 난 후에도 한참이 지나서야 요석은 이별이라는 한마디를 내놓았다. 사랑이라는 것이 둘이 하나 되고픈 욕망 외에는 아무 것도 아니라 해도 그들에게는 그 이상의 무엇이 있었다. 그들에게는 이미 같이 있고 떨어져 있는 게 문제가 아니었고 나라와 백성들을 위한 숭고한 의무가 있었던 것이다. 요석의 뜻을 받은 원효가 말했다.

"올 때까지 기다리고 갈 때까지 같이 있는 게 사람의 관계이지요."

이별을 담담하게 받아들이는 원효를 보다가 요석이 말했다.

"문득 사랑보다 강한 것이 새벽에 잠을 깨우듯 저를 깨웠어요. 할 일을 해야 할 분을 더 이상 붙들어 놓을 수 없어요. 이제 자기 자리로 가셔서 나라와 백성을 위한 일을 해 주세요."

"그러지요. 공주가 내게 할 일을 주니 내 여길 떠나서 공주에 의한 나의 일을 하리다."

"감사합니다. 걸릴 것이 없는 자유와 혼자라는 고독이 사람한테 일을 하게 할 테지요. 다시 만날 때까지 잊은 듯 기다리고 있겠습니다."

"그 마음 고맙게 받지요. 늘 같이 있어도 마음이 없으면 이별과 다를 게 없고 몸이 떨어져 있다 해도 마음이 함께 있으면 같이 있는 거나 다를 바 없을 것이오."

"네, 알겠습니다. 떨어져 있어도 이별이라는 생각 없이 지내겠습니다."

"도(道)가 보이지 않아도 언제나 거기 있어 만물을 주재하듯 당신이 깨어 있으나 잠 잘 때나 거기에는 항상 내가 있을 것이오.”

　‘아무나 하고 이야기가 되고 정을 나눌 수 있으면 사람에게 그 무슨 방황이 있고 외로움이 있겠어요. 결코 아무나 하고 어울릴 수가 없는 그 나라는 존재가 몸과 마음, 영혼을 다해 사랑한 임이에요. 같이 있어도 그리워서 다른 것은 아무 것도 보이지 않는데 임이 떠나고 없으면 사무쳐 그대로 넋이 되고 말 것이 저의 마음입니다. 그러니 부디 저의 마음까지 가지고 떠나세요.’

　요석은 이렇게 마음 속에 흘러가는 말을 내놓지 못하고 다른 말을 하고 있었다.

　“알겠어요. 부디 죽어도 죽지 않을 일을 하십시오.”

　눈물로 원효를 보내고 그가 머물다 간 자기 방으로 돌아온 요석은 마치 그가 천 년 전에 떠나간 듯 갑자기 그리움에 휩싸였다. 그녀의 마음은 아직도 그를 보낸 게 아니었던 것이다. 그대로 쫓아가 옷깃을 부여잡고 다시 붙들어 보고픈 마음이 간절했으나 차마 몸까지 일어나지는 못하고 있었다.

　떠나간 임의 자취를 더듬던 요석은 문득 이불장 사이에 끼워져 있는 편지를 발견했다. 다시 원효라도 만난 듯 몸을 움직여 편지를 펴 본 요석의 눈에 원효의 글귀가 들어왔다.

　「당신은 나로 하여금 나이게 만든 또 하나의 나일 뿐 남은 아니오. 네가 어떻게 해야 된다는 아무런 조건 없이 아무래도 좋은 관계는 이미 나와 남과의 사이가 아니지요. 말이 없어도 통하고 합해지는, 그의 마음이 곧 나의 마음인 삶의 동반자를 만난다는 것은 곧 축복이며 삶의 성취라고 나는 생각하고 있소. 이러한 만남은 우연히 이루어지는 것이 아니고 벌써 아득한 옛날부터 서로를 향해 날고 있었던 영혼들이어야 가능하다 했소.

나로 하여금 나의 길을 가게하고, 내가 열어야 할 문을 열게 해준 사람인 당신.

그래서 그 앞에 그냥 무릎이 꿇어지고 두 손이 모아지는 그런 대상은 바로 종교이며 신(神)입니다. 나의 고독과 방황을 밀어내게 하고 진리와 자유의 길을 찾게 해 준 사람을 등지고 떠나야 하는 것은 아름답고 향기로운 것을 창조하기 위해서이고, 순간을 영원으로 만들기 위해서입니다.

당신의 눈빛과 손길이 나에게 침묵과 소리, 모양과 근원을 알게 하여 준 것에 대해 감사합니다. 모든 사랑이 다 관념이고 허구라 해도 나의 사랑은 고귀하고 성스러운 것이며 나의 구도의 길은 당신을 위한 기도의 길이라 생각하며 당신의 곁을 떠납니다.」

원효의 글을 읽고 또 읽어나간 요석은 읽을 때마다 다르게 다가오는 그의 글 속에서 새삼 그의 존재에 대한 경이로움을 느끼고 있었다.

:: 재회의 기쁨은 꽃으로 피어나고

    원효와 헤어진 요석은 아들 설총을 낳았다. 그래도 요석은 원효를 찾지 않았다. 생각 같아서는 자식을 안고 쫓아가 자랑도 하고 싶고 응석도 부리고 싶었으나 그녀는 모질게 참았다. 언젠가 하던 일이 끝나면 연락이 오겠지 하는 마음으로 기다리기만 했다.

    어느덧 총의 나이가 7살이 되자 자식이 아비를 찾았다. 달래도 보고 변명도 해 봤으나 핏줄을 찾는 총의 마음을 잠재울 수는 없었다. 요석은 하는 수 없이 총을 데리고 원효를 찾아 나섰다. 그래서는 아니 되는 줄 알면서도 그리워만 하던 자기 마음에 자식이 변명을 던져 주자 자기도 모르게 길을 나선 것이었다.

    요석은 불지촌 무애사에서 원효를 다시 만날 수 있었다.

    그때 원효는 〈십문화쟁론〉의 집필을 다 마치고 마침 그 서문을 쓰고 있었다.

    「여래가 살아 있을 때는 중생들이 한결같이 진리인 그의 소리를 그대로 이해하여 별 문제가 없었으나 지금은 빈 소리들이 구름같이 치달아 나는 옳고 너는 그르며, 이 학설이 옳고 저 학설은 그르다고 말하는 단순한 이론만 횡행하고 있어 드디어는 건너기 어려운 큰 물이 되고 말았다. 유(有)를 증오하고 공(空)을 사랑하는 것은 수목(樹木)을 버리고 장목(長木)으로 들어가는 것과 같다. 예컨대 청색과 남색이 체(體)를 같이 하고 얼음과 물이 그 원천을 같이 하는 것과 같다.

공유성상(空有性相)의 이론이 천파만류(千波萬流)로 갈라지지만 그 본래의 원천은 하나인 것이다. 그 이치에 입각하여 나는 몇 마디 서(序)를 술(述)하고 책의 이름을 지어 〈십문화쟁론(十門和諍論)〉이라 한다.」

원효가 붓을 놓고 정신이 풀리니 뒤에서 인기척이 느껴졌다. 돌아다보자 두 눈이 마주쳤다. 그것이 아들과 아버지의 첫 대면이었다.

눈인사가 끝나자 총은 엎드려 절을 했다.

"처음 뵙겠습니다."

"나도 그렇구나. 그리 앉거라."

"네."

부자는 마주 앉았다.

"저를 아십니까?"

"알고 말고..."

"어떻게요?"

"네가 나를 알 듯이..."

"저는 아버님의 책을 읽어 압니다만..."

"책을 쓰는 사람의 눈엔 보는 사람이 보이느니라."

다시 두 눈이 마주치자 밖을 살피며 원효가 물었다.

"혼자 오지는 않았겠지?"

"여기 있습니다."

문 앞에서 그들의 대화를 듣고 있던 요석의 말이었다.

"들어오시오. 하도 오래 앉아 있었더니 무릎이 펴지지를 않는구료."

문이 열리면서 요석의 모습이 드러났다. 그리웠던 사람이었다. 밤이나 낮이나 눈 앞에 어려 있는 또 하나의 자기 자신이었던 사람이었다. 만나지 않아도 남이 아니었고 헤어져 있어도 가슴 속에 그대로 살아 숨 쉬던 사람이었다. 방으로 들어온 요석은 마주 보지도 못한 채 절을 했다.

"절은 무슨... 아비 없는 자식을 키운다고 수고가 많았소. 진작 좀 오지 않고."

"하시는 일에 방해가 될 것 같아서..."

비로소 두 눈이 마주쳤다.

"변함이 없구료. 그 아름다움은..."

"대사님은 변하신 것 같아요. 건강도..."

"괜찮소. 나는... 당신만 여전하면."

이렇게 시작된 그들의 얘기는 끝없이 이어지면서 쌓였던 회포를 마치 꿈처럼 풀어 나갔다.

그런 시간이 지난 후, 요석은 밤을 새워가며 원효의 저서들을 읽어 나가기 시작했다. 그의 사상을 고찰하던 요석은 그의 생각이 조화로우며 어느 한 곳에 치우침이 없다고 생각했다.

「인간은 자꾸만 분리되는 자기 자신의 구성 요소들을 하나로 통일하여 일심으로 돌아가면 더 이상의 자아 상실이나 자기 집착도 없어지며 공(空)과 색(色)의 세계를 직접 깨닫게 된다.」

요석은 또 색(色)으로 공(空)을 나타내고 공(空)으로 색(色)을 감춘다는 대목에서 어려웠던 불경이 다 풀어지는 듯하였다.

그런가 하면 요석은 무엇보다 원효의 화쟁론에서 다가올 통일신라 시대에 삼국의 백성들을 하나로 묶을 화합의 논리를 발견하고 큰 감동을 받았다. 우선 각기 원하는 바가 다른 자기 자신의 구성 요소들, 즉 감정이나 이성, 육신이나 영혼 등을 통일하고 그 바탕 위에 남과 화합하며 나아가 사회를 조화롭게 만들어야 다 같이 잘 사는 사회가 된다는 그의 글은 개개인에게 설득력이 있을 것 같았던 것이다.

「하나는 따로 떨어져 독립적으로 존재하는 것이 아니고 전체의 일부분이다. 만물은 상호의존적이며 불가분의 부분들로서 서로 의존하는 데서 그 존재의 의의가 생기며 그 자체로서는 아무 것도 아니다. 어떤 부분은 전체 속에서 파괴되기도 하고 다시 창조되기도 하지만 만물은 그 본질이 둘이 아니다. 사람들은 실재의 다른 양상을 두고 너와 나를 구분하고 자연과 인간을 분별하지만 그것은 무지의 소치일 뿐이다.

정신세계가 그러하고 물질세계가 다 상호 연관성과 통일성에 의해 드러나기도 하고 또 사라지기도 하는 것이니, 사람은 언제나 전체적인 안목으로 인간적인 균형과 사회적 조화를 위해 노력해야 할 것이다. 인간의 눈으로는 볼 수 없는 숨은 조화 속에는 대립적이고 융화될 수 없는 것으로 여겨지는 모든 것이 이미 하나로 뭉쳐 인간이 깨닫기를 기다리고 있다.」

원효의 글을 읽어 나가는 요석은 그의 글들이 현시하는 바와 암시하는 바가 심오해서 과연 사람들이 어느 정도까지 이해할까 하는 염려가 생기기도 했다.

'다 제 그릇대로 받아가겠지. 부처님도 인연 없는 중생은 제도할 수 없다 했지 않는가. 모두를 이해시킬 도리도 감동시킬 수도 없다. 보는 사람들의 차원이 다 다르고 쓰는 사람의 한계도 있으니... 아무튼 그는 불교를 바탕으로 하여 세상을 바라보는 눈이 남 다르다. 이제까지의 사람들은 안, 이, 비, 설, 신, 의 육식(六識)에다 칠식(七識)인 무의식, 팔식(八識)인 잠재의식까지 밖에는 생각하지 못했다.

그런데 그는 제구식(第九識)인 순수의식, 즉 생의식(生意識)까지 발견했다. 모든 의식의 근원으로서의 생의식의 발견은 실로 놀라운 발견이 아닐 수 없다. 더구나 그가 그 생의식을 창조와 파괴의 근원인 공(空)에다 비유한 것도 탁월한 발상이 아닐 수 없는 것이다.'

"무슨 생각을 그리도 진지하게 하고 있소?"

원효의 물음에 문득 생각이 끊긴 요석의 눈에 착시현상이 일어났다. 갑자기 원효가 원효로 보이지 않고 부처로 보였던 것이다. 얼굴 뒤에는 보름달 같은 후광이 어려 있었고 그 빛이 요석을 눈부시게 하고 있었다.

"공주, 왜 그러시오?"

다시 들리는 원효의 묻는 소리에 요석이 정신을 차렸다.

"아! 아니에요. 아니에요. 잠시 헛것이..."

"그것이 실상인지도 모르지요."

빙그레 웃으며 내놓는 원효의 말에 요석은 더욱 더 그에 대한 깊이를 가늠할 수가 없었다.

"현상을 현상이게 하는 숨은 조화를 직접 캐내고 계신 분이 아니신가요?"

"아니요. 나는…"

잠시 생각에 잠기던 원효가 말을 이었다.

"듣고 보니 나한테 그런 일을 하라는 소리 같소."

"이미 다 해놓으시고는…"

"잘 봐 주시니 고맙소. 역시 글 쓰는 사람은 비평가를 잘 만나야 하는 것 같아."

농담 같은 이야기를 계속 주고받던 그들은 어느 순간 다시 진지해졌다.

"모든 게 당신의 덕분이요. 나를 이해해 준… 관계는 구속을 의미하는데 나는 오히려 자유이길 원했소. 그런 독선을 오히려 감싸주었으니 나는 그런 당신의 마음 속에서 일을 할 수 있었던 거요."

원효의 격려에 몸 둘 바를 모르며 요석이 말했다.

"그런 말씀 마세요. 전 대사님으로 인해 다시 피어난 생명이에요. 아무 의미 없이 시들어 가던 것에 다시 생기가 돌고 열매 맺은 거에요. 말이 나왔으니 얘기지만 저는 오히려 저로 인해 대사님의 삶이 빛을 잃은 게 아닌가 싶어 늘 송구스럽게 생각하고 있어요."

딱한 듯이 요석을 바라보던 원효가 답답한 가슴을 풀어냈다.

"사람도 참… 그렇지가 않소. 사람의 삶이라는 게 대개 서로를 도우면서 해롭게 하는 것이지만 나는 아닌 것 같아요. 아무리 생각해도 돕지는 못하고 해롭게만 한 것 같아서."

"별 말씀을 다하시는군요. 그 마음을 받기엔 제가 너무 부족한 게 많습니다. 저는 저의 행복을 지켜보면서 언제나 감사하고 있습니다."

"그런 것은 다 당신의 능력 때문이겠지요. 고통을 기쁨으로 불행을 행복으로 바꿀 수 있는..."

"아니에요. 그렇지 않아요. 설사 그렇다 해도 그러한 힘이 어디서 나오겠어요. 저 혼자서는 불가능한 일입니다."

"공자님도 사랑은 수고하는 것이라 했소. 수고로움이 없이는 사랑할 수 없다는 말이겠지요. 혼자 자식 낳아 키우는 당신 모습 생각하니 내가 죄인이라는 생각을 아니 할 수 없었어요."

그들의 대화는 끝없이 이어져 나갔다.

:: 존재와 사랑

아침 햇살이 처마 끝을 거쳐 마루 안으로 포근하게 비쳐들고 있었다. 같이 마루에 앉아 있는 원효와 요석의 시야에 온갖 꽃들이 뽐내듯이 피어 있었고 일찍부터 찾아온 벌과 나비들의 모습도 아름다워 보였다. 꽃 향기를 가득 실은 바람도 그들을 축복하는 듯 스치고 지나가고 하늘에는 새들이 긴 여행을 시작한 듯 날아가고 있었다.

"자식이 다 자라도록 이렇게 한가한 시간을 가져보긴 처음인 것 같소."

다소 미안한 표정 속에 내놓는 원효의 말을 요석이 받았다.

"그럴 수밖에 없었잖아요. 하시는 일이..."

"그렇다고 서로에게 '여보', '당신'이라는 말 한마디도 못하게 바쁘지는 않았는데..."

"그건 또 시간 때문이 아니었지요."

"그래도 한번쯤은 들어보고 싶은 마음도 헤아려 주었으면..."

"……"

말 없는 요석은 마치 속으로 임을 부르고 있는 것 같았다. 아니 마주 보고는 한 번도 부르지 못한 말이었지만 혼자서는 날이면 날마다 밤이면 밤마다 마음에서 떠나지 않는 한 마디였다는 표정이었다.

"내가 당신 입장 난처한 말을 한 것 같군. 자신도 못하면서..."

화제를 돌린 원효가 말을 이었다.

"어찌 되었건 나야말로 당신 말 대로 거듭 태어난 사람이요. 그 거듭남이 나의 진정한 탄생이었소."

"같이 있지도 못한 걸요."

생각 없이 말을 하고 보니 잘못된 것 같아 요석은 얼른 표현을 바꾸었다.

"아니 그런 게 아니고… 옆에서 해드린 게 아무 것도 없어요."

"그 문제요. 그 문제를 놓고 우리 이야기 좀 합시다."

"?"

"진정한 사랑이란 상대를 자유이게 하는 게 아닌가 싶소. 참사랑은 상대를 소유하지도 자기가 소유되지도 않는 것이란 말이오. 자유와 함께 일 수 있는 사랑이야말로 가장 이상적인 것이어서 나로 하여금 나의 일을 할 수 있게 하지 않았나 싶어요. 모든 게 다 이성적인 당신의 덕분이라 생각하고 있소."

이 말 끝에 원효는 자유란 것에 대한 설명을 했다.

"자유란 일반적으로는 남에게 구속 받거나 무엇에 얽매이지 않고 자기 의지대로 행동하는 것이지만 법률적으로는 법의 범위 안에서 자기 의지대로 할 수 있는 행위를 뜻하고, 철학적으로는 외계의 모든 구속으로부터 벗어나는 것을 뜻하며, 자기의 본성을 좇아서 목적을 실현할 수 있는 가능성을 말하는 것이오."

"자유라는 함축된 말 속에는 그렇게 포괄적인 의미가 있군요. 그런데 대개 사랑은 이성보다는 감정이 하는 것이고 상대를 자유이게 하기 보다는 구속하고 말지요. 하지만 존재란 것이 자신만의 시간과 공간을 필요로 한다는 것을 이해하면 상대를 자유이게 아니 할 수 없다고 봐요. 모든 생물은 영토 본능을 가지고 자기만의 성(城)을 쌓고 싶어 하지요. 왜냐하면 자기만의 성이 없이는 존재를 지켜나갈 도리가 없으니까요. 그래도 저는 그 자기만의 성을 지니지 않으려고 스스로와 싸우며 타협해 나갔어요."

원효는 그동안 요석의 절제된 행동이 그저 이루어져 나간 것이 아니고 다 상당한 논리적인 뒷받침에 의한 것이었다는 생각을 하면서 말했다.

"놀랍소. 당신이 그렇게까지 깊은 생각 속에 살아가고 있는 줄은 몰랐소. 사랑이란 본래 사람을 황제로 만들면서 동시에 거지로 만드는 것이오. 존재 자체를 우아하게 만들어 황제관을 씌워주기도 하지만 동시에 거지로 만들어 아무 거나 구걸하게 만든단 말이오. 이러한 이중성이 사랑을 어렵게 만들어 어떤 사람은 구걸하는 것이 싫어 황제관을 포기하기도 해요."

"듣고 보니 사랑에 관한 연구도 많이 하셨군요."

"연구라기보다 당신을 생각한 결과지. 생각을 해 보면 당신은 정말 대단한 사람이었소. 집착은 감옥을 만들어 사랑을 파괴하고 무심은 자유를 낳아 사랑을 창조하는 원리를 터득한 것 같더란 말이오."

요석이 웃으며 말을 받았다.

"아니에요. 저 역시 사랑을 생각한 결과일 뿐이에요. 함께 있어도 별처럼 멀리 떨어져 있다면 무슨 의미가 있겠어요. 사랑은 나 자신을 포기할 수 있는 용기로 해야 승화시킬 수 있다고 봐요. 승화된 사랑 속에서만 나의 공간에 임을 초대할 수 있고 임의 공간에 내가 초대될 수 있을 테니까요."

요석을 보고 웃던 원효가 웃음 속으로 말을 흘렸다.

"초대장을 보내지 않아도 나의 공간으로 와 준 당신에게 감사하오."

"보였지요. 언어나 문자로 만들어지지 않은 마음의 초대장이… 사랑이 불러 사랑을 쫓아온 거에요. 오직 나를 존재케 하는 것이 사랑 그 자체였거든요."

"나도 언제나 사랑하는 사람을 위해 기도했고 떨어져 있어도 나의 낮과 밤은 항상 당신과 함께 였소. 마음이 불같이 타오를 때나 얼음같이 얼어붙을 때도…"

사랑의 의미는 그들을 다시 침묵의 심연으로 끌고 들어갔다. 줄수록 많아지는 사랑의 법칙은 그들에게 나를 없앤 자리에 임을 태어나게 하고 그 임을 신처럼 숭배하게 만들고 있었다. 시간과 공간을 초월하고 있는 그들의 사랑 속에서도 계속 바람은 꽃잎을 흔들며 자기가 가는 길을 밝혀주고 있었고 해는 그늘을 바꾸면서 때를 알리고 있었다.

"어떻게 받아들이실지 모르겠는데…?"

한참 만에 요석이 입을 열었다.

"뭔데 그러시오?"

"집안에서도 얘기가 있었습니다만… 계시는 곳이 마땅치 않은 것 같아 큰 절을 어디 지었으면 하구요."

어렵게 말을 내놓는 요석과는 달리 원효의 말은 너무 쉬웠다.

"그 무슨 소리요. 내 마음이 부처이고 내 몸이 사원인데 따로 어떤 좋은 거처가 필요하겠소?"

"보다 나은 시간을 바라고 보다 나은 공간을 바라는 것은 중생심을 벗어나지 못한 마음이나 하는 짓이겠지만 그래도…"

"당처가 극락이라는 말도 있지 않던가요. 지금이 최상의 시간이고 이 자리가 최고의 거처요, 내가 나로서 살아가려면 바라는 바가 없어야지요."

요석은 설득이 될 원효가 아니라는 생각이 들어 그만 말문을 닫고 말았다.

다시 또 하루 해가 가고 밤이 왔다. 원효와 총이 잠든 것을 보며 자리에서 일어난 요석은 원효가 써 놓은 글을 읽었다. 그의 심오한 깨침과 경험을 토대로 한 새로운 사상 앞에 요석은 남녀의 사랑 이상의 존경심으로 아들 옆에서 잠이 든 그를 바라보았다.

"당신은 어찌하여 중보다도 더 잠이 없소?"

깊이 잠든 줄 안 원효가 한 말에 깜짝 놀란 요석이 말했다.

"아니, 주무시는 줄 알았더니…?"

"귀신이 쳐다봐도 눈이 떠지는데 하물며 산 사람이 보고 있는데 느낌이 없을까."

"?"

"당신은 물고기를 닮은 것 같아요. 그 생물은 잠을 잘 때도 눈을 뜨고 자요."

"그런가요. 저는 당신과 헤어지고 다시 만나기까지 자식 하나 낳고 기른 것밖에 없는데 당신은 그동안 너무나 많은 일을 했군요."

"아니요. 그렇지가 않소. 내가 한 모든 일보다 당신이 한 일이 더 훌륭하오. 내 머리는 당신의 자궁보다 못한 것 같소."

요석은 그 말에 얼굴을 붉혔다.

"무슨 말씀이 그런가요."

"당신은 생명을 키웠지만 나의 글에는 아직도 생명이 없는 것 같아. 그것은 아마도 내게 당신처럼 뜨거운 가슴도 없고 차가운 머리도 없어서 그럴 거요."

"아닙니다. 써 놓으셨던 글처럼 가벼워도 뜨지 않고 무거워도 가라앉지 않는 삶의 자세는 머리나 가슴만으로는 가능하지 않을 일입니다."

"그 참 잘 봐 주니 고맙소."

"자신만의 일을 쫓아 사는 것이 가장 올바른 삶의 자세라 생각합니다. 그것이 비록 일 없는 사람들에게는 이상하게 보일지 모르지만."

"그렇소. 존재에게는 다 나름대로의 사명이 있으니 그 사명에 의한 자기의 일을 할 수 있어야겠지요."

그들은 얘기 속에서 날이 새는 줄도 몰랐다. 자고 일어난 총에 의해 날이 밝은 줄 알았다. 그 날은 유난히도 아침이 맑고 좋았다. 그래서인지 원효가 아들을 보며 요석에게 말했다.

"우리 오늘 서라벌에 놀러 갑시다. 무슨 큰 잔치가 있다던데…"

"사람이 많을 텐데…"

무의식중에 말하던 요석은 자기 말에 스스로 놀라면서 말 끝을 맺지 못했다.

"왜. 내가 중이라서… 중이 별 건가."

"그래도 사회적 인식이…"

"잘못된 거요. 불법은 인간을 위해 만들어진 것이오. 인간을 억압하고 편견으로 삶을 죄악시하는 것은 뭘 모르는 자들이 잘못 만든 계율이요."

"법만 좇으면 되고 율은 따를 필요가 없다 해도 어디 세상이 그래야지요."

"사람도 참. 내게 있어 내가 누구냐는 것이 문제이지 남들이 나를 어떻게 보느냐가 문제 될 것이 없소. 그냥 흐름을 타고 갑시다. 지금이 꿈이면 꿈을 그대로 받아들이고 오늘이 축제면 축제를 그대로 받아들이면 되는 거요. 부처도 산 속에 숨어 있지 않고 절 간에 갇혀 있지도 않고 중생들 속에 같이 있소. 저기 저 흘러가는 구름이 부처이고 여기 지나가는 바람이 부처이고 어디든 거기에는 다 부처가 있소. 우리가 있소."

한동안 그들은 그렇게 흐름을 타고 같이 살았다. 그러나 아무도 그것이 잘못된 것이라고는 생각하지 않았다. 그들의 삶은 그대로가 자연의 모습이었던 것이다. 하지만 그들에게도 다시 또 이별의 순간이 오고 말았다.

그것은 요석의 결단 때문이었다. 생명은 한정되어 있는 것, 누구와 어울리는 문제 때문에 남자로 하여금 해야 할 일을 방해하는 것은 아내의 도리가 아니라는 생각이 그녀의 마음을 모질게 만들었던 것이다. 그런가 하면 또 늘 혼자 생활하던 사람한테 옆에 사람이 있으면 부담스러워지게 마련이니 미움을 사기 전에 떠나는 것이 옳다는 마음이 그녀를 원효에게서 떨어지게 했다.

요석에게 이끌리어 떠나는 총의 손을 잡고 눈을 맞추어 앉으며 원효가 말했다.

"도교의 책에 이런 얘기가 있다. 복잡한 저자 거리에서 남의 신발을 밟으면 정중하게 사과를 해야 하고 형제간끼리 발을 밟는다면 서로 마주 웃으면 되는데 부자지간에 발을 밟으면 어찌해야만 될까?"

잠시 생각하던 총이 대답했다.

"아무런 말이나 행동이 없어도 이해가 되겠지요."

"엄마와 너를 다시 보내는 나를 이해하겠느냐?"

"예, 어머님이 항상 말씀하셨어요. 누구와 함께 사는 것을 중요하게 생각하는 사람이 있는가 하면 그와는 다르게 어떻게 사느냐 하는 것을 문제시하는 사람이 있다고요."

"그래, 고맙구나. 이해란 이렇게 중요한 것이란다. 세상의 모든 문제가 이해로서 풀어지는 것이니 이해란 말을 중요시하고 공부를 열심히 하도록 하여라."

"네."

요석에게로 고개를 돌리며 원효가 말을 이었다.

"당신! 자식을 너무 잘 키웠구료."

"……"

스스로 선택한 이별인 데도 요석은 흐르는 눈물 때문에 고개도 들

지 못하고 있었다. 총은 그런 요석의 손을 잡고 아버지의 곁을 훌훌
히 떠나고 말았다. 멀어지는 그들이 점이 되어 사라질 때까지 지켜보
고 서 있는 원효의 눈에서는 자기도 모르는 눈물이 흘러내리고 있었
다.

모자를 그렇게 보내고 난 원효는 자기가 할 일은 이것밖에 없다는
듯 다시 불경을 번역하기 시작했다. 그 원효의 방에는 한 밤중에도
불이 꺼지지 않고 있었다. 그 불은 자기 스스로를 밝히는 자등명(自
燈明)의 불빛이었고 법의 요체를 밝히는 법등명(法燈明)의 불빛이었
다.

그도 인간인 이상 가족과 어울리고 싶고 남들처럼 안락하게 살고
싶은 마음이 어찌 없겠는가. 그러나 그는 부귀영화를 다 버렸다. 그
의 길은 인간으로서의 편한 길을 포기하고 고행의 길을 택한 자의 삶
이었다.

한편 총은 어린 나이인 데도 불구하고 아버지의 학문적 태도에 큰
감동을 받았고 아버지의 삶의 자세에 느낀 바가 남달랐다. 총은 공부
를 하다가 쉬고 싶거나 자고 싶을 때에도 학문에 열중하고 있을 아버
지의 모습만 생각하면 정신이 번쩍 들곤 했다.

보내지 않아도 떠나가는 세월에 밀려 계절은 바뀌고 또 바뀌어갔
다. 어김없이 봄에는 싹이 트고 여름에는 무르익었고 가을에는 거두
어 들이고 겨울이면 감추어 들였다.

그 계절의 변화 속에서 총도 그렇게 변화해갔다. 총의 공부는 주로
불교에 관한 것이었다. 그 자식의 공부를 지켜보고 있던 요석은 아비
보다 나은 자식이 없다는 옛 말처럼 총의 공부를 그대로 두면 아무래

도 원효의 답습이 되고 말 것 같아 그의 공부 방향을 유교 쪽으로 돌렸으면 하는 생각이 들었다. 그러나 혼자 결정할 문제는 아니었다. 그래서 요석은 그 문제를 상의하기 위해 총을 원효에게 다시 보낼 준비를 했다.

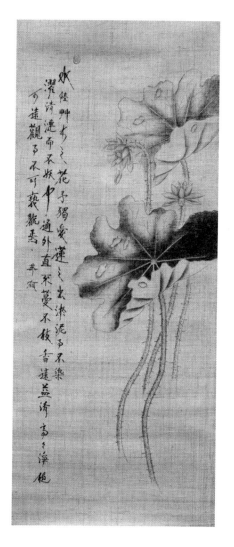

∶∶
선택의 기로에서

혈사(穴寺)는 주위의 자연 경관이 아름다웠다. 서라벌을 등지고 동해를 바라보며 자리잡고 있는 혈사는 그야말로 배산전수(背山前水)의 명당이었다. 그리고 혈사는 이름 그대로 자연굴이 크고 좋아서 그 굴을 그대로 대웅전으로 사용하고 있었으며, 요사채만 새로 지어 요석은 그곳으로 원효의 거처를 옮기게 했다. 유달리 푸른 빛을 좋아하는 원효는 푸른 하늘과 푸른 바다가 맞닿아 있는 수평선에 매료되었다. 더구나 혈사는 허공에서 끊임없이 되풀이되고 있는 창조와 파괴의 우주적 파장과 진동을 마음으로 볼 수 있는 곳이어서 좋았다.

그리고 원효는 밤이면 아무 것도 보이지 않는 검은 바다에 이끌렸다. 그 무(無)의 세계에서 하얀 파도가 일어나 유(有)의 세계를 창조할 때면 그는 생사(生死)의 세계를 만난 듯 밤을 새우다가 새벽을 맞기도 했다.

특히 새벽은 언제나 원효를 매료시켰다. 캄캄했던 하늘이 점차 희미하게 밝아오면서 온갖 색채의 향연을 벌이다가 드디어 세상을 다 태우고 말 것처럼 솟아오르는 일출(日出)의 장관은 그를 사로잡고도 남았다. 더욱이 자기의 법명(法名)마저 이른 새벽의 뜻인 원효(元曉)로 지은 그였으니…

새벽의 풍경 뿐 아니라 일몰(日沒)의 풍경 역시 그에게는 자연이 연출하는 신비였다. 낮에는 감히 마주 볼 수도 없이 이글거리던 태양이 저녁 무렵이 되면 다시 새벽에 그랬던 것처럼 색채의 향연을 벌이지 않는가.

그러한 자연에서 원효는 변화와 불변의 법칙을 보았으며 그대로 사라지는 무상(無常)과 돌고 도는 윤회(輪廻)의 법칙마저 깨달았으니 자연은 오로지 그에게 스승이었고 은혜였다.

요석의 배웅을 받은 총이 원효 앞에 나타났다.

"아버님, 저 총입니다."

"오냐, 연락 받았다. 들어오너라."

"네."

대답과 함께 방문을 열고 방으로 들어간 아들이 아버지에게 큰 절을 했다.

"그간 편안하셨습니까?"

"음, 그래. 많이 어른스러워졌구나. 편히 앉거라."

"네."

아들을 바라보는 아버지의 눈에는 깊은 정이 가득 담겨 있었다.

"어머니도 건강하시겠지."

"네, 언제나 아버님에 대한 염려뿐입니다."

"그 참, 별 걱정을 다… 이렇게 잘 있는데…"

총의 방문 목적을 들은 원효가 말했다.

"너의 진로 문제에 대해 어머니께서 깊은 생각을 하셨구나. 그래, 함부로 결정할 수 없는 문제지. 선택이란 게 참으로 중요한 문제란 다. 왜냐하면 사람은 어떤 사람을 선택하느냐에 따라, 무슨 일을 선 택하느냐에 따라 그 일생이 좌우되기 때문에 그렇다. 옆에 그 누가 조언을 해 줄 수도 있지만 결국 최종적인 선택은 자기 자신이 해야 하니 여기에 인간의 본연적인 방황이 있고 외로움이 있다. 그리고 선 택에는 책임이 따른다. 잘된 선택은 그대로 축복으로 이어지지만 잘 못된 선택은 저주로 연결되어 대가를 치러야 하니 문제가 여기에 있 는 것이다. 인간에게는 무엇을 해도 좋은 자유가 있다. 그런데 과연 무엇을 할 것인가? 자유에는 책임이 따르니 감히 아무 짓도 할 수 없 는 것이다."

진지하게 듣고 있는 아들의 모습을 대견스러운 듯 바라보고 있던 원효가 화제를 돌렸다.

"아무튼 네가 벌써 다 자라서 진로 문제로 고민하는 것을 보니 내 가 어디쯤 가고 있다는 것이 확인되는구나."

총은 아버지가 내놓는 말, 자유, 선택, 책임, 이러한 설득력 있는 말들이 가슴에 와 닿아 할 말을 잃고 있다가 입을 열었다.

"부모님께서 바라는 사람이 되고 싶지만 그것이 가능할지 모르겠 습니다."

"우리가 바라는 바의 인간보다 네 스스로 원하는 바의 사람이 되도 록 노력해라. 너는 어디 소속되어 있는 존재가 아니므로 한 사람의 개체로서 자기 자신의 삶을 살아야 한다."

"네, 잘 알겠습니다. 제가 바라는 바의 삶은 '침묵으로 성자가 되고 행동으로 왕이 되라[靜而聖 動而王]'는 장자의 책에서 발견한 바 있습니다."

다소 놀란 표정 속의 원효가 입을 열었다.

"그 문장의 의미를 보다 구체적으로 이야기 해 보아라."

"네, 사람은 가만 있으면 대개 바보가 되기 마련인데 침묵으로 성자가 되기는 어렵다 싶고, 또 사람이 무슨 짓을 하면 대개 실수하기 마련인데 행동으로 자기 세계의 주인이 되기란 쉬운 일이 아니라 싶었습니다."

"그래, 아주 해석을 잘 했구나. 특히 해석이 잘 된 곳은 왕이라는 글자를 자기 세계의 주인으로 본 것이다. 넓은 의미에서의 왕도 좋지만 작은 자기 세계에서의 주인도 왕 못지 않게 인간이 지향할 만한 목표이니 말이다."

아버지와 아들의 이야기는 끊임없이 이어져 나갔다. 그러다가 원효는 총의 선택에 도움을 주고자 화제를 다시 학문적인 것으로 돌렸다.

"어머니가 말씀한 유가 공부 말이야. 그것도 해 볼 만한 공부야. 유가 철학의 목적은 사람에게 행동의 형식을 가르쳐 사람을 사람답게 만들자는 것이다. 또 도가의 철학은 한 마디로 사람에게 마음의 양식을 인식시켜 사람을 여유롭게 만들자는 것이다. 그런데 불가의 공부는 좀 달라. 불교의 논리는 대개 사람을 부정으로 이끌어 놓고 스스로 긍정을 찾게 하면서 조화를 중요시 하지."

계속 이어져 나가던 원효의 말은 다시 유교 철학 쪽으로 옮겨졌다.

"삶이라는 것이 오묘하고 난해한 수수께끼 같은 것이기도 하지만 또 의외로 간단하고 단순하기도 해서 유가의 공부도 좋다. 유가적 이야기는 아주 현실적이고 합리적인 것이어서 오늘을 사는 사람들에게 직접적으로 필요한 것이야. 나는 불교를 바탕으로 하여 세상과 사람을 바라보았다. 내 공부의 내용이 다 책으로 엮어져 있으니 내 생각으로는 이제 너는 내 공부를 참고로 하여 유가의 철학으로 세상사를 엮어 나가봄이 좋을 듯하다."

"네, 알겠습니다."

총이 찾아온 지 며칠이 지나자 원효는 총에게 절의 마당을 쓸게 했다. 넓은 마당을 정성스럽게 다 쓴 총이 원효를 찾아가 말했다.

"아버님, 마당을 다 쓸었습니다."

"그래, 수고했구나. 그럼 어디 좀 보자."

방에서 나와 마당을 둘러보던 원효가 입을 열었다.

"총아."

"네, 아버님."

"지금의 계절이 가을인가?"

"네, 늦은 가을입니다."

"이 여유 없는 사람아. 가을 마당에는 낙엽이 좀 뒹굴어야 계절의 맛이 나지 않겠느냐."

"?"

총은 아버지가 하시는 상식 밖의 말에 큰 충격을 받았다. 깨끗하게 치우라고 맡긴 일이 아니었음을 비로소 깨달은 총은 몸 둘 바를 몰랐다.

그러한 총에게 대나무 숲을 가리키며 원효가 말했다.

"바람에 저 대나무 그림자가 밤새 마당을 쓸어도 낙엽은 그대로 있고, 저 하늘의 달이 연못에 잠겨도 물에는 뚫린 흔적이 남지 않느니라 (竹影掃階塵不動 月輪穿沼水無痕)."

아들은 아버지의 말 속에서 큰 깨달음을 얻었다.

"우리 오늘 저녁 공양은 밖에 나가서 하자."

"네, 모시겠습니다."

원효는 아들과 함께 나들이를 했다. 이곳 저곳을 다니며 사람 사는 이야기를 많이 한 원효는 주막에 들러 술을 청했다.

총이 조심스럽게 입을 열었다.

"아버님, 괜찮겠습니까?"

"음식을 두고 그 무슨 걱정인가?"

"마시면 취하는 것이어서…"

"그래, 너는 몸이 아프면 어찌하느냐?"

"약을 먹지요."

"그럼 약으로 생각하려무나."

술상이 나오자 상 위에는 여러 종류의 고기도 눈에 띄어 총이 주위를 살폈다.

그 모습을 본 원효가 말했다.

"총아, 상식에서 벗어나거라. 네 눈에 이것들이 먹지 않아야 할 고기로 보이느냐?"

"네."

"내게는 소가 들판의 풀을 먹고 살았으니 들판의 초목으로 보이는 걸."

"?"

"세상에 있다 간 흔적도 없이 사라져버릴 것이 내 속에 남게 된다면 그로서도 뜻 깊은 보시가 아닐까. 자비가 다른 게 아니고 남을 도와주는 게 자비야. 그리고 말이야. 정말로 비린내는 음식에서 나오는 게 아니고 시비를 가리는 마음에서 생기는 것임을 깨닫거라."

"알겠습니다. 저의 생각이 짧았습니다."

아버지에게 있어서는 이미 술은 술이 아니고 고기도 고기가 아님을 알게 된 총은 아버지의 그 깊은 도량과 기개에 넋을 잃고 있었다.

:: 위대한 유산

주막집의 밤이 깊어가자 웅성거렸던 주객들도 떠나고 주위는 조용해졌다. 빨리 모시고 가야겠다는 생각을 하고 있는 총에게 원효가 말했다.

"오늘밤은 앉은 데서 자고 가자."

"그래도 여기서는 어떻게…?"

"되고 안 되는 것이 따로 없느니라. 이 시간이 최고의 시간이고 이 자리가 최상의 장소야. 순간을 놓치면 영원을 놓치고 말아."

"알겠습니다."

총은 아버지의 걸림 없는 사고방식에 다시 놀라면서 자기 생각을 접고 말았다.

"총아."

"네, 아버님."

"우리 이제 학문적인 이야기 말고 부자지간(夫子之間)에 나누는 이야기를 좀 하자. 내 너를 만나면 전해줘야지 하면서 준비해 둔 것이 있다."

"네, 말씀하십시오."

잠시 후 원효가 진지하게 입을 열었다.

"내가 첫 번째로 네게 할 말은 인간은 미완성 상태의 존재로서 완성을 향해 달려가는 과정에 있다는 것이야. 실수와 실패 속에서 지혜를 얻고 인격을 다듬어 나가지. 인간을 그렇게 배우고 깨달아 나가게 만들어 놓은 것은 조물주의 알뜰한 배려가 아닌가 싶어.

만약에 노력을 하지 않아도 되는 완전한 상태로 인간을 만들어 놓았다면 인간에게는 긴장 상태가 사라져 나태해지고 피기도 전에 시들고 말거야. 인생에 있어 완전이란 한 때의 현상에 불과한 것이라 다음 순간 다시 이지러지고 파괴되면서 고통을 부른다.

여기에 조물주의 숨은 조화가 있다는 거야. 말하자면 인간에게 꿈을 먹고 살게 만들어 놓은 거야. 오늘을 지탱하는 힘이 꿈 속에 있어. 하나의 꿈이 어떤 형태로든 끝이 나면 또 다른 꿈을 꾸기 시작하지. 그 꿈 속에서 삶의 의의를 찾고 인간의 가치를 드러내면서 존재를 끌고 나가는 게 사람이야. 아무튼 너는 한 인간 속에 내재해 있는 숨은 조화를 이해하면서 행운에 교만하지 말고 불운에 절망하지도 않으며 주어진 삶에 최선을 다해야 하는 거야."

"네, 잘 알겠습니다."

원효는 계속해서 총에게 말했다.

"암. 그래야지. 두 번째로는 사람은 그 생각이 깊고 넓고 높아야 한다. 왜 그래야 하는가 하면 사람의 생각이 얇고 좁고 낮아서는 인간의 구실을 할 수 없기 때문이다. 그럼 사람이 어찌하여 생각이 모자라게 되는가 하면 그 사람 속에 말이 없어서 그래. 생각이란 말을 재료로 하여 하는 것이거든. 그러니 사람 속에 말이 없으면 생각이 짧을 수밖에 도리가 없는 거야.

그런데 이 말이란 것은 어디서 그 재료를 얻는 것인가 하면 글에서 얻는 것이야. 그래서 책을 보지 않은 사람은 그 속에 말이 있을 수 없고 말이 없으면 생각을 잘 할 수 없게 돼. 때문에 옛말에도 만 권의 책을 보고 만 리 여행을 해야 사람이 된다고 했다. 그런데 여기에도 문제가 있는 것이 남의 글을 읽고 스스로 소화해 내지 못하면 남의 사고에 매달릴 위험이 있어.

그러므로 책을 읽으면서 말도 해 보고 글도 써 보아야 세상을 보다 잘 이해하는 사람이 된단다. 여기서 이해란 말은 아주 중요한 의미를 지니고 있는데 왜냐하면 세상을 이해할 수 있는 사람이어야 자신의 삶을 오해 없이 풀어나갈 수 있기 때문이야."

원효는 세번째 이야기를 풀어나갔다.

"세 번째로 생각해야 할 것은 사람이 학문적 바탕을 쌓는 목적은 결국 자기 세계를 스스로 창조하기 위한 준비라는 것이다. 자기 세계를 창조하는 자는 이른바 절대자인데 이 절대자는 어떤 사람을 말하는가 하면 무슨 일이 있어도 행복하고 어떤 일이 없어도 불행하지 않는 사람이야. 별 일이 다 있어도 거기에 휩쓸리지 않고 여유 있게 자신의 삶을 향유할 수 있는 사람은 이미 어느 차원을 넘어선 사람이니 말이야. 그런 사람이 지니고 있는 힘은 아름답고 찬란해서 모든 것에 영향을 미치기도 한다. 영토가 하나 없어도 황제처럼 사는 사람이 있고 세계를 지배하고도 거지처럼 허덕이는 사람이 있으니 진정한 삶을 위해서 어떤 준비가 있어야 하는지 진지하게 생각해 나가야 해. 인간은 아는 힘을 이용하여 강해야 하고 그 힘으로 뭐든 있게 해서 존재를 승화시켜 나가야 하는 거야. 그래야만 아무도 범접 못할 자기만의 세계를 창조할 수 있고 또 그 세계를 지켜나갈 수 있는 것이야."

원효는 이야기는 계속 이어졌다.

"네 번째로는 사람이 성공한 존재가 되는 자질을 갖추려면 먼저 예술 세계를 이해하는 사람이 되어야 한다는 것이야. 왜냐하면 지정의(知情意)를 갖춘 원만한 인격자가 되려면 미(美)를 창조하는 예술에 무지해서는 안 되거든. 그리고 미(美)의 바탕이 되는 진(眞)과 선(善)에 대한 이해가 있어야 사람은 자기의 이상(理想)과 합일을 이룰 수가 있어. 음악이나 춤으로 삶의 흥취를 돋우고 철학이나 문학으로 삶을 가꾸어 나가는 사람의 삶은 언젠가는 예술처럼 감동적인 것으로 승화하게 되어 있어. 마음 속의 말들이 자기도 모르게 노래가 되고 동작이 그대로 춤이 되어 나오는 감흥은 그대로 행복으로 이어지는 것이니 말이야. 그리고 또 언제나 만족하면서도 갈망하는 이중 구조의 인간을 이해하면서 하나일 수 있는 자질도 갖추어 나가야 해.

그러다 보면 삶의 신비를 푸는 열쇠를 스스로 발견할 수도 있어. 삶이 그렇듯 예술도 종합적인 것이야. 상대적인 것들이 이합집산하면서 감동을 자아내는 예술이 탄생하지. 그러니 예술의 이해는 곧 삶에 대한 이해가 돼. 그렇게 되면 자신의 삶이 곧 감동적인 예술로 승화되기도 하고 꿈처럼 황홀한 것이 되기도 하는 것이야.

총은 아버지의 이야기를 진지하게 듣고 있었고, 원효의 자상한 이야기는 계속 이어졌다.

"다섯 번째로 중요한 것은 사랑과 미움에 대한 이해야.

사람이 사랑과 미움 속에 간직되어 있는 그 신성(神聖)을 깨닫지 못하고서는 창조와 파괴의 근원을 알 수 없고 매순간마다 다시 태어날 도리가 없어. 사랑과 미움은 하나이면서도 둘이고 둘이면서도 하나야. 도대체 말이 되지 않는 세상에 살고 있는 사람은 이렇게 말이 되지 않는 역설이 먼저 이해되어야 어떤 논리적인 것도 이해할 수 있게 된다. 그리고 삶이란 축복 받았던 것에 의해 저주가 나타나고 불행했던 일에 의해 행복해지기도 하므로 사람은 언제나 어떤 문제를 부분적으로 받아들이지 말고 전체적으로 받아들이는 도량이 있어야 해. 아무튼 사람은 자기 속에 창조와 파괴의 근원인 신성(神聖)이 있음을 자각하고 그 신성을 가꾸어나갈 줄 알아야 하지. 그래야 인간은 아름답고 향기로운 존재가 되어 저 높은 하늘로 비상할 수 있게 돼. 사람의 모든 노력은 결국 남으로부터 사랑받을 수 있는 가치 창조에 있고 스스로가 남을 사랑할 수 있는 자질을 갖추기 위해서임을 제대로 인식한다면 순간순간 자신의 할 일이 제대로 찾아질 것이야.

원효의 여섯 번째 이야기는 계속 됐다.

"여섯 번째는 실수나 실패에 대해 말해보자. 사람이 자기 자신의 역사에 오점을 남기지 않으려면 광기(狂氣)에 다치지 않게 조심해야 돼. 인류의 역사는 다 광기가 만들어왔지만는 파괴의 역사도 광기가 해 왔어. 이러한 광기가 언제 솟아나느냐 하면 자기 나름대로의 결론에 붙들릴 때 생겨나. 스스로가 이렇다 저렇다 싶은 결론에 도달하면 인간은 곧 그것의 해결을 위해 행동에 나서게 되는데 그 행동이 정의롭고 정당한 선택에 의한 것이면 좋으나 대개는 자신의 오해나 억측에 불과한 것이 많으니 그것이 결과적으로 실수가 되어 나타나는 거야. 사람이 한없이 복잡한 것 같아도 의외로 단순해서 빛을 보면 그림자를 등질 수밖에 없고 그림자를 보면 빛을 등질 수밖에 없단다. 그러니 어떤 문제를 만나면 그 문제에서 자신을 빼내 스스로를 객관화시켜 다시 자로 재어 보고 저울에 달아 보는 시간을 보내면서 결론을 마치 적을 대하듯 경계하고 두려워해야 하는 것이다. 인간이란 본래 옳고 그른 것보다는 이익과 손해를 따지면서 행동하는 존재야. 그런데 이 이기적인 본성을 현명하게 다스리면 존재가 한없이 상승하지만, 그렇지 못하면 끝없이 추락하고 만다는 사실도 명심해야 한다.”

원효는 아들 총을 지그시 바라보며 이야기를 이어나갔다.

“일곱 번째로 정의와 타협에 대해 말해보자. 불교의 중관사상(中觀思想)은 양 쪽을 다 부정하면서 그 가운데서 조화와 균형을 찾는 것이고 유교의 중용(中庸)은 대립적인 것을 긍정하면서 자타간(自他間)에 이해(利害)의 일치점을 찾는 것이다. 사람이 세상을 살아가려면 어떤 형태로든 타협이나 흥정이 필요한 때가 있다. 하지만 절대로 흥정이나 양보할 수 없는 자기 자신의 신념이나 정의를 위해 목숨을 걸 줄도 알아야 해. 도전이란 위험한 것이지만 그 속에 또 인간의 진정한 길이 있으므로 도전을 두려워하거나 외면하지 않아야 한다. 그리고 일단 사람이 삶의 목표가 정해지면 그만 못한 모든 것을 다 포기할 수 있는 용기가 있어야 뜻한 바를 이룰 수 있게 된다. 또 그러한 기틀을 마련하자면 문자(問字)와 수리(數理)에 밝은 사람이 되어야 해. 왜 그래야 하는가 하면 문자는 생활을 위해 필요하고 숫자는 생존을 위해 필요한 것이기 때문이야. 세상은 문자와 숫자로 마치 천처럼 짜여져 있으니 어느 한 쪽에 치우쳐서는 안 돼. 숫자에 밝으면 생존이 위태롭지 않게 되고 문자에 밝으면 생활이 평화롭게 가꾸어진단다.”

원효는 계속 말을 이어나갔다.

“여덟 번째로는 행복과 불행에 대해 말해보자. 인간이 행복한 생활을 하려면 그것이 무엇이든 간에 있는 그대로 받아들이고 흘러가는 대로 놓아둘 수 있는 깊고 넓은 도량이 있어야 해. 인간의 슬픔이나 좌절이 왜 생기는가 하면 모든 것을 있는 그대로 받아들이지 못한 것에 그 원인이 있어. 있는 그대로에다 자신의 꿈과 희망을 덧붙여 나가다가 그것이 쏟아져 흘러내릴 때 나오는 게 눈물이고 한숨이야. 그러니 거울처럼 있는 그대로 받아들이는 마음과 강물을 흘러가는 대로 그냥 놓아두는 강둑 같은 마음이 있으면 불행할 이유가 없어. 무심(無心)이란 있는 그대로를 받아들이는 마음이고, 욕심(欲心)이란 있는 그대로를 받아들이지 못하는 마음이니 사람은 모름지기 욕심을 관리해야 하는 것이야. 그러나 여기에서의 문제는 필요 없는 욕심과 필요한 욕심이야. 사람이 원하는 바를 성취하려면 쓸데 없는 욕심을 없애 힘의 낭비를 막아야 한다. 힘을 사용하는 것도 힘이지만 힘을 사용하지 않는 것도 진정한 힘이야. 아무튼 지금 너에게는 무엇이든 될 수 있는 온갖 가능성이 있다. 그 가능성을 이용하여 스스로 창조적인 삶을 개척해 나가면 나중에 후회하지 않는 존재가 될 것이다.”

원효의 아홉번째 이야기는 승자와 패자에 대한 것이었다.

"아홉 번째는 언제나 승자는 다 차지하고 패자는 다 잃고 마는 세상을 이해하는 정신이 있어야 한다는 것이다. 아는 자와 모르는 자가 싸우면 누가 이기겠느냐? 또 강자와 약자가 싸운다면, 또 있는 자와 없는 자가 싸운다면 결과는 명백하다. 죽어도 패배자가 되지 않아야 하는 것이 자신의 존재라면 싸워서 이길 수 있는 힘의 존재가 되어야 한다. 그리고 대결은 되도록 피해야겠지만 싸울 수밖에 없을 때는 먼저 이겨놓고 싸워야 한다. 싸우면서 이기려들면 이미 때가 늦어. 경쟁이나 전쟁에 있어 승리의 병법은 한 마디로 속임수야. 예를 들어 전쟁에 나간 장수가 정법만 고집하면 여지없이 패하고 만다. 어떤 변수를 써서라도 승리자가 되면 그 승리의 위력은 모든 방법적인 것을 다 미화시키고 드디어는 신화가 창조되는 것이야."

원효는 자신의 생각을 계속 이어나갔다.

"열 번째는 앎과 무지에 대해 말해보자. 인간은 모르는 것으로부터도 자유롭고 아는 것으로부터도 자유로워야 돼. 자신이 알고 있는 것에 붙들리거나 모르고 있는 것에 매달리게 되면 인간 존재의 의의이기도 한 자유를 박탈당하게 된다. 오늘의 진리가 내일 허구로 전락하고 그것이 다시 다른 것으로 변해가는 것이 앎의 정체야. 그러므로 자기가 알고 있는 것에 대해 고집을 부리지 말아야 하고 모르고 있는 것에 당혹해 하지도 말아야지. 앎이란 무한한 것이고 생명은 한계가 있으니 삶의 흐름을 타고 가는 여유만 있으면 돼. 삶은 그 자체의 질서를 가지고 갈 것은 가게 하고 올 것은 오게 하는데 사람이 괜히 나서서 무엇을 하겠다는 것인가 하는 의문도 때로는 필요한 것이란다.

삶에 있어서는 남에게서 얻은 지식은 별로 소용이 없다. 그보다는 스스로 체험해서 얻은 지혜가 많아야 돼. 나를 도울 수 있는 자는 나밖에 없다. 종교란 것도 인간 사고의 산물일 뿐이니 인간의 의지처는 아니다. 존재는 알고 모르는 그 사이에서 개화하고 기적은 침묵 속에서 일어난다. 알다가도 모를 것이 세상사이니 너라는 존재의 신전(神殿) 속에 있는 신성(神性)을 발견해라."

원효가 아들 총에게 한 마지막 당부는 진실과 허구에 대한 이야기였다.

"열한 번째로 진실과 허구에 대해 말해보자. 밖으로 보면 진실과 허구는 분명 별개의 것이야. 그러나 속을 들여다보면 진실과 허구의 구분은 사라지고 말아. 이렇듯 이것은 저것에서 나오고, 저것은 이것에 의해 형성되니 사람은 모름지기 전체적인 안목이 있어야 되는 거야. 사람이 남다른 존재가 되려면 진실하기 보다는 진실이라는 것을 이해하는 사람이 되어야 하고, 허구를 외면하기 보다는 허구를 이용할 줄 아는 사람이 되어야 해. 그래서 깨달은 사람은 시비를 초월한 크나큰 긍정의 세계에서 중심을 잃지 않아. 그리고 사람이 성공한 존재가 되려면 위대한 영혼이 자신의 주인이 되어 있어야 해. 사람이 만들어 놓은 환상의 세계에 자신을 빼앗기는 그런 영혼은 이미 세상을 살 자격이 없다.이상과 같이 내가 이렇게 여러 가지 삶의 방법을 제시한 것은 인간은 하나이지만 그 속에는 군중이 있기 때문이야. 그저 조용한 행복을 바라는 나도 있고 나가서 마구 싸우고자 하는 나도 있으니 그 여럿의 구성 요소들을 위한 나의 배려였다. 이제 너는 그러한 나의 말들을 토대로 하여 삶을 꾸려가도록 해 보아라."

밤의 적막을 타고 도도하게 흘러가는 아버지의 교훈을 위대한 유산처럼 받아 안은 총의 가슴 속에는 새로운 힘이 솟아나고 있었다.

다음 날 아버지의 곁을 떠나 어머니에게로 돌아간 총은 아버지의 마음도 어머니와 다르지 않음을 전하고 바로 유교 공부를 시작했다. 그리하여 그는 아버지가 그 많은 불경들을 분류 정리했듯이 유교의 경전들을 모두 정리하고 새롭게 번역을 해냈다. 그 결과 그는 신라의 10현 가운데 제 일의 성현이 되었다.

한편 원효는 중요하다고 생각되는 100부의 불경에 대해 200여 권의 책을 저술하였기에 그를 백부논주(百部論主)라 부르기도 했다.

원효 역시 이러한 업적으로 인해 인도의 '용수', 중국의 '지의'와 함께 가장 위대한 창조적 사상가로 추앙받는 사람이 되었다.

요석은 현명한 여인이었다. 원효에게는 힘의 원천이 되어 그로 하여금 일하게 했고, 또 아들 총에게 있어서도 또 다른 길을 가게 하는 안목으로 아들을 출세시켰으니 그녀는 그야말로 현명한 여인이었던 것이다.

:::

생명은 이슬처럼

잊은 듯 아무런 소식이 없던 원효가 갑자기 요석을 찾아왔다. 그것도 문을 지나 걸어온 것도 아니고 마치 새처럼 하늘을 훨훨 날아 요석에게로 와서는 그 품에 그대로 안기는 것이었다.

"이렇게 찾아와도 되는지 모르겠소?"

가슴을 파고들면서 내놓은 원효의 말이었다.

"여기가 당신 집이에요."

그를 받아 안은 요석은 행복에 겨웠다.

"사람이 나이 들어도 곱구만…"

"당신도 연륜에 품위가 쌓여 있어요."

"곱게 늙어 잘 죽는 것도 복이라지."

"네, 그게 제일 큰 복이지요."

"나는 이제 당신 곁을 떠나지 않을 거요."

"저도 이제는 보내 드리지 않을 거에요."

요석이 대답을 하고 원효를 살피니 그는 이미 잠들어 있었다. 그녀는 그가 자기 품 안에 있으니 이제는 자기 사람 같았다. 지금까지 언제나 남처럼 느껴지던 사람이었다. 사무치게 그리워도 그립다 말 한마디 못 전한 남보다 더한 남이었다.

그녀는 이제 비로소 자기의 삶을 성취한 것 같았다. 그러한 행복감 속에 시간이 얼마나 지났을까? 요석은 원효를 바로 눕게 하려고 그의 몸을 밀었다. 그러나 그의 몸은 꼼짝도 하지 않았다. 다시 힘껏 밀어 보았다. 그래도 그는 조금도 움직이지 않았다. 그녀는 할 수 없이 원효를 흔들었다.

"일어나세요. 여보, 좀 일어나세요."

목소리를 높여서 흔들어도 그는 여전히 깨어나지 않았다. 원효를 바라보고 있던 요석은 갑자기 온 몸으로 무서운 전율을 느꼈다. 원효가 죽었다 싶었던 것이다.

"이봐요! 일어나세요. 돌아가시면 안 돼요. 이제야 같이 살려고 했는데 죽으면 안 돼요!"

요석은 원효를 흔들고 때리면서 깨웠으나 그는 다시는 눈을 뜨지 않았다.

요석의 비명소리가 밖으로 터져나가자 잠자던 총이 일어나 허겁지겁 어머니 방으로 달려 들어갔다. 총은 꿈꾸며 헛소리하고 있는 요석을 흔들어 깨웠다.

"어머님! 일어나세요. 어머님! 웬 꿈이십니까?"

"아악!"

요석은 비명을 지르며 비로소 잠에서 깨어났다. 그녀의 몸은 비를 맞은 듯 젖어 있었고 한동안 정신을 차리지 못하고 있었다.

"어머님! 어머님, 무슨 좋지 않은 꿈을 꾸셨습니까?"

"꿈이었던가?"

한참 만에 나온 요석의 말이었다.

"네, 그렇습니다."

"아니다! 꿈이 아니다!"

그녀의 말은 단호했다.

"네?"

"네 아버지한테 무슨 일이 있다! 그렇지 않고서야 그 분이 내게 그렇게 나타나실 까닭이 없어. 내가 가 보아야겠다. 어서 떠날 차비를 해라!"

"아니, 그래도 이 밤 중에 어찌?"

"촌각을 지체할 수 없다."

요석은 자리에서 일어나 떠날 준비를 서둘렀다.

"그럼 제가 모시겠습니다."

"아니다. 너는 나라 일이나 보아라. 무슨 일이 있으면 연락하마."

총은 할 수 없이 하인들을 깨우고 가마를 준비했다.

새벽이 오려면 아직도 많이 있어야 할 밤중에 요석은 원효에게로 길을 재촉했다.

어두운 밤길을 헤쳐 가면서도 요석은 그 꿈이 꿈이었기를, 지금 이 순간도 꿈이기를 간절히 바랐다.

그러나 꿈이란 깨고 나면 홀연히 사라져 버리고 마는 것인데 생시보다 더 뚜렷한 영상이 되어 비치는 것을 요석은 지울 길이 없었다.

'본래 없었던 일을 허망하게 꿈을 꾸고 스스로 고통을 받는 것은 내가 업(業)을 짓고 있는 것은 아닌가. 혹시나 내 마음 속에 이 세상에서는 같이 살지 못할 인연이니 죽어서나 같이 살아야지 하는 마음이 있어 그런 꿈을 꾼 것은 아닌가? 만나고 헤어지고 사랑하고 미워한 그 간의 모든 일도 한낱 꿈에 지나지 않는 것을 내 속에 청정심(淸淨心)이 없어 그런가.'

옛 말에 평소의 마음은 취중에 나오고 품은 정은 꿈 속에서 나온다고 했다. 비록 꿈을 헛것이라고 하지만 무슨 원인이 있어 생겨나는 것이 아닌가. 삶이라는 큰 꿈 속에서 잠시 나타났다 사라지는 작은 꿈에다 나는 너무 큰 의미를 부여하고 있는 것은 아닌가.

요석이 온갖 망상을 짓는 동안 가마는 원효가 있는 절에 도착했다. 가마가 서자 요석은 갑자기 온 몸에 찬 기운이 느껴지면서 다시 무서워졌다. 마부가 문을 열어도 요석은 차마 눈을 뜨고 밖을 내다 볼 수가 없었다.

"공주님, 다 왔습니다."

"..."

요석은 할 수 없이 자기 가슴을 손으로 누르며 가마에서 나왔다. 그 요석에게 절에서 사람이 나와 인사를 했다.

"먼 길에 수고 많으셨습니다."

"대사님은 뭐하고 계신가?"

"아니, 소식 듣고 오신 게 아닙니까?"

순간 요석은 그만 정신을 잃고 쓰러지고 말았다. 생과 사는 인간의 힘으로는 수용할 수도 거부할 수도 없는 불가사의한 것임을 알고 이미 생사에 초연해 있던 그녀도 사모하는 이의 죽음 앞에서는 더 이상 자기를 지탱할 수 없었던 것이다.

원효는 자기가 언제쯤 입적한다는 것을 알고 있었다. 그래서 죽음의 방법이나 그 자세에 대해서도 생각했다.

그 결과 그는 가마에 탄 사람의 자세처럼 앉아 가기로 작정했다. 그리고 그 방법은 마음이라는 불이 꺼지고 몸이 싸늘하게 식을 때까지 지금껏 삶을 스스로 확인해 왔듯이 죽음도 스스로 확인해 보자는 것이었고 마지막 순간까지 요석을 잊지 말자는 것이었다.

그에게 있어 죽음은 가야할 곳으로 떠나는 나루터였으니 끝까지 그녀와 함께이고 싶었던 것이다. 죽을 준비를 끝낸 원효는 귀한 손님을 맞이하듯 가만히 앉아 조용히 기다렸다. 그랬더니 문득 차가운 물에 불이 붙는 것 같은 느낌이 들었다. 그리고는 또 불이 꺼지고 물이 식는 것 같았다. 지수화풍(地水火風)의 기운이 모여 있다가 다시 흩어지는 것을 스스로 느끼고 있는 그는 생명의 신비, 그 오묘한 흐름을 직접 체험해 나갔다. 몸이라는 집에서 마음이 바람같이 빠져 나가고 있는 것을 그는 확인했다.

잠시 후에는 빛 같기도 하고 어둠 같기도 한 그 무엇이 몸 속으로 들어왔다. 그것은 마음이 나가고 죽음이 들어오는 현상이었다.

지금까지 원효의 삶은 죽음에 대한 준비에 불과했다. 그는 일찍부터 인간의 삶이란 태어나면서부터 죽음으로 가는 수레를 타는 여정에 지나지 않는다는 것을 깨닫고 있었다.

그러한 것이 삶이라면 당연히 죽을 준비를 해야지 살 준비를 하는 것은 마땅한 것이 아니라는 것이 그의 생각이었다. 백 년도 못 사는 것이 생명인데 천 년 계획을 세우는 데서 오는 집착이 문제를 야기시키는 것이니 모든 것이 그에게는 간단 명료했다.

그것은 인간은 살 준비를 할 때 부질없는 욕망이 생겨 스스로를 헤치고 죽음을 앞당기게 되지만 죽을 준비를 하는 마음에는 허망한 꿈이 없어 자기의 삶을 제대로 향유할 수 있다는 것이었다.

애당초에 다 남의 것이었다. 다시 또 두고 갈 남의 것을 위해 자기의 삶을 허비하는 것은 그에게 있어 어리석은 짓이었다.

그래서 그는 단지 자기의 사명이라고 생각하는 일에만 전심전력을 다한 의지의 인간이었다. 가장 중요한 것을 위해 그만 못한 모든 것을 포기했던 그는 마침내 위대한 업적을 남기게 되었다.

그러나 그는 자기 삶의 최후의 시간이 기다림으로 채워질 줄은 몰랐다. 기다림, 그것은 희망과 동시에 절망이었다. 그리고 그것은 허구였다. 그는 그 소중한 순간에도 지루함을 조작하기 위해 스스로를 기만하고 있는 자기를 발견하고 허탈해졌다.

죽음과 사랑하는 사람을 같이 기다리고 있는 그의 마음에는 죽음은 다가오고 사랑은 멀어지는 것 같아 점점 초조해지고 있었다.

그는 그녀에게 자기가 떠난다는 것을 미리 알리고 싶었으나 가고 난 뒤 떠났다는 것을 아는 것이 그녀에게 더 좋겠다는 생각을 했다. 기쁜 소식도 아니니 늦게 알수록 좋은 게 아닌가 싶었던 것이다.

그리고 자기는 그녀가 옆에 없어도 그냥 떠날 수 있다고 생각했는데 그게 아니었다. 그녀가 있어야 했다. 잠시라도 보고 싶었고 손이라도 잡고 떠나고 싶었다.

그런데… 바로 그때였다. 원효의 눈 앞이 갑자기 환하게 밝아졌다. 그는 그 빛의 정체를 알려고 노력했다. 그러나 아무리 정신을 가다듬어도 그 빛이 무엇인지는 알 수 없었다. 단지 그 빛은 어떤 영원한 것이고 고귀한 것이고 근원적인 그 무엇이라는 것만 짐작할 수 있을 뿐이었다.

그런데 다음 순간 그 빛이 죽어가는 자기 가슴을 다시 부활시키고 있었다. 그의 가슴 속에서는 무슨 환희와도 같은 열기가 솟아나고 있었던 것이다.

잠시 후 원효는 그 빛을 스스로 확인했다. 그 빛은 다름 아닌 요석이었다. 그러나 그는 이미 아무런 자기 표현을 할 수 없었다. 몸은 벌써 물속으로 다 가라앉은 듯 했고, 마음은 이미 다 불에 타 없어진 것 같았던 것이다.

그녀는 부르면 다가올 듯했다. 또 잡으면 잡힐 듯했다. 하지만 아무런 소리도 나오지 않았고 무슨 동작을 하려 해도 몸이 따라주지를 않았다.

그런 그에게 갑자기 어떤 짙은 그림자가 확 덮쳤다. 원효는 그것이 죽음의 그림자라는 것을 알 수 있었다. 잠시 후 다시 그 그림자가 사라지자 뜻밖에도 원효의 의식은 지극히 명료해졌다.

"당신 왔구려. 기다렸소. 보고 싶었소."

요석은 그가 다시 의식을 회복한 것이 영원히 사는 것처럼 기뻤다.

"네, 제가 왔어요. 돌아가시지 마세요. 돌아가시면 안 돼요!"

그녀는 눈물이 앞을 가려 그를 환히 볼 수도 없었다.

"나를 용서하시오."

"사람을 버리고 일을 택하신 것에 대한 후회는 아니겠지요?"

"후회하고 있소. 당신 옆에 있어주지 못한 것을…"

"전 괜찮아요."

"아니오!"

원효는 슬픔 같은 미소를 머금고 있었다. 요석은 그 표정을 붙잡았으나 이해할 수는 없었다.

"나는 긴 꿈을 꾸고 있었소. 이제 그 꿈에서 깨어나려 하고 있소. 그 꿈에서 깨어나는 것이 나의 죽음이오."

"꿈에서 깨어나는 것은 삶입니다. 정신 차리십시오."

"그럴까? 나는 기다리고 있었소. 삶이란 것 속에서 죽음을… 그리고 당신을… 늘 기다리고만 있었소."

"왜? 그런데 왜 정을 끊으려고만 했어요?"

"중이어서… 일한다는 핑계로."

원효의 눈에서는 눈물이 비오듯 흘러내렸다. 이제야 사람의 진심을 안 요석도 통곡하고 있었다.

"그런 줄도 모르고… 밤 이슬 맞으며 문 밖에서 밤을 새운 게 한 두 번이 아니었습니다. 아니 한 두 번이 아니라 평생을 그렇게 살았어요."

"저런… 문 하나가 천리 벽이었구려… 저기 운명의 나루터가…"

요석은 원효가 떠나고 있다는 것을 느꼈다. 그 요석에게 멀리서 울리는 소리 같은 원효의 말이 들렸다.

"당신, 금강경 마지막 구절을 알고 있소?"

"네."

"일체유위법(一切有爲法)이 여몽환포영(如夢幻泡影)하고 여로역여전(如露亦如電)하니 응작여시관(應作如是觀)하라. 그대로요. 부처님은 진리였소. 이제 꿈을 깨고 보니 잠이 오는구려."

이 말을 마지막으로 원효는 입적하고 말았다. 그는 여전히 명상하듯 그대로 앉아 있는데 마음이 떠나버리고 없는 것이었다. 요석도 자기의 영혼이 그와 더불어 날아가 버리고 껍질만 남은 것 같았다.

"부디 왕생극락하소서."

원효가 입적하고 나자 요석은 눈물을 거두었다. 그를 보낸 후 자기의 할 일이 그녀를 냉정하게 만들었던 것이다.

요석은 그 자리에서 속복을 벗고 출가하고 말았다. 떠난 임의 명복을 빌기 위해서는 우선 그렇게 하는 것이 자기의 도리라고 생각되었던 것이다.

원효가 입적했다는 소식을 듣고 절로 달려간 설총은 원효의 유해를 서라벌로 옮겨 성대하게 장례를 치르고 그를 화장한 재를 흙과 섞어 생전의 모습과 똑같이 만들어 황룡사에 모셨다. 그리고 설총은 날마다 흙으로 만든 아버지의 상 앞에 엎드려 고인의 명복을 빌었다.

한번은 설총이 절을 하고 일어나는데 아버지의 조각상이 고개를 돌렸다. 그것은 그가 아들을 두고도 아비의 도리를 다하지 못했는데 자식의 효를 받아들일 면목이 없어 그런 것이었다.

한번 고개를 돌린 그 조각상은 언제까지나 고개를 돌린 채 그대로였다. 생전에 살아있는 부처라 불렸던 그는 죽어서도 역시 산 부처였다. 그는 이 나라의 혼으로 태어나 열정과 의지로서 오직 진리를 탐구했다.

그리하여 존재의 가장 깊은 곳에 감추어져 있는 숨은 조화를 스스로 깨닫고 마침내 알 수 없는 근원으로 가 알 수 없는 것을 이해한 부처님처럼 그렇게 해탈했다.

그리고 그 깨달음을 실현하기 위해 노래하고 춤을 추었다. 그러던 그는 드디어 텅 빈 곳으로 사라져 갔다. 없는 그 속에 그가 있음을 아는 요석의 목탁소리와 염불소리는 그를 부르는 소리인 듯 언제까지나 그칠 날이 없었다.

:: 부록

그림으로 풀어본 〈반야심경〉 해설

1. 摩訶般若波羅蜜多心經

넓고 깊고 높은 반야지혜로 오묘하고 신비스런 마음의 세계를 열
어가는 내용의 경전

2. 觀自在菩薩

관자재보살은 축복받은 자이다. 그는 진리를 찾아 헤매다가 영혼
의 동반자인 법(法)을 만나 세상의 소리를 사유 관찰하는 보살이 되
었다.

3. 行深般若波羅蜜多時 照見五蘊皆空 度一切苦厄

관자재보살이 반야지혜로 참마음 자리를 찾고 보니 오온(五蘊) 즉,
물질 · 느낌 · 생각 · 경험 · 인식 등에 실체가 전혀 없음을 깨닫게 되
어 일체고(一切苦)에서 벗어날 수가 있었다.

4. 舍利子

사리자는 탐구자였기에 언제나 의문 속에 있었다. 그의 의문은 말
로서 질문이 불가능했다. 스승은 제자의 갈구하는 바를 이해하고 그
를 불렀다. 사리자야,

5. 色不異空 空不異色 色卽是空 空卽是色

물질은 허공과 다르지 않고 허공은 물질과 다르지 않으니 물질이
곧 허공이고 허공이 곧 물질이다. 왜냐하면 물질적 현상은 본래 그
실체가 없는 것이다. 모든 물질을 궁극에까지 추구해 들어가면 마침

내 실체가 없는 공(空)에 이르게 된다. 우주적 노래에 의해 하나의 형상이 창조되면 그것은 다시 대립적인 율동에 의해 파괴로 이어지고 그 파괴는 다시 통일되고 분리되면서 나타나기도 하고 사라지기도 할 뿐이므로 어느 것이 실상이고 허상이라 할 것이 없다.

그러니 공(空)이 곧 색(色)이고 색(色)이 곧 공(空)이란 뜻은 물질과 공허는 동일(同一) 실재(實在)의 양면(兩面)일 뿐 서로 별개의 것이 아니라는 것이다.

6. 受想行識 亦復如是 舍利子 是諸法空相

이러한 우주적 원리에서 볼 때, 인간의 감각작용이나 지각작용이나 의지와 경험, 인식의 작용도 다 그 실체가 없다. 사리자야, 모든 사물은 다 근원이 없음으로 법(法)도 있을 수 없다는 것을 알아야한다.

7. 不生不滅 不垢不淨 不增不減

모든 존재들은 부분적으로 보면 생겨나고 없어지는 것 같은 생멸(生滅)이 있어 보이고, 더러워지고 깨끗해지는 것 같은 조화도 있어 보이고, 감소하고 증가하는 변화도 있어 보이지만 전체적으로 보면 그렇지도 않다.

현상계는 모든 게 영원하고 실답게 보이지만 실체가 없다는 입장에서 보면 유형(有形)은 무형(無形)의 또 다른 형태에 지나지 않는 것이다.

8. 是故 空中無色 無受想行識

그러므로 공(空) 차원에서는 색·수·상·행·식(色受想行識)도 있을 수 없다. 현상으로 보면 뚜렷이 있지만 근원에서 보면 아무 것도 없는 이 두 차원의 세계를 같이 깨달아야 해탈의 길이 열린다는 것을 명심하라.

9. 無眼耳鼻舌身意 無色聲香味觸法 無眼界乃至 無意識界

사람에게 눈과 귀와 코와 입과 몸과 마음이 있지만 실제로 눈으로 볼 수 있는 물체나 귀로 들을 수 있는 소리나 코로 맡을 수 있는 냄새나 입으로 맛볼 수 있는 맛이나 피부로 느낄 수 있는 대상이나 마음으로 생각할 수 있는 인식의 대상도 없는 것이다. 그러므로 안식(眼識), 이식(耳識), 비식(鼻識), 설식(舌識), 촉식(觸識), 의식(意識)이 일어날 근거도 따지고 보면 없다.

10. 無無明 亦無無明盡 乃至 無老死 亦無老死盡

거기에다 밝은 마음의 근본이 되는 어두운 마음도 없고 어두운 마음이 없어진 경지까지도 없으며, 드디어는 늙음도 없고 죽음도 없고 늙음과 죽음이 없다는 것까지도 없다. 사람은 이렇게 무(無)의 경지를 넘어 무(無)도 없는 절대경지, 공(空)의 차원에 이르러야 마침내 우주와 하나 되는 존재가 된다.

11. 無苦集滅道

그렇게 되면 어떤 존재의 현 상황은 언제나 고(苦)일 수밖에 없다는 것도 알게 되고, 또 그 고(苦)의 원인인 집(集)도 알게 되며, 드디어는 존재의 각성인 멸(滅)의 힘도 발휘할 수 있게 되고, 존재의 미래인 도(道)가 본래 자신 속에 있었음도 깨닫게 된다.

12. 無智亦無得 以無所得故 菩提薩埵 依般若波羅蜜多故

사람이 자기 자신 속에 있는 도를 발견하게 되면 밖에 있는 지식이나 지혜에서는 얻을 것이 없게 되고, 마침내 얻음이 없는 소득에서도 만족하게 된다. 그리하여 깨달은 보살들은 다 이 반야바라밀다에 의지하여 도에 다가갈 수 있었다.

13. 心無罣碍 無罣碍故

이리하여 사람이 도와 하나가 되면 마음에 구애되는 바를 스스로 없애고 마음에 구애될 것도 스스로 없애 나가는 해탈의 자유인이 된다.

14. 無有恐怖 遠離顚倒夢想 究竟涅槃 三世諸佛

존재의 의의가 자유에 있다면 그 자유를 위해 인간이 할 일은 먼저 있음과 없음에 대한 공포를 제거해야 한다. 삶이라는 것 자체가 숫자 놀음 아닌가. 내게 무엇이 있고 어떤 것이 없느냐에 따라 행·불행이 좌우되고 성과 패가 결정되는 것이 현실이다. 이렇게 있음과 없음에 대한 것을 자재할 수 있으면 인간은 승화된다.

사람에게 무(無)와 유(有)가 공(空) 속에서 변화하고 조화하는 것을 볼 수 있는 제 3의 눈이 생기면 제 4의 길을 갈 수 있다. 그러면 불행의 뿌리인 불안이 어젯밤 꿈처럼 사라져 마침내 내 존재는 열반의 세계, 저 언덕에 도착하게 되어 자기 자신이 바로 과거·현재·미래 불(佛)이 되는 것이다.

15. 依般若波羅蜜多故 得阿耨多羅三藐三菩提 故知 般若波羅蜜多

깨달은 사람들은 다 큰 지혜 참마음인 이 반야바라밀다에 의해 최고 최상의 경지에 도달했으니 오묘하고 신비한 세계가 담겨있는 반야바라밀다의 의의(意義)를 탐구해야 하는 것이 살아있는 자의 의무이다.

16. 是大神呪 是大明呪 是無上呪 是無等等呪

사람이 자기 존재의 위대성을 인식하고 스스로를 존경할 수 있는 경지에 가면 반야바라밀다야말로 심오한 진리가 되고 밝은 지식이 되고 가장 높은 지혜가 되고 더 이상 어디다 견줄 수 없는 주문이 될 것이다.

17. 能除一切苦 眞實不虛 故說 般若波羅蜜多呪 卽說呪曰

이와 같이 중생의 괴로움을 없애주는 진리 본연의 실재가 반야바라밀다이니 이러한 진리에 의지하게 되면 능히 일체고를 없애게 되고 진실해서 허함이 없게 된다. 이에 반야바라밀다의 심원한 뜻을 언어(言語)나 문자(文字)로 다 전할 수 없어 비밀스런 진언(眞言)을 주노니 그것은 다음과 같다.

18. 揭諦 揭諦 波羅揭諦 波羅僧揭諦 菩提娑婆訶

부처는 진언을 이상과 같이 말하였어도 그 내용에 대해서는 설명이 없었다. 그 숨은 저의는 무엇이었을까?

그것은 아마도 남이 해 주는 일은 자기의 것이 될 수 없는 것이기에 주문의 해석은 스스로 해보라는 심오한 메시지를 담아놓은 것이 아니었을까? 글자만 있고 의미는 없는 이 진언(眞言)에 자기의 가락을 신고 자기의 춤을 추게 될 때 인간은 스스로 부처가 되지 않을까?

1. 摩訶般若波羅蜜多心經 (마하반야바라밀다심경)

넓고 깊고 높은 반야지혜로써 마음을 찾아가는 길을 안내하는 책

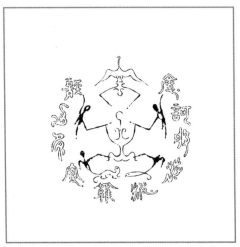

육바라밀도

육바라밀을 상징하는 머리가 빈 사람, 가슴이 없는 사람, 뱃속이 빈 사람, 머리가 여럿인 사람, 머리가 없는 사람, 반은 사람이고 반은 짐승인 사람들이 하나로 어울려 있는 모습에다 제목 열자를 실었다.

그리고 공중과 땅 위와 물 속에 사는 생명들이 삼계를 나타내고 있는 가운데 그대는 과연 어디에 속하는 누구인가를 묻고 있다. 답은 나오고 있는가? 가장 풀기 어려운 수수께끼가 자기 자신이 누구인가를 아는 것이다.

부처가 자연에 편재(遍在)해 있듯 그대 또한 자연에 편재해 있다.

그대의 존재는 전체로부터 분리되어 있는 존재이기도 하지만 전체와 떨어진 별개의 것도 아니므로 만물의 소리나 모습 속에 편재되어 있는 자기 자신을 찾아 조우하라.

경전의 제목은 경의 전체적인 내용을 함축하고 있기 때문에 제목이 지니고 있는 바 그 뜻을 이해하면 경의 대의(大意)를 보다 잘 파악할 수 있게 된다.

그런 의미에서 '마하반야바라밀다심경' 제목 열 자가 품고 있는 종지(宗旨)를 살펴보자.

마하는 높고, 깊고, 넓고, 크다는 뜻 속에 만물의 자성(自性)을 의미하고, 반야는 이치와 섭리를 분별하여 깨달음을 얻는 지혜를 뜻하고, 바라밀다는 여기서 저기에 이른다는 뜻과 더불어 지혜의 완성을 뜻하고, 심경은 본질과 형상을 아는 마음이 적힌 글이라는 뜻이다.

선사의 계송에도 마하는 진공이니 우주의 모체이고, 이 마하의 그윽함은 상(相) 없는 법신이라 했다. 우주의 삼라만상이 다 나로 인해 나타나고 사라지니 이 큰 나를 인식시키기 위해 반야 앞에다 마하를 붙여 놓았으므로 사람은 모름지기 이를 인식하고 초월의 지혜를 쌓아 존재를 승화시켜야 한다.

다음으로 반야는 법의 참다운 이치에 화합하여 천지 만물의 실상과 허상을 분별하고 허위와 진실을 판단하는 능력이니, 이는 곧 사람이 도를 깨닫는 지혜이다.

지(智)가 능히 삿됨을 깨뜨리고 혜(慧)가 능히 어둠을 쳐 없앤다는 반야지혜에는 다음과 같은 것이 있다.

실상반야(實相般若)는 진리의 본바탕인 법신진공의 체(體)이니 이는 원래 이름이나 모양이 없는 것이다. 이름 없고 모양 없는 우주의 본질을 말하자니 글자를 빌려 실상이라 했다.

관조반야(觀照般若)는 실상의 체(體)로부터 일으킨 용(用)이니 이는 곧 성불에 이르는 묘한 지혜를 말하는 것이며, 진리의 안목으로 이법(理法)을 관찰함이다.

문자반야(文字般若)는 곧 인간 앞에 펼쳐져 있는 팔만대장경이며 불보살들이 중생을 교화함이고 병에 따라 약을 쓰듯 중생들의 근기에 따라 법을 베푸는 것이다.

경계반야(境界般若)는 온갖 현상계에 대한 이치를 아는 지혜이고 일체의 모든 법을 분별함이니 이는 주관과 객관, 상대성과 절대성 등을 사유하여 스스로의 위치와 분수를 아는 지혜이다.

권속반야(眷屬般若)는 인간의 유정무정(有情無情) 같은 것에서 발생하는 일들을 화합하는 지혜이니 이는 시간과 공간, 무형과 유형에서 일어나는 창조와 파괴의 의미를 아는 지혜이다.

그러므로 실상반야는 참다운 진리이고 관조반야는 참다운 지혜이며, 문자반야는 참다운 종교이고 경계반야는 참다운 이치이며, 권속반야는 참다운 수행을 일컫는 말이다. 중생은 일체의 제법을 깨닫기가 어려우니 만큼, 이러한 지혜를 갖추어서 구경(究竟)의 진리를 터득해야 열반에 이르게 된다. 인간이 어떤 종교나 진리를 믿기 쉬워도 자기 자신은 믿기가 어렵고 남의 소리나 우상은 알기 쉬워도 스스로가 우주의 핵심이고 조화의 주체인 것을 믿기는 쉽지 않다. 그래서 반야지혜로 텅 빈 세계와 꽉 찬 세계를 같이 이해하여 존재적 소명을 다하라는 것이다.

다음으로 바라밀의 내용을 살펴보자.

바라밀다는 '저 언덕에 이르렀다'는 뜻이니 진(眞)과 속(俗)을 다 통(通)했다는 말이다. 수행을 해도 업 짓는 일이 끝이 없다가 마침내 고해(苦海)를 건넜다는 것이다.

인연 따라 변하는 세상에서 인연에 따르되 자기 존재를 지키는 법으로 육바라밀이 있으니 그 내용을 수행하게 되면 자기 세계를 창조할 수 있는 기초가 확립될 것이다.

첫째는 보시바라밀(布施波羅蜜)이다.

내게 있는 것을 남에게 베푸는 것은 거래가 아니다. 그러니 받겠다는 생각이 없어야 하고 아무런 조건이 없을 때 그것이 보시가 된다. 그저 내게 있는 것을 남에게 주니 나는 가지고 있던 짐을 덜어서 좋고 받는 자 또한 없던 짐을 가져서 좋은 것이다. 주는 자가 따로 있고 받는 자가 따로 있지만 그 둘은 둘이 아니고 하나이어서 은혜와 감사가 따로 없다.

구름이 곧 비이고 비가 구름이듯, 다르게 보여도 같다는 사실이 깨달아지면 구분은 저절로 사라지게 된다. 구름이 몰려와 비를 뿌릴 때 무슨 조건이 있고, 목마른 대지가 비를 받을 때 무슨 말이 있던가. 그 주고받음이 땅을 적시면 그것은 샘물이 되고 강물이 되어 바다로 가고 바다는 다시 구름을 만든다. 이렇게 하나는 모두이고 모두는 하나로 엉켜있는 게 세상이라, 너를 위한 보시는 곧 나를 위하는 보시가 되는 것이다.

두 번째로 지계바라밀(持戒波羅蜜)이다.

사람으로서 지켜야 할 도리가 지계이고, 수행자가 지켜야 할 계율이 지계이다. 지계를 위해서는 우선 인간이라는 존재부터 이해해야 한다.

인간은 본래 자기 본위로 생각하고 행동하게 만들어져 있는 생물이다. 자기 희생이란 것도 어떤 형태로든 자기 만족이 있어야 가능하지 만족 없이는 못하게 되어 있다.

인간이라는 것이 본래 그렇게 만들어져 있으니 남만을 위하는 것도 위선이며, 나만을 위한다는 것도 무지(無知)의 결과라는 것을 우선 자각해야 한다.

그 자각이란 다른 것이 아니고 문제를 부분적으로 보지 말고 전체적으로 보며 주어지는 상황을 순간에서 보지 말고 영원에서 살필 줄 알면 자연 중도(中道)에 서게 되고 지계가 가능해진다.

세 번째는 인욕바라밀(忍辱波羅蜜)이다.

인욕이란 치욕적인 일을 참고 견디는 것이다. 마주 내민 손을 그대로 도끼날로 내리쳐 버리고 싶은 데도 그 손을 붙들고 웃어야 하는 게 현실이고, 등에다 그대로 칼을 꽂아버리고 싶은 상대인 데도 그 가슴을 어루만져야 하는 게 삶이다. 그래서 인생이 인간에게 요구하는 게 인욕이다.

왜 참지 못하고 화를 내는가. 그것은 자기 욕심이 채워지지 않았을 때 속에서 일어나는 어리석은 현상이다. 들어 보았는가.

"탐(貪)·진(瞋)·치(痴) 삼독(三毒)에 중독되지 말라."

욕심을 내서 살면 죽어 거지가 되고 화를 자주 내면 죽어 지옥 불에 떨어지고 어리석게 살면 죽어 짐승이 된다며 중생을 가르치는 게 불교이다. 그게 무엇이든 있는 그대로 받아들이며 아무 데도 머무는 곳이 없이 마음을 내어서 육바라밀을 행해야 그것이 보살행이 되고 참다운 인간의 길이 되는 것이다.

네 번째로는 정진바라밀(精進波羅蜜)이다.

인간은 미완성적인 존재이다. 미완성에서 출발하여 완성에로 가고 있는 도중이 삶이다. 순간순간 변화하는 상황에 잘못 대처하면 그대로 사라지고 마는, 그러면 그만인 무의미한 존재이기도 한 것이 나이다.

이 의미 없고 무가치한 존재가 의미와 가치를 지니기 위해서 해야 할 일은 오직 하나, 정진 뿐이다.

끊임없이 변화와 유전을 되풀이 하면서도 좌절하지 않고 정진을 계속하려면 존재의 근원이나 그 이유를 알아야 한다. 좋은 일에 교만하지 않고 나쁜 일에 실망하지 않기 위해서는 미완성의 가도를 달리는 까닭을 우선 알아야 할 것이다. 그래야만이 여기서 저기로 가는 과정에서 나타나는 일들을 기꺼이 맞이할 수가 있고 절망 속에서도 희망을 잃지 않을 수 있는 것이다.

다섯 번째는 선정바라밀(禪定波羅蜜)이다.

이는 망상을 명상으로 번뇌를 보리로 삼은 결과, 진리와 하나 되는 것이다. 산란한 마음을 가라앉히고 깨달음을 성취하여 저 언덕에 이르러 자유인이 되는 것이다.

어디를 가도 걸릴 것이 없고 무엇을 해도 좋은 자유, 누구를 만나도 그것이 축복이 되는 자유인이 되는 것은 생의 보람이다.

행복이란 것이 무엇이던가. 그것은 새처럼 만 리 창공을 나는 것이고, 제 멋에 흥겨워 노래하고 춤추는 것이다. 듣는 이가 있고 없는데 신경 쓰지 않고 보는 이가 있든 없든 그게 무슨 의미가 있으랴.

그저 내 멋에 흥겨워 노래하고 춤출 수 있는 경지에 가면 해와 달이 등불이 될 것이고 하늘을 덮고 땅을 자리삼아 쉬게 될 수 있는 사람이 될 것이다.

여섯 번째로는 지혜바라밀(智慧波羅蜜)이다.

밖에서 안으로 들어오는 지식은 정보에 지나지 않는다. 그것은 남의 것이다. 남의 것에 지나지 않는 지식은 사람에게 겨우 길을 안내하는 이정표 구실 밖에는 하지 못한다. 생명이 없이 유동하면서 변화하는 정보는 아무 데서나 누구에게도 얻을 수 있는 것이다.

그러나 지혜는 그렇지가 않다. 지혜는 주고받을 수도 없고 묻고 대답할 수도 없는 것이다. 지혜는 사람에게 묻는 자도 대답하는 자도 자기 자신이 되게 한다. 내가 누구이며 네가 무엇인가 하는 질문과 해답이 스스로 이루어질 때 존재는 꽃이 되고 향기가 된다. 그때는 내 가슴 속에서 존재의 꽃이 아름답게 피어나게 되고 사랑의 향기가 기적을 만들게 하는 것이다.

이상의 육바라밀은 그 중 하나만 소홀해도 그것은 마치 둥근 원의 한 쪽이 없는 것과 같이 완성에 이르지 못하게 되므로 자기 자신의 안과 밖을 냉정하게 주시하면서 언제나 채찍과 고삐를 놓지 말아야 할 것이다.

다음으로 심(心)에 대해 알아보자

일심(一心)에는 청정(淸淨)한 본심(本心)과 탐욕(貪慾)으로 더럽혀

지는 염심(染心), 이문(二門)이 있고, 진리를 구해서 밝히려는 실(實), 가(假), 중(中), 삼관(三觀)이 있으며 팔만사천으로 변하다가 돌아오는 윤회와 무상의 도(道)가 있다. 그런가 하면 또 사람의 마음은 불로서도 능히 태우지 못하고 바람이 능히 날리지도 못하고 칼이 능히 자르지도 못하는 것이라 했다.

그리고 가장 큰 것도 마음이고, 가장 적은 것도 마음이고 지극히 밝은 것도 지극히 어두운 것도 마음이며, 한 없이 깨끗한 것도 한없이 더러운 것도 마음이며 제일 강한 것도 제일 약한 것도 마음이라 하였다.

이러한 마음이 가야할 길을 밝혀 놓은 글을 일러 경(經)이라 하니 경을 읽는 것이야말로 수행의 지름길이다. 그래서 배우고자 하는 이가 경을 읽으면 의심 없이 깨닫게 되고 비뚤어진 길을 가던 걸음도 멈추게 된다고 하는 것이다.

"참경의 큰 뜻은 마음의 꽃이 핀 것이니 말마다 글귀마다 묘한 법이 담겨 있네[眞經大意現心華 言言句句談妙法]."

다음의 이야기는 이 마음이라는 것이 세월 속에 어떻게 변화할 수 있으며 무슨 조화를 부릴 수 있는지 심경적(心經的)인 암시가 우화(寓話)로 피어나 있다.

그림을 아주 잘 그리는 화가가 있었다. 그러나 그는 운이 없었던지 세상에 그 이름을 드러내지 못했다. 어떻게 유명해질 수 있는 방법을 찾던 화가는 우연찮게 신(神)의 모습을 그려보면 좋겠다는 생각을 하게 되었다. 그러나 한 번도 신(神)을 본 일이 없었으므로 상상만으로 그림이 잘 되지 않았다. 할 수 없이 화가는 비슷한 모델이라도 찾아야겠다고 마음 먹고 거리로 나섰다.

선하고 착한 사람들이 모여 있을 것이라 예상되는 곳을 방문해 보았으나 비슷한 이미지를 풍기는 사람도 만날 수가 없었다. 어른들의 세계를 찾아다니던 화가는 다시 발길을 돌려 어린이들의 세계까지도 뒤져 보았으나 헛일이었다. 그만 목적을 포기하고 말 즈음 화가는 어느 목장에서 양치는 목동을 만나게 되었는데 그 모습이 그야말로 신(神) 같아 보였다. 그는 벌써 세상을 한 20여 년 살았으나 세상을 산 흔적 하나 없이 맑고 깨끗했으며 마치 축복이라도 받은 듯 그 모습 자체가 천국을 연상케 하는 것이었다.

목동을 만난 화가는 기뻐 어쩔 줄 모르다가 목동에게 자기의 뜻을 전하고 모델이 되어 줄 것을 부탁했다. 목동이 흔쾌히 승낙하자 화가는 3일 만에 아주 훌륭한 작품을 완성하였다. 화가가 그림을 세상에 내놓자 그림을 대한 모든 사람들은 그 그림 속에서 진정한 신(神)을 만난 듯 놀라워했고 화가는 그 그림으로 인해 일약 유명해질 수 있었다.

그 후 10년이란 세월이 지나고 화가는 다시 이번에는 지옥의 악마 모습을 그려 신(神)과 대비를 해보면 좋겠다는 생각을 하게 되었다. 화가는 그 생각을 바로 실천에 옮기려고 붓을 들었으나 악마의 모습 역시 신(神)의 모습 이상으로 어려워서 상상으로 그림을 완성하기는 불가능했다.

화가는 다시 악한 인간들이 있을 만한 곳을 찾아 길을 나섰다. 유흥장, 도박장, 교도소 등을 찾아다니던 화가는 어느 교도소 지하 감방에서 그야말로 악마의 화신 같은 인간을 발견할 수 있었다. 그는 극악무도한 살인범으로 곧 처형될 사형수였는데 얼굴은 죽음 같은 그림자가 드리워져 있었고 눈에서는 증오가 핏방울 같이 흐르는 듯하여 그를 보는 것만으로도 죽음이 들이닥치는 것 같았다. 그에게서 지옥의 참상과 악마의 저주까지 느끼고 있던 화가는 이제야 작품의 대상을 만난 것 같아 겁도 없이 다가가 자기의 뜻을 토로했다. 화가의 말을 뜻밖에 진지하게 듣던 죄수는 쾌히 승낙했다. 그의 허락을 받자 화가는 그때서야 그림을 그리다가 살해당할 수도 있다는 공포에 문득 휩싸였다. 화가는 그대로 도망치고 싶은 충동도 생겼으나 목적한 바를 저버릴 수 없어 그는 가지고간 신(神)의 그림을 옆에 놓고 악마의 그림을 그려 나가기 시작했다. 작업을 계속해 가던 화가는 참으로 이상한 문제에 부딪치고 말았다.

'전혀 다른, 참으로 전혀 다른 대상을 그리고 있는 데도 저 신(神)의 그림과 이 악마의 그림에 동질성이나 유사성이 나타나는 까닭이 무엇인가? 다 같은 인간이어서…? 아니다! 그렇지가 않다. 뭔가?'

풀 수 없는 의문에 휩싸여 붓을 놓자 죄수가 물었다.

"왜 그러시오?"

"네? 네."

화가가 자초지종 지금의 자기 고민을 이야기하자 죄수가 조용하게 말을 받았다.

"당신의 의문을 내가 풀어줄 수 있소."

"당신이 어떻게?"

"할 수 있지요. 왜냐하면 10년 전에 당신이 그린 저 목동이 바로 나이기 때문이오!"

화가는 그대로 숨이 멈추어지는 것처럼 놀라고 말했다.

"아니? 그때의 당신이… 이렇게 변할 수가? 어찌 이렇게까지…?"

벌써 죄수의 눈에는 뜨거운 눈물이 고이고 있었고 소리는 울음을 타고 흘러나오고 있었다.

"세월이지요. 세월이 이렇게 만든 거요. 나도 선하게 살려고 노력했어요. 그러나 그러한 나의 마음을 들여다 본 인간들은 나를 이리저리 이용하고 걷어차면서 악의 세계로 밀어 넣었어요. 드디어 날 죽이려드는 자를 죽여 이렇게 살인자까지 되고 말았소. 냉혹한 인간들은 나를 내면으로부터 철저하게 파괴해 나갔고 잔인한 인생은 나를 외부에서 치고 들어와 무자비하게 나를 파멸시킨 것이오. 이러한 내 인생이 이해가 간다면 이제 그 그림들의 동질성이 이해가 되지 싶소."

화가는 망연자실하고 말했다. 그의 삶을 운명이라 생각하기에는 너무나 처참했고, 변화로 받아들이기에는 너무나 가혹했다. 회한의 눈물을 흘리고 있던 죄수가 마지막 참회의 소리인 듯 침착하게 입을 열었다.

"이보시오. 화가 양반, 당신은 내 과거와 현재를 아는 유일한 사람이오. 이제 내일 모레면 나는 저승으로 가게 될 텐데 이 한 많은 이승을 떠나는 나를 배웅 좀 해주시오. 마지막 떠나는 길이 무척 외로울 것 같아요."

"그럼요. 지켜보고 말구요. 당신은 두 번씩이나 나의 부탁을 들어주었는데 내 어찌 당신의 부탁을 거절하겠소. 기꺼이 들어주리다. 아니 같이 갈 수 있는 길이라면 같이 가고 싶소."

"고맙소. 말이라도…"

화가는 세월이라는 것이, 상황이라는 것이 사람의 몸과 마음을 이렇게도 변화시킬 수 있는가에 대해 깊은 생각을 하면서 옛날의 그 목동, 지금의 이 죄수의 마지막 길을 눈물로 지켜보았다. 그리고 화가는 인간인 자기 자신의 거룩하고 추악한 이중성 속에서 신과 악마의 존재를 함께 깨달을 수 있었다.

2. 觀自在菩薩(관자재보살)

관자재보살은 중생이 괴로울 때 그 이름을 부르면 그 소리를 듣고 방편(方便)을 써서 구제하는, 이름 그대로 세간(世間)의 소리를 사유(思惟) 관찰(觀察)하는 보살이다.

백우도(白牛圖)

진아(眞我)를 상징하는 소와 깨달음의 결정인 사리, 그것을 담는 병과 함에다 '관자재보살'을 써 넣었다. 관자재보살은 육도중생을 교화함에 있어 중생의 근기에 맞추어 방편을 사용하며, 중생들의 몸과 마음에 일어나는 모든 병과 아픔을 치료한다.

심경 주석서에는 '관자재보살은 누구도 아닌 바로 너다'라고 했다. 그러니 채찍과 고삐를 들고 자기 자신을 찾으라!

마음이 나가 돌아오지 않으면 정신 나간 사람이라 하고 심하면 미쳤다고 하지 않는가. 환자이면서도 의사이고 약이면서도 독인 스스로를 찾으라. 어디에 있는가?

그대의 몸은 저 함 속에 있는가, 밖에 있는가? 그대의 영혼은 또 몸 안에 있는가, 밖에 있는가? 저기 산에 있는 자기가 보이는가? 여기 바다에 물결이 되어 있는 자신이 보이는가? 밖으로 뚫린 눈과 귀를 닫고 안에 있는 마음으로 보고 들어라. 그러면 꽃이 피어나는 소리도 비오는 소리처럼 들리고, 빛이 다가오는 것도 떠가는 구름 같이 보인다. 자연과 합일을 이룬 나는 영원 속에서 아름답고 향기롭게 빛나게 된다.

관(觀)은 마음을 가리키는 글자이나 공허의 세계와 현상계를 볼 줄 안다는 말이고, 자재(自在)는 마음대로 한다는 뜻이니 이는 수행에서 얻어진 결과이다. 그리고 보살(菩薩)은 아득한 옛날부터 육도만행(六度萬行)을 한 것이 인(因)이 되어 과(果)가 나타난 것이다.

이러한 관자재보살의 속성은 누구나 다 지니고 있지만 여섯 가지 감관과 경계에 막혀서 보지 못할 따름이며 인연에 걸려 자재하지 못할 뿐이다. 그러므로 진공묘유의 세계를 깨달아 텅 빈 것 속에 있는 가득 찬 세계를 발견해야 한다. 그래서 진공묘유(眞空妙有)가 확인되면 그 가운데 찾아야 할 내가 보이고 잃어버려야 할 내가 보인다. 우주의 핵심인 나를 찾아 큰 지식과 묘한 지혜를 갖추면 스스로를 자재할 수 있는 사람이 된다.

그러기 위해서는 자기 존재가 다시 인식해야 할 것이 있으니 그것은 십자재(十自在)이다.

첫째는 목숨을 소중히 하는 수자재(壽自在)이다.

두 번째는 마음을 관리하는 심자재(心自在)이다.

세 번째는 물질에 흔들리지 않는 재자재(財自在)이다.

네 번째로는 서로를 이롭게 하는 업자재(業自在)이다.

다섯 번째는 변화에 흔들리지 않는 생자재(生自在)이다.

여섯 번째는 욕심에 휩쓸리지 않는 승해자재(勝解自在)이다.

일곱 번째는 소원이 자기만의 것이 아닌 원자재(願自在)이다.

여덟 번째는 영혼의 힘으로 정진하는 신력자재(神力自在)이다.

아홉 번째는 지식과 지혜를 운용하는 지자재(智自在)이다.

열 번째는 진리를 꿰뚫는 법자재(法自在)이다.

관자재보살은 이상의 십자재(十自在)를 터득하여 마하반야를 성취하였다. 그렇다면 지금의 그대는 과연 어떤가?

아직 한 가지도 자재하고 있지 못하다면 지금부터 해야 할 일은 관자재가 되기 위해 정진 수행해야 할 것이다.

그러면 여기서 관자재보살과 반야심경에 얽힌 신비한 사연을 알아보자.

삼장법사 현장은 중국 불교 역경 사상 큰 업적을 쌓은 사람이다. 그는 청년 시절부터 총명함이 뛰어나 당 태종은 그를 나라의 보배로 존경하기까지 했다.

그는 일찍이 불경 연구에 몰두하였고 연구를 계속하다 보니 어려움이 많아 인도로 직접 가서 원서인 범어(梵語)를 바로 배워야겠다는 생각을 하게 되었다.

부처님의 나라로 유학을 갈 결심은 굳혔으나 당시의 교통 사정으로 인도까지 간다는 것은 죽음의 길이나 다름이 없었다. 그러나 이미 생사의 경계를 초월하고 있는 현장은 아무런 두려움 없이 부처님의 무진법문(無盡法門)을 구하러 나섰다. 하지만 당 태종은 위험천만인 그의 유학길을 가로 막았다. 정상적인 방법으로는 출국이 되지 않겠다는 것을 간파한 현장은 마치 부처님이 출가할 때처럼 야반도주할 작정을 했다. 그런데도 장애는 또 있었다. 스승의 결심을 눈치 챈 제자들이 너도 나도 따라 나서려고 했던 것이다.

현장은 할 수 없이 제자 40명만 데리고 정든 모국을 뒤로 하고 멀고 먼 유학길을 떠나게 되었다. 하루 이틀, 한 달 두 달 길을 가노라니 하늘이 다르고 땅이 다르고 계절이 달라 지쳐 쓰러지는 제자도 있었고 병이 드는 제자, 절벽에 떨어지고 강물에 휩쓸려 목숨을 잃는 제자들도 있었다.

사고가 발생할 때마다 제자들은 인도 여행의 불가능함을 스승께 권유했으나 탐구자 현장, 이미 구도(求道)에 목숨을 건 현장의 결심은 변하지 않았다.

스승과 제자의 갈등 속에 여행은 계속 되었고 문제도 계속 터져 나왔다. 그래도 풀이 있고 나무가 자라는 곳을 지날 때는 먹고 마실 것이라도 있었는데 공중에 새도 한 마리 날지 않는 사막지대에 당도하고 보니 갈증과 허기는 모두에게 사경을 헤매게 했다.

허허벌판에 휘몰아치는 회오리 바람은 가야 할 길마저 덮어버려 그들의 발길을 묶었고, 밤이면 사방에 도깨비불이 일어나 겁을 주었다.

그래도 그들은 사람의 두개골이나 뼈다귀가 보이면 '오! 여기가 인도로 가는 길이구나' 하며 길을 재촉했다. 그러한 시련들을 겪으며 인도의 국경에 당도하였을 때 일행은 한 사람도 남지 않았고 오직 현장 혼자만 남게 되었다.

지칠대로 지친 현장 앞에는 다시 보란 듯이 물결이 거센 강이 흐르고 있었다.

건널 수 있는 다리나 배를 찾아 물의 흐름을 따라 가는데 강가에다 허물어져가는 절이 하나 눈에 띄었다. 현장은 반가운 마음에 달려가 절 안을 살펴보니 사람의 흔적도 없이 마당에는 잡초만 무성했다.

그래도 혹시나 하고 여기저기를 살펴보는 현장의 귀에 어디선가 가냘픈 신음소리가 들려왔다. 이상하게 생각한 현장이 소리 난 곳을 찾아가자 그곳에는 피골이 상접한 노승이 나병에 걸려 죽어가고 있었다.

"뉘시오? 행색이 다른데…"

신음에 섞여 나온 노승의 소리에 현장이 답했다.

"네, 소승은 중국에서 온 현장입니다."

"무슨 일로?"

"부처님의 무진법문(無盡法門)을 찾아 왔습니다."

"음, 고생이 많았겠구만… 혼자?"

"아닙니다. 많은 스님들과 같이 길을 나섰으나 병들어 죽고 사고로 죽어 저만 남았습니다."

"그랬었구나. 나도 처음에는 많은 도반들과 함께 있었는데 이렇게 모진 병이 들게 되자 하나 둘 떠나버리고 나만 남게 되었지."

그렇게 노승과 더불어 이야기가 된 현장은 환자를 두고 그냥 떠날 수 없는 처지가 되고 말았다. 법을 구하는 것도 중요하지만 생명을 구하는 것도 중하다는 생각으로 절에 머물게 된 현장은 밤낮을 가리지 않고 노승의 병 간호에 심혈을 기울였다. 이 산 저 강을 헤매어 다니며 희귀한 약초를 구해다가 정성을 들여 치료를 하자 노승은 차차 회복의 기미를 보이더니 드디어는 기운이 다시 생기고 어느 새 모습도 완전해지는 것이었다.

생명을 구한 환희심 속에 현장은 그만 떠나려 하자 노승이 이별이 싫은 소리로 입을 열었다.

"떠나려고?"

"네."

노승은 자기 가슴 속에서 조그만 경전 하나를 꺼내면서 말을 이었다.

"이 속에 삼세제불심요법문(三世諸佛心要法門)이 있네. 그 내용을 이해하게 되면 어떠한 문제에 부딪혀도 막힘이 없을 것이니 우선 펴서 읽어보게. 모르는 것은 내 가르쳐줄 테니…."

경전을 받아 펴 본 현장은 그 내용에 감동하며 말했다.

"감사합니다. 뜻하지 않은 인연으로 이렇게 범전원문(梵典原文)을 얻게 되니 은혜가 백골난망이옵니다."

"다 인(因)에 의한 과(果)가 아니겠는가."

이때 현장이 받아든 경전이 바로 우리가 지금 대하고 있는 반야심경이었다.

그리고 거기에는 우주의 진리와 도의 세계, 인간의 길을 담고 있어 현장에게는 실로 엄청난 선물이었다.

경전을 손에 쥔 현장은 밤낮을 가리지 않고 독송하며 이해가 잘 되지 않는 부분은 노승에게 배우고 익혀갔다.

"심경의 내용은 반야지혜로 참마음을 찾자는 것이다. 마음은 종합이다. 선(善)만으로 이루어져 있는 것도 아니고, 악(惡)만으로 만들어져 있는 것도 아니다. 펼쳐 놓으면 만상이 그 가운데 있고 닫으면 아무 것도 없는, 묘하게 있고 묘하게 없다. 그래서 심경은 가설(假說)을 진리인 양 창조하기도 하는 그 마음의 정체를 인간에게 이해시키고자하는 것이다. 그러한 목적은 존재의 실상과 허상을 분명하게 아는 것이 우주를 이해하는 기본이 되기 때문이다.

인간은 실재적인 존재인 동시에 비실재적인 존재이다. 그 실재란 것이 비실재에 의해 가치를 드러내니 비실재가 존재의 근원이 아니겠는가.

세상은 현상적인 차원과 본질적인 차원이 축이 되어 하나의 세계를 돌리고 있다. 현상적인 차원에서는 모든 것이 영원하고 실답게 보이지만 본질적인 차원에서는 영원한 것은 아무 것도 없고 오직 공허할 뿐이다. 그러나 이 두 차원이 하나로 보이게 되면 그때는 성불작아(成佛作我)의 기초가 확립되는 것이다.

그리고 또 심경의 내용에 부정문(否定文)이 많은 것은 그것이 어디까지나 긍정으로 유도하기 위한 부정이라는 것이다. 철저한 부정 끝에 나온 긍정이야말로 진정한 긍정이다. 이러한 긍정과 부정에 구애됨이 없이 자유로우면 그 삶은 개화(開花) 된다. 괴로울 때는 자기 존재를 없애서 고통을 피할 수도 있고 기쁠 때는 자기 존재를 있게 하여 즐길 수도 있는 것이다.

그렇게 자기 존재를 무애자재할 수 있으면 그것이 바로 해탈이다.

세상에 결정적인 것은 아무 것도 없고 모든 게 다 불확정적이다. 상황에 의해 다음 순간 무엇이 어떻게 변할지는 아무도 알 수 없는 것이다.

그대가 처음 내게 왔을 때 부처님의 무진법문(無盡法門)을 찾아 길을 나섰다고 했는데 무진법문은 말이나 글 속에 있는 것이 아니고 자연 속에 있다.

다시 말하자면 부처님이 사람의 모습으로 그대 앞에 나타나 가리키면 오고 가는 사람의 정(情) 때문에 해탈의 길로 인도하기 어려우니 무정물(無情物)로 나타나 그대에게 깨달음의 자료를 던지는 것이다.

그대의 눈에 보이는 산이 부처님이고, 강이 부처님이고, 하나의 꽃이, 열매가 그대로 부처님의 무정설법(無情說法)이다. 그 무정설법을 보고 들을 줄 알아야 무진법문을 만나게 되느니라.

참된 정신을 가지고 대하면 이 세상 모든 것이 다 경전이니 눈에 보이는 것이 경전이요, 귀에 들리는 것이 경전이다. 말을 하면 곧 경전을 읽는 것이고 행동을 하면 곧 경전을 활용하는 것이다. 언제 어디에나 경전이 펼쳐져 있는데 구하는 마음이 없으니 그냥 지나친다. 그러니 참다운 경전은 자연 속에 삶 속에 있다는 것을 명심하라."

"네, 잊지 않겠습니다. 저도 그동안 보면서도 몰랐고 들으면서도 몰랐습니다."

노승으로부터 이와 같이 심경(心經)의 내용을 깨우쳐 나가던 현장은 마침내 노승의 곁을 떠났다.

인류에게 위대한 유산이 될 경전을 안고 인도로 들어가 긴 세월 동안 공부를 마치고 돌아오는 길에 현장은 다시 그 절과 노승을 찾았으나 어찌된 영문인지 절과 노승은 흔적도 없었다.

이리하여 반야심경은 신승전수본(神僧傳受本)이라고도 하고, 또 다르게는 관자재보살(觀自在菩薩)의 화신이 인간의 모습으로 나타나 현장의 거룩한 뜻을 새기고 그에게 전했다는 것이다.

이것을 뒷받침하는 글귀가 돈황의 석굴에서 발견되었다.

'범본반야바라밀다심경(梵本般若波羅蜜多心經)' 제목 다음에 '관자재보살여삼장법사현장친교수전(觀自在菩薩與三藏法師玄裝親教授傳)'이라는 글귀이다. 해석을 하면 이 범본 반야바라밀다심경은 관자재보살이 몸소 현장에게 가르치고 전했다는 내용이다.

3. 行深般若波羅蜜多時 照見五蘊皆空 度一切苦厄
(행심반야바라밀다시 조견오온개공 도일체고액)

관자재보살이 반야지혜로서 도를 닦아 참마음 자리를 찾고 보니 오온인 물질, 느낌, 생각, 경험, 인식 등이 다 허망한 것으로 깨달아져 일체고에서 벗어날 수가 있었다.

반야용선(般若龍船)

반야지혜로 차안(此岸)에서 피안(彼岸)으로 가는 반야용선, 그 배에다 진리의 글자를 도안했다.

부처가 반야의 배를 고해의 바다에 띄운 것은 중생들로 하여금 그 배를 타고 생사고해의 물결을 쉽게 헤쳐가게 하기 위함이었다.

생각하라! 그대는 생(生)에서 사(死)로 가고 있는가, 아니면 사(死)에서 생(生)으로 왔는가.

거기에서 지금 여기로 와 있는 그대는 다시 또 저기로 가야 할 나그네이다. 자유에 구속당해 있고, 선택에 저주받고 있는 그대여!

지금 나루터에 빈 배가 기다리고 있다. 쓸데없는 인연을 끊고 자성(自性)을 찾아라. 참된 내가 부처이고 신(神)이다.

가장 소중한 자기 자신을 찾아 스스로의 삶에 충실할 때 그대는 빈 배의 주인이 된다.

거센 물결도 별 어려움이 없이 헤쳐 나갈 수 있게 된다.

오온(五蘊) 중의 색온(色蘊)은 유형(有形)의 물질이고, 수온(受蘊) 은 감각작용을 받아들이는 마음이며, 상온(想蘊)은 사물을 생각하는 마음이며, 행온(行蘊)은 기쁨과 슬픔을 경험한 마음이며, 식온(識蘊) 은 사물을 분별 판단하는 마음이다.

그러면 여기서 오온(五蘊)을 정진 수도하면 어떠한 결과가 발생하 는지 살펴보자.

첫째로 색(色) 즉, 모든 물질은 자체 상호작용에 의해 생멸 변화하 는 것이다. 사람이 삼라만상의 모든 존재가 있어야 할 원인과 사라지 는 이유에 대해 깨닫게 되면 자연의 섭리를 알게 되고, 물질의 세계 를 놓고 정진 수도하게 되면 색상(色相)이 점점 녹아나면서 마침내 진공(眞空)의 세계와 하나가 된다.

둘째로 수(受) 즉, 감각 작용에는 외부 자극에 의한 것과 내부 충동 에 의해 일어나는 것이 있다. 이 기관의 감수 작용은 인식의 기초적 인 단계가 되기도 하지만 그 자체로서의 전달과 독립적인 활동이 있 으니 이를 깨달으면 생명의 근원을 알게 된다.

셋째로 상(想) 즉, 선(善)과 악(惡), 정(正)과 부(否)에 대한 집착을 버리고 생각의 부질없음을 깨달아 나가다보면, 삼계 육도도 하나의 그물망이고 자기 자신의 존재도 그물에 걸려 있는 하나의 작은 생물 에 지나지 않음을 알게 되려니 이는 곧 무아(無我)의 세계를 깨닫게 한다.

넷째로 행(行) 즉, 이 정신작용 속에는 심적, 육체적 경험이 내포되어 있다. 여기에서는 삼세인과도 다 환상으로 드러날지니 실상을 공(空)으로 사유하면 집착도 점점 사라지게 된다. 그리하여 내 고통의 이유를 알게 되면 그것에 비추어 남도 이해하게 되며 만물과 의사가 통하는 깨달음을 얻게 되는 것이다.

다섯째로 식(識), 있음과 없음이 엉켜드는 세상사 움직임이 다 업보에 인한 것이므로 업이 움직일 때 나타나는 인과를 보려면 운명의 구조를 알아야 한다. 수행의 목적이 삶의 문제를 깨닫는데 있으므로 마음을 깨치고 나면 운명의 구조도 알게 되어 스스로 자유롭게 된다.

이러한 몸과 마음의 작용은 어느 하나 부분적으로 나타나고 끝나는 것이 아니고 연쇄적으로 이루어지며 한없이 반복되는 것이니 이러한 것을 이해하면 인간은 더 높은 차원으로 승화될 수 있다.

그 승화는 곧 일체고를 여의게 하지만 일체고는 그냥 여의어지는 것이 아니고 고통의 대가로 선물처럼 받는 것이다. 불행한 것이 삶인 것을 행복한 것이라고 생각하는 그대의 오해가 그대를 슬프게 만들고 있다. 실패할 수밖에 없는 것이 삶인 것을 성공할 것이라고 억측한 그대의 착각이 그대를 울게 하고 있지 않은가.

그대의 불행과 고통의 원인은 애초에 제대로 알지 못한 무지(無知) 때문이었다. 이제 그 원인을 알았다면 지금부터라도 바라는 마음, 의지하는 마음을 없애고 고통을 낙으로 바꿀 수 있는 마음을 키워야 한다. 고(苦)와 낙(樂) 사이에서 삶을 아름답게 가꾸고 향기롭게 피어나게 하려면 먼저 예술을 이해하는 영혼이 있어야 할 것이다.

그렇다면 사람은 우선 시(詩)를 배워야 한다. 왜냐하면 시(詩)는 인간의 정서를 윤택하게 할 뿐 아니라 진(眞), 선(善), 미(美)를 지향하게 하여 사람의 삶에 활력소를 불어넣어 주기 때문이다.

다음으로는 음악을 배워야 한다. 음악은 영혼의 발현이고 침묵과 소리의 조화로 일어나는 예술이어서 그것을 이해하게 되면 자기도 모르는 사이에 마음 속에 노래를 부르고 춤을 추는 자리가 마련된다. 사람의 속에는 누구나 향기로운 침묵의 심연이 있는가 하면 아름다운 교향곡이 항상 연주되고 있다. 그 침묵으로 삶을 생각하고, 그 교향곡으로 삶을 춤추게 하면 자연히 지(智)·정(情)·의(意)를 갖춘 원만한 인격자가 된다.

이런 이야기가 있다.

불교의 경전을 열심히 공부하던 스님이 번번이 어려운 고비를 맞이하자 도교의 현인을 찾아갔다. 왜냐하면 그는 불교 경전의 이해는 도교 공부를 하면 쉬워진다는 소리를 들은 바 있었던 것이다.

매우 심각한 스님의 고민을 들은 현인이 말했다.

"그 참 딱한 일이군요. 하지만 우리의 경전에 이런 이야기가 있소.

'그대가 배를 타고 강을 건너는데 빈 배가 다가와 부딪치려 한다면 그대가 비록 나쁜 기질을 지닌 사람이 아니라 하더라도 화를 내지 않고 스스로 피하려 들 것이다. 그러나 그 배 안에 사람이 타고 있다면 소리쳐 그 배를 비키라고 한다. 한 번 소리쳐 안 되면 다시 소리치고 그래서도 안 되면 욕설을 퍼붓고 드디어는 싸우려고 덤빈다. 아까는 스스로 피했는데 지금은 싸우려고 드는 것은 그 배 안에 누군가가 있

기 때문이다. 사람은 스스로를 빈 배처럼 비우고 세상을 산다면 아무
도 그대에게 해를 끼치려 들지 않을 것이다.' 어떻소? 이 비유가…?"

진지하게 이야기를 들은 스님이 대답했다.

"아주 훌륭한 이야기입니다. 많은 생각을 하게 하는군요."

"그대의 배도 비우시오. 그러면 흐름을 타고 그냥 가게 되고 아무
도 시비할 사람도 없게 되지요."

"비우는 것도 다 욕망의 결과가 아니겠습니까. 비우고 없앤 그곳에
다시 채워지고 있게 되는 것은 또 무엇이겠습니까?"

"그렇게 따진다면 알려고 드는 것도 욕심이겠지요. 사람이 다 비
우게 되면 전체를 받아들일 수 있지만 그렇지 못하면 부분 밖에는 받
아들이지 못해요. 그러면 시비가 생기고 좌절이 오지요. 무(無)도 없
는 세계도 있으니 생각의 폭을 키우시오."

"?"

스님은 그만 말을 잃고 말았다.

"현실을 사는 사람은 비울 때는 비우고 채울 때는 채우는 변화와
조화의 도를 익혀야 하지요. 세상에는 두 가지 길이 있어요. 하나는
무엇이든 함으로써 얻어지는 작위적인 세계가 있고, 또 하나는 아무
짓도 아니 함으로써 이루는 무위(無爲)의 세계가 그것입니다.

그러나 행위를 함으로써 해로운 결과를 만들 수도 있고, 행위를 아
니 함으로써 이로운 결과를 초래할 수도 있는 것이 현실이니 상황에
적절히 대처하는 지혜가 삶의 도(道)임을 알아야 합니다.

물론 인간은 끊임없이 노력하면 많은 것을 이룰 수가 있지요. 하지
만 그 세계는 붙들고 붙들려야 하는 구속의 세계입니다. 그러나 아니

함으로써 이룬 세계는 놓고 놔 버리는 자유의 세계입니다. 만 리 창공을 거침없이 나는 새가 되고 싶소? 아니면 문 앞도 나서지 못하는 갇힌 짐승이 되고 싶소?"

"……"

"아무튼 사람은 기다리는 바를 없애고 의지하는 바를 없애 버리면 자유롭게 되지요. 그렇게 되려면 일정한 기준과 비교에서 오는 상대적인 것의 가치를 초월해야 하는데 그게 어려워 스님도 벽에 부딪치는 것 같소. 제 삼의 눈을 찾으시오. 수학적인 논리를 통해 보는 눈 말고, 시적(詩的)인 차원의 눈도 말고, 마음을 통해 보는 심안(心眼)말이오. 그러면 제 사(四)의 길을 갈 수 있소."

그 외에도 현자는 많은 앎을 전했고, 스님도 많은 깨달음을 얻었다. 서로 마음이 통하자 계속된 현자의 이야기는 다음과 같았다.

"파랑새는 벽오동이 아니면 앉지를 않고, 신성한 대나무 열매가 아니면 먹지를 않고, 아침 이슬이 아니면 마시지를 않는다고 했어요. 한 마디로 이렇게 고고하게 자기 관리를 할 줄 알면 경전이 무슨 필요가 있고 사원이 무슨 의미가 있겠어요.

내 것 네 것 분별 못하고 아무 데나 앉다가 변을 당하고, 아무 거나 먹고 마시다가 병을 얻는가 하면 외롭거나 괴롭다고 아무나 만나다가 패가망신 하는 게 사람이니 시작에서 결과를 미리 보자는 것이오.

그리하여 생명의 근원인 육신을 숭배하고 정신을 고결하게 가꾸면서 아름다운 영혼이 향기롭게 피어나게 하는 것이야말로 양생(養生)의 요결입니다.

세상에서 인간들을 향해 이대로는 아무 것도 아니라서 무엇이 되어야 한다고 아무리 소리쳐도, 인간은 이대로가 무엇이기 때문에 아무 짓을 아니 해도 괜찮으며 인간은 이미 나무나 짐승이 아닌 인간이어서 위대한 것이오."

긴 시간 동안 현인과 같이 지낸 스님은 자기라는 존재를 우선 비워야겠다는 생각을 했다.

그리고 세월 속에서 오온(五蘊)이 다 공(空)한 것임을 깨달은 스님은 마침내 일체고에서 벗어나 빈 배가 될 수 있었다.

4. 舍利子(사리자)

사리자! 이 부름은 부처가 제자를 찾는 소리라기보다 바로 그대 자신을 부르는 소리이다. 대답하고 나서서 반야심경을 받으라.

반월도(半月圖)

전체적인 모양은 초승달이고 달 속에다 정면 얼굴과 옆면 얼굴을 사리자라는 글자로 그려넣어 인간의 양면성을 나타냈다. 무릇 생명이 있는 것은 다 겉 다르고 속 다르다.

아름다운 꽃잎 하나를 살펴보아도 앞 뒤 색깔이 같지 않고, 과일 하나를 쪼개 보아도 안과 밖이 다르지 않은가. 하물며 사람이 어찌 겉보기와 속이 같을 수 있겠는가?

다양성을 지니고 살면서 다르지 않은 체하는, 아니 그보다 천만 가지 가면을 상황에 따라 바꾸어 쓰면서도 정작 그 가면을 쓰는 자기 자신은 누군지 모르고 있는 것이 그대 아닌가?

나는 누구인가? 나라는 생각을 일으킴으로써 생겨나는 내가 나인가? 아니면 나라는 생각을 일으킬 수 있는 내가 나인가? 찾아야 할 나는 누구이고 찾고 있는 나는 누구이길래 남보다 더한 남이 되어 만나는가.

안에 있으면 주인일 내가 밖에 나가 나그네가 되어 있다. 마음은 이 일 저 일 찾아다니는 품팔이꾼이 되어 있고 몸은 또 여기 잠시, 저기 오래 머무는 셋방살이를 하고 있지 않은가.

스스로를 구제하라. 미워도 끝내 외면하지 못할 자신이 아닌가.

만남은 소중한 것이다. 만남으로 인해 너에 의한 내가 생기고 역사가 시작된다. 부처도 예외는 아니어서 최고의 직관력을 가진 수보리를 만남으로써 금강경을 설할 수 있었고, 최고의 고행자였던 가섭을 만남으로써 이심전심으로 선(禪)을 전할 수 있었고, 최고의 지혜를 지니고 있던 사리자를 만남으로써 반야심경을 설할 수 있었다. 그런가 하면 이제 또 그대를 만남으로써 다시 반야심경을 펼치고 사리자라는 소리를 빌려 그대를 부르고 있는 것이다.

사리자는 본래 인도에서 유명한 학자였다. 그는 논쟁을 통해서만 영혼이 승화한다고 믿고 이름난 사람들을 찾아다니다가 부처의 이야기를 듣고 부처 앞에 나타났다.

"학문적 · 종교적 대화를 같이 나누고 싶어서 찾아왔습니다."

사리자의 당돌한 태도에도 아무런 내색 없이 부처가 말했다.

"아! 그래요. 당신에 관해 들은 바 있소. 아주 박식한 분이라구요."

"뭐 대단치는 않습니다. 진리에 대한 탐구가 남다르긴 하지요."

"그 자체가 대단한 것입니다. 그런데 당신은 소리 속에서 진리를 찾는 모양이나 나는 다릅니다. 침묵으로 진리를 만납니다."

"목적은 같아도 방법이 다를 수 있지요."

"그 차이가 우리의 대화를 가로막습니다. 앞으로 한 일 년 정도 세월이 지난 후에나 다시 만나면 어떨까 싶습니다."

"왜 지금은 안 됩니까?"

"당신의 내면은 지식으로 가득차 있어서 나의 말이 들어갈 틈이 없어요. 침묵의 세월이 지난 후에야 다소의 틈이 생길지 몰라서요."

부처의 말을 들은 사리자는 문제가 자기에게 있다는 것을 인식하는 동시에 그가 자기에게 연민까지 느끼고 있다는 것을 감지할 수 있었다. 그만 기가 꺾이고 만 사리자의 머리 위로 부처의 말이 조용히 내려앉았다.

"그대의 머리는 정보만 가득차 있고 가슴에는 무거운 짐만 실려 있소. 머리가 비어지고 가슴이 가벼워지면 그때 우리 다시 만납시다."

사리자의 말문은 다시 열리지 않았다.

그는 지금껏 자기보다 나은 종교가는 없다는 자만심 속에서 인도 전역을 돌아다니며 소위 깨달은 자의 행세를 해 왔었다.

그런데 뜻밖에 상대의 침묵에 말이 막히고 보니 그의 좌절은 사뭇 심각한 것이었다. 그래도 그는 시간이 지난 후라도 기어이 부처와 논쟁을 벌여 상한 자존심을 회복하리라 다짐하며 부처 곁에 눌러 앉기로 했다.

하루 이틀 흐르는 세월 속에서 사리자는 자기도 모르게 참 진리는 말이 될 수도 글이 될 수도 없다는 사실을 깨달아 갔다.

"번뇌가 곧 보리(菩提)임으로 고(苦)를 피할 것도 아니며, 진노(塵勞)가 본래 청정한 것이므로 집(集)으로 판단 내릴 것도 없고, 생사(生死)가 곧 열반이므로 멸(滅)로써 증명할 것도 없으며, 초월도 또 다른 굴레일 뿐이니 도(道)를 닦을 것도 없다."

사리자가 지금껏 말해 온 것은 다 근원적인 것이 아니고 지엽적인 것이었음을 깨달을 즈음 세월은 벌써 일 년이 지나 있었다. 때때로 사리자를 지켜보던 부처가 그에게로 다가가 처음 그가 자기에게로 와 말을 걸었을 때와 같은 소리로 말했다.

"우리 이제 학문적 · 종교적 이야기를 나누어 볼까요?"

"아닙니다! 아닙니다! 저를 용서하십시오. 저를 제자로 받아 주십시오. 당신은 이미 저의 논쟁 대상이 아니라 저의 영혼을 연주하고 있는 연주자입니다."

"그런가? 역시 세월은 위대한 힘을 지니고 있구만…"

이리하여 사리자는 부처의 제자가 되었다. 부처의 제자가 된 사리자는 긴 세월 동안 부처가 내놓는 교향악 같은 말과 깊은 심연과도 같은 침묵을 대하면서 그의 존재를 받아들일 준비를 열심히 했다. 사리자는 행복이나 진리도 받을 준비가 되어 있는 자를 찾아간다는 사실을 이미 알고 있었다.

누구보다도 사리자가 받을 준비를 하고 있었기에 부처는 그 이름을 부르며 다가가 진리의 비를 쏟아 부은 내용이 반야심경이 되었다.

5. 色不異空 空不異色 色卽是空 空卽是色
(색불이공 공불이색 색즉시공 공즉시색)

물질과 허공이 다르지 않고 허공과 물질이 다르지 아니하니, 물질이 곧 허공이고 허공이 바로 물질이다.

검(劍)과 방패도(防牌圖)

지식을 자르고 무지를 찌르는 반야검과 착각(錯覺)과 오해를 막는 반야방패를 종(鍾)의 모양으로 도안하고 중복되는 글자들을 돌아가며 읽게 했다.

진공묘유(眞空妙有)의 이치는 진공묘무(眞空妙無)에서 찾으라. 무의 세계와 유의 세계가 같이 이해될 때 상극(相剋) 속의 상생(相生)의 조화가 도(道)를 만나게 한다. 선(善)만이 진실인 것도 아니고 악(惡)이 진실인 것도 아니다. 선과 악, 있고 없음, 생(生)과 사(死) 같은 상대적이고 대립적인 것을 먼저 다 풀어 헤쳐야만 절대적인 경지가 비로소 이해된다.

삶은 부분과 전체의 조화 속에 발전한다.

그러니 부분과 전체에 대한 깨달음이 있어야 삶이 향기로워질 것이다. 때문에 어떠한 칼도 막을 수 있는 반야방패와 어떠한 방패도 뚫을 수 있는 반야의 칼을 들고 신비의 세계와 일상적인 세계를 같이 치고 들어가라.

공(空)의 세계는 비어 있는 것이 아니라 유(有)와 무(無)를 안고 있는 충만의 세계이다. 그리고 공(空)은 형태의 근원에 있는 모든 생명의 원천이다. 유(有)는 무(無)의 씨앗을 품고 있다가 변화와 조화에 의해 무(無)로 변하고, 무(無) 역시 유(有)의 씨앗을 품고 있다가 필요에 따라 유(有)를 낳는다. 대립적인 것은 동일한 현상의 다른 면에 지나지 않는 것이어서 그들은 상호의존적으로 다시 제 3의 것을 창조하기도 하고 파괴하기도 한다.

공(空) 속에서 일어나는 이러한 무(無)와 유(有), 정(靜)과 동(動)의 작용을 다른 철학에서는 음(陰)과 양(陽)의 배후에 있는 도(道)의 힘으로 파악하고, 도(道)라는 것은 음양(陰陽)의 상호작용을 발생시키는 근원이라 하였다.

이렇게 모든 현상들의 본질인 세계가 공(空)이든 도(道)이든 간에 창조와 파괴의 근원인 그 세계는 어떠한 이론이나 묘사로도 설명이 불가능한 신비의 세계이다.

현대 물리학에서도 처음에는 물질과 허공은 근원적으로 다른 두 세계로 알고 있었지만 물질의 본질을 캐고 들어가 보니 물질의 근원은 물질이 아니고 비 물질임을 확인하고, 색즉시공 공즉시색(色卽是空 空卽是色)의 논리를 인정하기에 이르렀다. 하지만 그것이 어떻게 그렇게 되는지에 대해서는 답을 얻지 못하고 그저 막연히 조물주의 조화라 결론지었을 뿐이다.

세상은 아직도 분석을 용납하지 않은 채 많은 부분이 신비에 싸여 있다. 역사 이래 인간은 인간을 분석하려 온갖 노력을 다해 오고 있지만 아직도 그 신비의 탈을 벗기지 못하고 마음의 병, 몸의 병 하나 제대로 치료하지 못하고 있는 것이 작금의 현실이다.

아무튼 부처님은 벌써 오래 전에 색불이공 공불이색(色不異空 空不異色)의 신비를 직관과 주관에 의해 밝혀 놓았는데 우리는 이제야 객관적 관찰로 그 사실을 확인하고 있을 뿐이다.

부처는 텅 빈 충만의 세계에서 창조와 파괴의 노래와 율동이 행해지는 것을 보고 다음과 같이 말했다.

"일체의 모든 법의 근본은 인연 따라 생할 뿐 주인이 없네[一切諸法本 因緣生無主]."

이 제법무아(諸法無我)의 불교 진리를 또 다르게 설명해 보자.

세상 안의 모든 것은 다른 모든 것과 연관되어 있어 그 중의 어느 부분도 근본적인 것이 되지 못한다. 어떤 부분의 속성들도 어떤 근본적인 법칙에 의해서가 아니라 다른 모든 부분들의 상호작용에 의하여 결정된다.

그러므로 공(空)과 색(色)의 관계도 서로 배타적인 대립의 상대가 아니고 다만 동일실재(同一實在)의 양면성을 지닌 채 연속적인 협력으로 공존하고 있을 뿐이다.

다시 말하자면 상호작용에 의해 창조와 파괴가 끊임없이 되풀이되고 있으므로 색(色)이 곧 공(空)이며, 공(空)이 곧 색(色)이라는 것이다.

인간도 형상이 있는 몸과 형상이 없는 마음이 하나일 때 존재 가치를 지닌다. 허공 같은 마음과 형상을 지닌 몸이 둘이 아닐 때 그는 비로소 인간인 것이다.

자연의 법칙 속에 있는 위대한 조화는 사물의 안과 밖에 존재하면서 상황과 변화에 따라 그 모습을 바꾼다.

기(氣)는 어떤 율동에 의해 응축하면서 무엇인가를 창조하는가 하면 다시 또 다른 율동에 의해 파괴시키기도 하면서 보다 가치 있는 것을 발전시켜 나간다.

그러므로 인간도 직관적이고 주관적인 자기와 사변적이고 객관적인 자기를 이용하여 절대적인 것과 상대적인 것을 스스로 용해시켜 새로운 것을 창조해야 한다.

사물을 내면으로부터 관조하면서 그 외부와도 동화하고, 외면으로부터 관찰하면서 그 내부와도 화합하는 기량을 지니고 사물을 탐구하다 보면 자기 세계가 개척되고 신화가 발생하게 되어 있는 게 사람이다. 그 신화가 현실적인 것이 될 때 사람은 위대해진다. 부처가 되는 것이다.

　달마대사(達磨大師)를 우당(愚堂) 스님이 찾아가 물었다.
　"색(色)이 공(空)이고 공(空)이 곧 색(色)이라는 말이 도무지 이해가 가지 않습니다. 색(色)은 색(色)이고 공(空)은 공(空)이 아닙니까."
　"상대 개념으로 보면 그러한 차별상이 나타나지. 그러나 대립의 세계를 넘어서면 물질과 허공이 하나임을 알게 돼."
　"저로서는 어렵기만 합니다."
　진지한 우당의 태도를 바라보던 달마가 빙그레 웃으며 입을 열었다.
　"네 몸을 지키고 있는 것이 무엇이냐?"
　"마음입니다."
　"어디 그 마음을 내놓아 보아라."
　"내보일 수 없습니다. 형체가 없으니…"
　"그 없는 것이 몸 밖에 있느냐? 몸 안에서 너를 지키더냐?"
　"?"
　한 번도 생각해보지 않은 문제에 우당은 말이 막히고 말았다.
　"잘 듣거라. 몸의 가장 깊은 곳이 마음이고, 마음의 외부가 몸이야. 너도 사람의 외모를 보면 그 마음이 짐작되지 않더냐. 몸의 모양 그것이 바로 마음의 모습이란다. 그러니 공이 곧 색이고 색이 곧 공이지. 이렇게 있는 것을 있게 하는 무형(無形)의 실체가 공(空)이라. 공(空)과 색(色)이 하나라는 것이다.

그리고 공(空)은 텅 빈 것이 아니고 오히려 가득 찬 충만의 세계여서 온갖 것이 다 거기에서 나오고 온갖 것이 다 거기로 돌아간다.

공(空)과 색(色), 무(無)와 유(有)는 그 자체의 작용과 대립적인 것과의 상생, 상극 속에 성취와 붕괴를 끊임없이 계속해.

그러므로 구도자는 모름지기 절대적인 것과 상대적인 것, 근원적인 것과 지엽적인 것을 구분하기도 하고 합일시킬 줄도 알아야 해. 잘못된 관점에 근거하고 있는 무익한 생각을 무명(無明)이라 하지 않더냐. 무명(無明)을 경계하면서 유형(有形)이나 무형(無形)에 치우치지 마라. 그래야만이 초월적인 지혜를 얻고 숭고한 자비의 길을 갈 수 있으니…"

달마의 가르침에 색불이공(色不異空)의 의미를 다소 이해한 우당은 그만 달마의 제자가 되고 말았다.

9년 동안 아무런 움직임 없이 앉아 도를 깨친 스승 밑에서 정진하던 제자가 기회가 오자 다시 질문을 던졌다.

"유전과 변화가 자연의 모습이라는 것이 불교사상의 기초입니다. 그 변화와 유전에서 파생되어 나오는 것이 고(苦)이고, 이 고(苦)는 집착에서 생겨나므로 나를 없애라고 하는데 나를 없애 버리라는 것이 이해가 되지 않습니다."

"무조건 없애라는 것이 아니고 때와 상황에 따라 없앨 때는 없애고 지킬 때는 지키라는 것이다. 무조건 아무 일에나 나를 없애는 것은 일종의 자살이다."

"말씀을 들으니 이해가 갑니다만 경전에는 어느 곳에도 상황에 따라 행동하라는 말은 없었습니다."

"전체를 포괄적으로 설명할 수 있는 함축된 언어는 없다. 그러니 읽는 사람이 부정은 긍정으로, 긍정은 또 부정으로 바꿀 수 있는 능력이 있어야지. 그리고 빠진 말은 끼워 넣고 불필요한 말은 빼버릴 수도 있는 힘이 있어야해."

"그러한 이해는 본뜻을 놓치는 위험이 있지 않을까요?"

"종교도 인간을 위해 있을 것이다. 인간을 위하지 않는 소리는 의미가 없어. 생명이 지켜져야 생활이 있고 종교가 있을 것 아닌가. 현실은 인간적 상황을 꿰뚫어 보고 잔인한 판단을 해야 살아남을 수 있으니 생명 위주로 생각해."

"그 문제는 알겠습니다. 그런데 제가 알기로 부처는 삶의 무상을 강조하면서 오직 부처로 가는 길을 제시 했습니다. 제 생각으로는 아직도 부처의 논리에는 현실성이 없다는 생각을 지울 수가 없습니다."

"그렇지가 않아. 결국 부처의 사상도 사람 사는 데에 근거를 두고 있다. 그러니 그의 무상이나 자아 상실은 생활의 포기도 아니고 허무주의도 아니고 다만 사람의 마음이 낳는 관념은 궁극적으로 공허하다는 것을 의미할 따름이다. 그렇다면 그 공허를 충만케 해야 할 의무나 책임은 그를 만난 사람에게 있는 게 아니겠느냐?"

6. 受想行識 亦復如是 舍利子 是諸法空相

(수상행식 역부여시 사리자 시제법공상)

사람이 느끼고 생각하고 행동하고 인식하는 것도 다 공(空)과 색(色)의 이치와 같은 것이다. 사리자야, 모든 사물은 근원이 없으니 불변의 법칙(法則)도 있을 수가 없다.

둥근 사각도

둥근 사각을 보았는가? 그런 것은 없다! 하지만 말도 되지 않는 얄궂은 것이 현실이고 이상한 것이 인간이니 그것을 그림으로 그린 것이다.

결코 만들 수 없는 둥근 사각을 만들려고 애쓰면서 불행을 자초하고 아까운 생을 허비하고 있는 것이 그대 아닌가.

세상에는 되는 일이 있고 아니 되는 일이 있고, 할 일이 있고 못할 일이 있다. 그것을 깨우치기 위해 철학이 있고 종교가 있지만 하나의 진리가 만에 통할 수 없으니 자기의 존재적 상황에 마땅한 법칙은 없다.

그러나 없는 그 속에 다 있다. 자기의 눈이 없어 못 보고 귀가 없어 듣지 못할 뿐이다. 시간과 공간 속에는 모든 것이 다 있는 데도 자기 그릇 대로 받아가서 그것뿐인 줄 안다. 자기 그릇이 크면 큰 대로 작으면 작은 대로, 깊으면 깊은 대로 얕으면 얕은 대로 받아가 그것뿐 인 줄 아는 것이다.

자기 자신이 최고이어야 최상의 것을 얻지 않겠는가. 자기의 그릇을 큰 산만큼 큰 바다만큼 키워야 해탈의 법이 보인다.

객관적 대상을 감수하는 것을 '수(受)'라 하고, 감수된 내용에 대해서 이해 관계를 따지는 것을 '상(想)'이라 하고 이러한 감수 작용과 사고 작용을 통해서 행동이 발생하는 것을 '행(行)'이라 하고 행동의 결과로써 나타나는 일을 '식(識)'이라 한다.

이렇게 정신계에서 일어나는 모든 일들도 자연계에서 나타나는 제법(諸法)과 다를 바가 없으니 이를 깨달으라는 것이다. 그리하여 만법(萬法)의 공(空)함을 관(觀)하게 되면 우주의 조화도 이해하게 되고 따라서 자기 존재의 본질과 형상의 의미도 자연히 알게 된다.

금강경에서도 '여래소설법(如來所說法)은 비법(非法)이며 비비법(非非法)'이라 했다. 이는 여래께서 말씀하신 법은 법도 아니고 법 아닌 것도 아니라는 것이다.

법도 아니고 법 아닌 것도 아니라는 여기에 감춰진 비밀이 있다.

진실이 없다는 것을 깨닫고 나면 모든 게 다 진실이 되어 나타나는 것이다.

나라는 존재는 분명히 있어도 내 속에 나라고 할 것은 하나도 없듯이 진리는 있어도 아무에게나 드러나지 않는 것이 진리이다.

그러므로 없는 법에서 스스로 깨달음을 얻어 자기 자신의 생존 내지 생활에 적절한 법을 만들고 존재의 세계를 건설해야 한다는 것이 법이 없다는 말의 참 뜻이다. 사람에 따라 생각이 다르고 상황이 다른 것이 사실이니 만에 통하는 하나의 법은 없다.

진리의 세계는 모습도 이름도 없으니 사라지고 나타날 것도 없고 가르치고 배울 것이 따로 없는 것이다. 오직 스스로 깨달아 창조자로서의 자기의 길을 찾아야 하는 여기에 인간 본연의 고독과 번민과 불안이 있다. 하지만 아무리 보잘 것 없는 생물에게도 자기가 설 땅과 자신만의 하늘이 있으니 보는 눈과 듣는 귀만 있으면 자기 세계를 창조할 수 있는 법을 찾을 수 있다.

사람의 마음이 낳는 개념이 궁극적으로 공허한 것일지라도 어쩌겠는가. 의미 없는 것에도 의미를 부여하고 가치 없는 것에도 가치를 부여하면서 존재의 질을 향상시켜 나가야 하는 것이 존재에게 부여된 의무이니 이제부터라도 존재의 법을 찾아나서야 하는 것이다.

"모습에 의해 나를 보고, 목소리에 의해 나를 따르는 자들은 헛되이 애쓰고 있는 것이니 그들은 진정한 나를 보지 못하리라[若以色見我 以音聲求我 是人行邪道 不能見如來]."

공상(空相)이란 텅 빈 가운데 있는 가득 찬 충만을 말하는 것이니 공(空)은 무한한 가능성의 무(無)와 유(有)이다. 그 공(空) 속에서 나온 자기 자신의 존재를 발견하고 자기의 성(城)을 지켜나갈 법(法)을 창조하라. 그리하여 마침내 자기 존재가 무엇이 되면 그때는 자기가 지키지 않아도 남이 자신을 지켜 주게 된다.

다음과 같은 이야기가 있다.

도가(道家)의 공부를 한 연명은 나라 일을 보며 때때로 불가(佛家)의 진리도 터득해 나가고 있었다. 그가 그럴 수 있었던 것은 혜원이란 스님이 친구였기 때문이기도 했다.

그들은 이른바 말이 통하고 뜻을 합할 수 있는 사이로서 아름다운 삶의 동반자였다.

연명의 인생에 방향을 돌리게 한 사건이 생긴 그날도 연명은 별다른 조짐도 못 느끼며 혜원을 찾아갔다. 그때 마침 혜원은 차를 끓이고 있었다. 찻상에 잔이 두 개 놓인 것을 본 연명이 말했다.

"자네, 내가 오는 줄 알았는가 보군."

"왜?"

"잔이 두 개 놓여 있으니…."

"아니야."

"그럼 누구 다른 손님 있어?"

"있긴 있지."

"어디에?"

"차를 끓이는 나와 차를 마시는 나."

"잘도 어울리네 그려. 스스로 주인이 되고 나그네가 되어…"

"그게 불법(佛法)이라네. 그리고 만물은 또 일체가 아닌가. 자네 역시 남이 아니니 같이 들게나."

"그거 좋지. 그림자보다는 나을 테니까."

그들은 찻물을 붓고 마시면서 시간 가는 줄도 모르고 사람 사는 이야기를 주고받았다. 그들이 앉은 방 창밖에는 가깝게 보이는 달빛이 구름 사이로 지나가고 있었고, 바람에 나부끼는 나뭇가지는 마치 밖으로 나오라고 손짓하고 있는 듯 했다.

바깥 정경에 취해 있던 혜원이 다시 입을 열었다.

"옛날에 무진장이란 스님이 있었는데 육조 혜능한테 찾아가 가르침을 청했다네. '스님, 반야심경을 여러 번 읽었으나 도무지 그 뜻을 이해하지 못하겠습니다. 깨우침을 주십시오.' 하고 물었지.

그 말을 들은 혜능이 말했어.

'난 글을 모르는 사람이오. 그러나 당신이 경문을 소리 내 읽으면 혹시 그 뜻을 말할 수 있을지 모르겠소.' 하고 말하니 무진장이 다음과 같이 말했다네.

'글도 모르면서 어찌 글 속에 있는 진리를 안단 말이오?' 하니 혜능이 조용히 입을 열었다네.

'진리는 문자와 무관한 것이오. 문자는 달을 가리키는 손가락 같은 것일 뿐 진리 자체는 아니지요. 달을 보고자 하면 반드시 달을 가리키는 손가락을 거치지 않아도 달을 바로 볼 수 있지 않던가요?' 하고 말했다는군."

연명은 가슴을 치고 들어오는 혜원의 소리에 감동했다.

이어 온갖 이야기를 나누다가 밤이 깊어서야 절을 나서는 연명을 혜원은 문 밖까지 배웅을 했다. 장마 끝이라 절 앞에는 멀리서부터 흐름을 타고 내려온 물이 굽이치며 흐르고 있었다.

연명이 물가로 나서자 혜원이 인사했다.

"잘 가게. 밤 길 조심하고….."

"잠깐!"

연명이 부르자 혜원이 돌아섰다.

"왜 그러나?"

"할 말이 있네. 내 언제나 섭섭하게 생각하고 있었던 바인데. 자넨 언제나 이 물가에만 오면 돌아서 가고 말지. 이 물을 건너 좀 멀리까지 배웅한다고 불법(佛法)이 깨지는 것도 아닐 테고 인생이 무너지는 것도 아닐 텐데 항상 그렇게 인정 없이 돌아서니 내 못내 기분이 좋지 않다 말일세."

혜원은 빙그레 웃으며 분명한 어조로 자기 마음을 전했다.

"그랬었구만…. 뭐 그만한 일을 가지고…. 내 사과하지. 그렇지만 내 얘길 들어보게. 자네 말대로 내가 이 개울을 건넌다고 불법이나 인생에 문제가 생기는 것은 아니지. 하지만 내가 그러는 것은 밖에 있는 무슨 법 때문이 아니고 자기 계율 때문이야. 나는 어느 순간 손님이 오면 여기까지만 배웅을 하고 그만 돌아가 내 일을 해야지 하는 생각을 했네. 그것이 내 계율이 되고 법이 되어 나를 관리하고 지키고 있는 것이야."

혜원의 말을 들은 연명은 큰 충격을 받았다. 자기는 지금껏 자기 내면의 법칙 하나 세우지 못하고 밖의 법에만, 남의 소리에만 끌려 다녔으니 혜원의 얘기는 연명에게 충격이 아닐 수 없었던 것이다. 자신에게는 법은 없었다. 무정부 상태의 혼란이 자기 자신이었다. 자기에게는 행동의 형식을 이끌어가는 법도 마음의 양식을 얻는 법도 없었다. 이제와 생각하니 법이 없는 그 공간 위에 자기의 법을 만들어야 했다.

그는 비로소 진정으로 자신의 할 일을 찾았다.

7. 不生不滅 不垢不淨 不增不減
(불생불멸 불구부정 부증불감)

사람의 참 마음 자리는 생겨나는 것도 아니고 없어지는 것도 아니며 더러워지는 것도 아니고 깨끗해지는 것도 아니며 더해지는 것도 감해지는 것도 아니다.

향로(香爐)와 연기(煙氣)

향로 위로 타오르는 연기를 이용해서 춤추는 인간의 몸을 그렸다. 그리고 하나이기도 하고 둘이기도 한 남녀의 얼굴로 향로 판을 그리고 짐승의 발로 향로의 발을 그려 생명의 동질성을 나타냈다.

허망한 육신을 나라고 생각하는 데서 미혹과 망집이 시작된다.

고향 떠난 나그네가 객지에 잠시 들리는 것일 뿐인데 그 몸을 나라고 착각하고 욕망과 집착의 불에다 불나비처럼 자기 자신을 던지는 것이 사람 아닌가.

사람이 수행하여 참나[眞我]의 세계로 들어가면 삼라만상이 허상임을 알게 되어 붙들고 붙들리는 놀음에서 자유인이 된다.

그런데도 깨닫지 못한 중생심(衆生心)은 이것이 나이고 저것은 내가 아니라는 생각, 더하고 감하는 숫자 놀음, 더럽고 깨끗하다는 분별심, 생겨나고 사라지는 부분적인 것에 현혹되어 근원적인 것을 놓치고 있다. 전체적으로 세상을 보면 여기에서의 사라짐은 곧 저기에서의 태어남이고 한 곳이 많으면 그만큼 한 곳은 줄어들어 있고, 어느 곳이 깨끗하면 그만큼 다른 어느 곳은 더러워져 있다. 생각하라. 비워내는 마음과 채워 넣는 마음은 어느 것이 더 큰 욕심이며 비워낸 그곳에 다시 채워지는 것은 무엇인지를……

순간에서 보면 모든 것이 다 있다가 없어지는 무상(無常)이고, 영원에서 보면 모든 것이 다 돌고 도는 윤회(輪廻)이다. 삶이라는 것은 어느 관점에서 보느냐에 따라 그 의미가 달라지며, 진리도 해석하기에 따라 그 뜻이 달라지게 마련이다. 근원으로 들어가지 않고 표면적으로 보면 분명 나고 죽는 것도 있고, 더럽고 깨끗한 것도 있고, 더해지고 덜해지는 것도 있다.

그러나 차원을 달리해서 일체법이 공성(空性)이라는 입장에서 세상을 보면 영원히 변치 않는 영구불역(永久不易)이고 나눌 수가 없는 불분할(不分割)의 본질을 가지고 있는 것이다.

이와 같이 여러 인연으로 말미암아 삼라만상이 생멸한다는 유위법(有爲法)의 입장에서 세상을 관조하여 변화의 이치도 깨닫고, 또 생멸 변화가 없다는 입장에서 만상을 관조하여 불변의 이치도 깨달아야 불변(不變)으로 만변(萬變)에 응(應) 할 수 있는 도(道)가 가슴 속에 생기게 된다.

그러니 사람은 모름지기 절대세계와 상대세계의 중간에서 융통무애(融通無碍)할 줄도 알고, 진리와 허구 사이에서도 무장무애(無障無碍)하는 존재가 되어야 스스로를 승화시킬 수 있을 것이다.

결국 삼대육불(三對六不)이라는 다른 명칭이 붙어있는 불생(不生)과 불멸(不滅), 불구(不垢)와 부정(不淨), 부증(不增)과 불감(不減)은 사람이 상대세계인 현상세계에도 적응하게 하고 절대세계도 이해시키기 위한 것이니 그 내용을 좀 더 자세하게 알아보자.

불생불멸(不生不滅)은 시작도 없고 끝도 없이 돌아가는 대우주의 입장에서 세상을 본 것이다. 제법(諸法)은 공성(空性)의 표상(表相)일 뿐 진리 자체는 아니다. 궁극의 진리는 문자(文字)로서 나타낼 수 없고 언어(言語)로도 설명될 수 없다.

생겨남도 변화의 한 과정에 불과하고 사라짐도 변화의 한 과정에 불과하다. 생(生)도 멸(滅)도 영원에서 보면 쇠하여 사라지고 성하여 자라나는 소장변화(消長變化)일 뿐인 것이다.

그래서 어떤 사람은 '변화와 불변의 원칙을 가슴에 안아야 그 가슴에 아름다운 별이 생긴다'고 했다. 불구부증(不垢不淨)은 인간의 더럽고 깨끗하다는 관념은 근본적인 것이 아니라는 것이다.

상대적인 것의 조화에 의해 절대적인 것이 생겨나지 않는가. 더러운 진흙 속에서 피어오르는 그토록 깨끗한 연꽃을 보라. 거기에 더럽고 맑은 것이 따로 없다.

인간은 선(善)하고 악(惡)한 것의 종합으로 나타난 존재이다. 선한 것 속에 악한 종자가 들어 있고 악한 것 속에 선한 종자가 스며 있어 조화와 변화가 생기는 것이다.

아무튼 사람의 본 마음 자리는 사랑하고 미워하는 것도 초월해 있어 그 무엇에도 물들지 않으며 더러워지고 깨끗하다는 말도 어울리지 않는다. 파도가 일어났다 사라져도 언제나 물 자체는 그대로인 것처럼 참나[眞我]는 변화에도 변치 않는 것이다.

부증불감(不增不減)은 더해지고 덜해지는 변화가 있기는 하지만 따지고 보면 푸른 하늘에 흰 구름이 오가는 것과 같고, 새의 깃털 하나 빠지고 나는 것과 다름 없다는 것이다.

부분적으로 보면 늘어나고 줄어드는 것이 사실이지만 전체적으로 보면 증감(增減)은 없는 것이 세상의 이치이다. 인간의 생활도 여기서 손해를 보는가 싶으면 어느 새 저기서 이익이 들어와 그대로 쓰러지지 않고 다시 또 살아나게 되지 않던가.

그래서 어떤 이는 '천금이 생긴다고 즐거워 마라. 거기에 해당되는 화근이 따라 들어온다'고 인간들에게 경고했다. 세상은 하나도 아니고 둘도 아니다. 이것이면서도 이것이 아닌 이치를 터득해야 도(道)

의 문을 연다.

어떠한 상황 속에서도 사람의 본래 마음자리는 늘어나거나 줄어드는 것이 아니니 불변의 본질을 터득하고 나면 변화의 중심에서 변화를 즐길 수도 있는 존재가 될 것이다. 인간은 온갖 가능성으로 충만된 위대한 존재이다. 자기 자신의 하기에 따라 무엇이라도 어떻게라도 될 수 있는 것이다.

이상의 삼대육불(三對六不)을 이해하게 되면 인간은 승화된다. 초월자가 된다.

초월의식 속에 세상을 살아가는 단하라는 스님이 있었다.

길을 떠난 그가 날이 어두워 혜림사에 들러 하룻밤 자고 가게 되었다.

그런데 때가 마침 겨울이라 방이 추워 도무지 잠을 이룰 수가 없었다. 주위를 둘러봐도 땔감이 없던 차에 그의 눈에 불상이 들어왔다. 다가가 두드려 보니 나무로 만든 것이라 그는 불상에 도끼질을 하여 방에다 불을 지폈다.

'불생불멸, 불구부정, 부증불감…' 염불을 계속하던 주지 약산 스님이 무언가 타는 냄새에 문을 열고 밖을 나와 보니 객승이 불상을 태우고 있지 않은가.

기겁을 한 약산 스님이 달려가면서 욕설을 퍼부었다.

"이런 땡추 같으니…. 세상에 중놈이 불상을 태우다니, 이럴 수가?"

그러나 단하 스님은 태연하게 맞섰다.

"불상에서 사리가 나오는지 보려고…."

"목불에서 무슨 사리가 나와?"

"그렇다면 나무 토막에 지나지 않는 것을 가지고 웬 야단이오?"

주지는 그만 말이 막히고 말았다. 그가 보통 스님이 아니라는 것은 알 수 있었지만 그의 행동을 용서할 수는 없었다.

"비록 나무 토막에 지나지 않는다 해도 내겐 신앙의 대상이오. 당장 절에서 나가시오!"

"이 밤중에 어딜 가란 말이오? 자비심도 없이 …"

"자비도 대상에 따라 나오는 것인 줄 모르오?"

"알지만 다 같이 먹물 옷을 입은 처지에 그렇게 매정할 수가…"

"당신은 보호 받을 가치가 없는 사람이오. 당장 나가시오!"

화가 난 약산 스님은 단하 스님을 절 밖으로 밀어냈다. 떠밀려 나가면서도 단하 스님은 계속 자기 말을 내뱉었다.

"당신은 아까 반야심경을 읽던데…. 불생불멸, 불구부정, 부증불감하고…. 생겨나고 사라지는 것도 없고, 더럽고 깨끗한 것도 없고, 늘어나고 덜해지는 것도 없다면, 불상 하나 불에 타는 것으로 화낼 것도 없고 그걸 태운 나를 이렇게 밀어낼 것도 아니지 않소?"

"자기 변명으로 남을 현혹시키지 마시오! 당신의 말도 일리는 있지만 불상을 태울 수는 없다는 게 지금의 내 입장이오!"

단하 스님을 절 밖으로 밀어낸 약산 스님은 아예 절 문을 닫아 걸고 말았다. 문을 닫아 걸기는 했지만 약산 스님은 불안했다. 그가 다시 담을 넘고 들어와 무슨 짓을 할지 모른다는 생각을 하니 잠을 이룰 수도 없었다. 이리저리 몸부림을 치던 약산 스님은 문득 바람처럼 자기 가슴으로 들어오는 하나의 생각에 붙들렸다.

　'대체 무엇이 이 마음을 이토록 산란하게 하는가? 불안하다! 소유물에 소유되어 있는 마음 때문인가? 과거에 어떠했고 지금이 어떠하고 앞으로 어떻게 될지도 모르는 불안이 나를 고통스럽게 만들고 있는 것이다. 고통의 씨앗인 불안이 덮쳐오니 방황하게 되고 그 방황은 의지처를 찾게 만들고 있다. 하지만 의지처는 어디에 있는가? 없다! 자기 자신도 믿지 못할 것이 사람이니 어디에 믿을 곳이 있겠는가. 그러니 결국 내 가슴에 남게 되는 것은 고독이다. 그 아무 곳에도 의지할 곳이 없는 혼자라는 고독이다. 이 고독이 나로 하여금 불행을 느끼게 하고 있는 것이다.'

　이렇게 자기 자신을 불행하게 만드는 불안의 정체를 파악한 약산 스님은 잠시 후 다시 다음과 같은 결론을 내렸다.

　'사람이 불행을 물리치는 방법은 불행의 씨앗인 불안을 없애야 하는 것이다. 그 불안이 무언가를 찾아 헤매게 하는 방황을 낳고, 그 방황이 다시 아무 것도 없다는 고독을 만들어 끝내는 사람을 불행하게 만드니 먼저 불행의 근원인 불안을 없애는 것이 사람의 일이다.'

　마침내 약산은 자기 자신이 진리와 동화될 때 무엇이 있어도 있는 줄을 모르고 없어도 없는 줄을 모르는 스스로가 창조된다는 것을 깨달았다.

　그 무슨 숨은 인연이 있었던지 어젯밤 객승으로 인해 깨달음을 얻은 약산 스님은 새벽이 되자 절 밖으로 나가 보았다. 약산 스님은 다시 아연해지고 말았다. 쫓겨났던 그 중이 절 앞에 서 있는 바위에다 열심히 절을 하고 있는 게 아닌가.

'확실히 미친 중이구나! 그렇지 않고서야…'

그에게로 다가간 약산 스님이 물었다.

"아니, 이보시오. 지금 바위에다 대고 무슨 짓을 하고 있는 거요?"

단하 스님이 하던 절을 계속하며 말했다.

"그 참 한심한 스님 다 보겠네. 스님이 나무 토막을 불상으로 생각하는 것이나 내가 바위를 부처님으로 여기는 것이나 뭐가 다를 게 있겠소?"

"?"

약산 스님의 가슴 속에는 다시 깨달음의 회오리가 일어나고 있었으나 그 깊은 내용에까지는 깨닫지 못하고 있는데 단하 스님의 말이 계속 날아들었다.

"내가 말한 이치가 깨달아지거든 아무 때고 날 찾아오시오. 나는 무애사에 있는 단하요."

"그런 일은 없을 테니 당신을 기억할 필요가 없소!"

"그럴까? 오게 될 걸. 지금은 날 거부하고 있어도 스님 속에는 이미 내가 들어가 있으니…"

"…"

약산 스님은 알 수 없는 신비감 같은 것에 매료되어 점점 단하 스님에게로 끌려들고 있는 스스로를 발견했다. 그리고 대웅전에 앉아 있는 부처 속에 진리가 없고 글자가 엮어 놓은 경전 속에도 자기의 길이 없음을 어느새 스스로 확인하고 있었다.

그 후 많은 시간이 흐르고 나자 수레에다 불상을 가득 싣고 무애사로 단하 스님을 찾아온 스님이 있었다. 그는 바로 혜림사 주지 약산 스님이었다.

"스님, 절에 있는 불상을 다 싣고 왔습니다. 알아서 처리해 주십시오."

단하 스님을 다시 만난 약산 스님의 첫 말이었다.

"뭘 그렇게 수고로운 짓을 했소. 어디 있으나 다를 게 뭐가 있다고…. 부분적으로 보면 장소가 옮겨지는 것이나 전체적으로 보면 달라지는 게 없는데. 연기 속으로 사라진 불상이 스님 가슴에 있으면 됐고, 불상이 없어진 그 자리에 내가 있으면 됐지."

"그래도 부처가 형상이 아니고 이름이 아님을 깨닫고 보니 그냥 있을 수가 없었습니다."

"생각은 있어도 행하기는 어려운데 공(空)을 타고 잘도 왔소."

"이제 저의 길을 가르쳐 주십시오."

"스님은 이미 길에 들어섰는데 또 무슨 길이 있겠소. 이 길 저 길을 찾는 마음이나 너와 나를 구분 짓는 마음은 도(道)에서 벗어나는 일이오. 기댈 것이 아무 것도 없는데 기대서려고 하면 쓰러지고 마는 법, 길 없는 길에서 있으면서도 없는 자기 자신의 향기에나 취해 봅시다."

8. 是故 空中無色 無受想行識
(시고 공중무색 무수상행식)

그러므로 자성(自性)은 공(空)한 것이라, 그 가운데에는 형상이 없으니 공의 입장에서 보면 사람의 느낌도 생각도 행동도 인식도 없다.
공(空)의 세계에서는 아무 것도 존재하지 않는다.

탑(塔)

　마음 가운데에는 본래 아무 것도 없다는 내용을 소망의 탑 안에
다 쓰고 풍경(風磬)에다 불성(佛性)과 공심(空心)을 달았다. 그리고
바르게 들어가야 제대로 나오는 법성도(法性圖)를 탑 안에다 그려
넣어 사람이 가야할 길을 안내했다. 지금이 어느 때인가?
　문제를 깨닫고 이 순간을 꽉 붙잡아 당장 깨달으라.
　지금 이 시간이 최상의 시간이고 지금 이 자리가 최고의 장소이
다. 초월적인 지혜와 숭고한 삶을 위해 그대의 생명을 바쳐야 하지
않겠는가.
　일시적(一時的)인 인연가합(因緣假合)에 불과한 것을 놓고 순간에
집착하여 영원을 놓쳐서는 아니 된다. 우주의 삼라만상이 다 나로

인해 나타나고 사라지는 것을, 그 큰 나를 인식시키는 반야지혜가 빛을 발하면 수상행식(受想行識)도 없음 가운데 있음이다.

불성(佛性)이 빈 마음에 돌아오면 공(空)마저 없는 세계에서 그대는 비로소 자유를 얻으리라.

탑이 그냥 서는가. 다 공을 쌓은 결과인 것이다.

사람은 있는 그대로를 보지 못한다. 자기 자신의 선입견으로 보고 들으며 진리와 진실을 놓친다. '우리가 관찰하는 자연은 그 자체가 아니라 우리의 질문 방식에 의해 도출된 자연'이라는 말이 있다.

인간도 예외는 아니다. 내가 알고 있는 타인도 그 자체가 아니고 나의 존재 역시도 내가 만든 허상 외는 아무 것도 아니다. 그럴 수밖에 없는 것이, 생각이라는 것 자체가 벌써 불완전한 감수 작용에 의해 일어난 것이기 때문이다.

그러면 인간의 육신은 어찌하여 본래 그다지도 미완성적이며 정신 세계는 또 그렇게도 불완전할 수밖에 없는가. 여기에는 정말 그러지 않고는 아니 될 근원적인 이유가 있다. 만약에 인간이 완전한 생명체라면 과연 아무런 고통 없이 행복한 생활을 할 수 있을까?

모든 게 다 마음대로 되고 뜻대로 이루어진다면 그 생활은 기쁨도 슬픔도 전혀 없는 의미 없고 재미없는 삶이 되지 않을까?

삶이 어려워서 발생하는 고통과 삶이 쉬워서 생기는 고통, 어느 것이 더 좋고 나쁠까? 삶이란 것에 성공과 실패, 행복과 불행과 같은 기복과 변화가 없다면 과연 무슨 의욕이 생기고 발전이 있겠는가?

성공이 인간을 만족하게 하는 것은 실패의 아리고 쓰린 고통의 의미를 알고 있기 때문이며, 행복이 인간을 기쁘게 하는 것은 불행이 던져주는 저주가 어떤지를 이미 알고 있기 때문이다.

행복이란 행복한 상태에서 나타나는 것이 아니라 불행이 극복되는 그 순간 먹구름 걷힌 푸른 하늘처럼 나타나는 것이며, 성공 역시도 반복되던 실패의 시련이 극복되는 그때 비 온 뒤 무지개처럼 나타나는 것이다.

불가능에 도전해서 힘겨운 승리를 하고 난 뒤에 씌워지는 월계관이 생의 기쁨을 주고, 악마의 저주 같은 고난이 극복되고 난 후의 해방감이 인생의 의의를 인식시켜 주지 않는가.

인간은 부단히 승과 패, 행복과 불행을 반복하면서 완성에의 꿈을 안고 미완성의 가도를 달리게 되어 있는 존재이다. 인간에게 꿈이 없다면 오늘을 어떻게 지탱할 것인가. 꿈이 있기에 꿈꾸는 존재로 만들어 놓았기에 의욕이 생기고 보다 나은 삶을 창조하기 위해 노력하는 것이다.

만약에 한 사람의 인생이 행복하기만 하다면 그는 교만하고 나태해져 인간답지 않게 될 것이다. 그런가 하면 반대로 불행하기만 해도 실망과 좌절에 의욕을 잃고 삶을 포기하고 말 것이다.

삶을 전체적이게 만들어 놓고 인간을 종합적이게 창조해 놓은 것은 인간이 행운(幸運)에 자만하지 않고 불운(不運)에 좌절하지 않으며 부단히 노력하게 만들어 놓은 조물주의 진지한 배려임을 각성하자.

그래서 이지러지고 부서지더라도 육신과 정신과 영혼을 다하여 다시 일어나 창조와 파괴의 노래 속에서 율동을 계속해야 한다. 그것이 그대의 운명인 것이다.

지금 그대는 자기 존재를 구성하고 있는 요소들이 분리되어 존재 자체를 더욱더 무기력하게 만들고 있다.

불완전한 육신, 미완성의 정신세계를 통일하여 존재적 능력을 발휘하게 하라. 그래서 가치 있는 존재가 되어야 살아남을 자격을 부여받는다.

인간의 삶은 의미 없이 만들어진 우연이 아니다. 잊혀진 과거에서 나와서 알 수 없는 미래로 향해가는 지금 이 현재에 그대 스스로를 창조해야 할 신성한 의무가 주어져 있다. 깨어나라! 이제 그만 잠에서 깨어나라!

옛날에 아름답고 평화로운 산간 마을이 있었다.

마을 뒤로 첩첩이 쌓인 산에서 흘러내린 물줄기가 마을 앞에 와서는 마치 등천하려는 용처럼 폭포가 되어 흐르고 마을을 에워싸듯 서 있는 소나무 숲은 불어온 바람도 비켜가게 하고 있었다.

이 산내라는 곳이 어느 날부터 갑자기 소란스러워지게 되었는데 그 이유는 하늘에서 내려왔는지 그야말로 천사처럼 아름다운 처녀가 마을에 나타난 때문이었다. 이 소식을 듣게 된 총각들이 사방 몇 백 리에서 혼인을 하려고 모여들게 되어 마을은 어느새 복잡한 시장터가 될 수밖에 없었던 것이다.

그날도 타오르던 태양이 붉은 저녁 노을을 만들며 서산으로 사라지려는데 석양을 등에 지고 처녀가 신비스럽게 나타나더니 꿈에 부풀어 있는 총각들한테 말했다.

"여러분들, 저는 하나뿐인데 여러분들은 이렇게 많으니 제가 누구를 택하겠어요. 그래서 생각해 보았는데 제가 문제를 하나 내겠어요. 내일 이 시간에 제가 다시 올테니 그때까지 반야심경을 외워오세요. 저는 가장 잘 외우는 사람과 결혼하겠어요."

처녀의 말이 떨어지기가 무섭게 총각들은 달아나듯 자기 거처로 돌아가 반야심경을 외우기 시작했다.

다음 날 약속 시간이 되자 어김없이 처녀가 나타났고 총각들도 몰려왔다. 시험을 치러보니 총각들은 다들 잘도 외웠다. 어떤 총각은 그 소리 자체가 감미로운 음악 같아 귀를 즐겁게 만들기도 했다.

그런데 문제가 생겼다. 추려내고 추려낸 끝에 마지막으로 남은 사람이 열 명도 넘었던 것이다. 고민하던 처녀가 다시 그들을 향해 말했다.

"여러분들, 결혼은 일대 일로 하는 것이라는 걸 잘 아시지요. 문제의 해결을 위해서는 다시 시험을 칠 수밖에 없겠어요. 제가 내일 다시 여기 오지요. 내일 와서 반야심경의 내용을 가장 잘 설명하는 사람과 전 결혼하겠어요. 그럼 내일 다시 만나요."

말을 남긴 처녀는 홀연히 사라져 버렸다. 총각들은 다시 돌아가 열심히 반야심경을 이해하려고 애썼다.

다음 날 약속 시간이 되자 처녀와 총각들이 다시 모였다. 엄격하고 공정한 시험 끝에 세 사람의 총각이 합격 되었다.

하나가 셋과 결혼할 수도, 셋이 하나와 결혼할 수도 없으니 다시 시험을 치를 수밖에 없었다.

이번 시험의 내용은 외우고 설명한 내용을 글로 쓰는 것이었다.

"여러분들, 그동안 다들 잘 외우고 잘 설명했어요. 그러나 그 내용을 글로 써 보지 않고서는 완전히 이해했다고 할 수 없지요. 돌아가 글을 써 보세요. 그리고 그것을 내일 이 시간에 제출하세요. 저는 글을 가장 잘 지은 사람과 결혼하겠어요. 가치 있는 자만이 원하는 것을 가질 수 있지요. 그건 과거에도 그랬고 미래에도 그럴 거에요. 불변의 진리니까요."

총각들은 다시 돌아가 그야말로 식음을 전폐하고 잠자는 것도 잊은 채 오직 한 가지 일념으로 글을 쓰기 시작했다. 그들은 밤이 가는 줄도 새벽이 오는 줄도 몰랐다.

약속 시간이 그 처녀와 총각들을 그 장소에 다시 모이게 했다. 써 가지고 온 글들이 펼쳐졌다. 검사 결과 한 사람의 글은 내용은 좋았으나 구성력이 모자랐고, 한 사람의 글은 구성력은 있었으나 문체가 아름답지 않았다. 결국 주제와 구성, 문체가 향기로운 글이 최종 합격 되었다. 그 총각을 붙들고 처녀가 말했다.

"드디어 소원을 성취하셨군요. 같이 가시지요. 저 고개 너머에 부모님들이 기다리고 계십니다."

총각은 처녀에게 이끌려 그녀의 집으로 갔다.

동구 밖을 나서자 화려하고 웅장한 처녀의 집이 보였고 다가가니 처녀의 부모들이 대문 앞에서 반겨 주었다.

"어서 오십시오. 내 딸이 과년해도 마땅한 배필이 없더니 오늘에야 사람을 데리고 온다기에 기다리고 있었소."

"감사합니다. 뵙게 되어 영광입니다."

총각이 처녀의 부모와 덕담을 나누는 사이에 처녀는 집안으로 사라졌다. 총각이 집안으로 들어서자 처녀의 부모가 저것이 딸애의 방이라 가르쳐 주어 총각은 처녀의 방으로 갔다.

그런데 처녀가 없었다. 어디에 있는가 하고 둘러보니 뒤쪽으로 통하는 조그만 문이 하나 보였다. 문을 열어보자 처녀가 지나간 발자국이 나 있었다. 총각이 발자국을 쫓아가 보니 숲 속으로 긴 길이 나 있었다.

길을 따라 간 총각은 가로 놓인 큰 강물 앞에서 처녀의 발자국을 그만 놓치고 말았다. 강가를 헤매던 총각은 문득 왔던 길을 돌아다 보았다. 아무 것도 없었다. 길도, 집도, 사람도 흔적이 없었다. 텅 빈 허공을 붙들고 한참을 망연자실해 있던 총각은 갑자기 크게 웃음을 터뜨렸다.

그 처녀는 보살이었다. 능력 있는 사람을 선택해서 무의 세계로 안내하고 공(空)을 깨닫게 한 것이었다.

9. 無眼耳鼻舌身意 無色聲香味觸法 無眼界 乃至 無意識界
(무안이비설신의 무색성향미촉법 무안계 내지 무의식계)

눈·귀·코·입·몸 마음도 없고 형색·소리·냄새·맛·물체도 없으며, 쳐다보는 일도 없고 생각해 보는 일도 없으니….

거북도

신령스런 동물인 거북의 등에다 육근(六根), 육진(六塵), 육식(六識)이 엮어내는 18계를 그려 넣었다. 십팔계의 법칙에 얽매어 구속받는 것이 중생이다.

상대세계가 다 환(幻)인 줄을 깨우치고 절대세계로 들어가면 생사(生死)도 넘어선 절대자가 되는 것을..... 여러 인연으로 생기는 생멸무상의 현상, 그 유위법(有爲法)에 노닐면서 생멸변화를 떠난 무위법(無爲法)을 관조할 수 있으면 그것이 삶의 초월이고 존재의 승화이다.

보이는 데서 안 보이는 것을 볼 수 있고, 들리는 데서 안 들리는 것까지 들을 수 있고, 잡히는 데서 잡히지 않는 것까지 잡을 수 있는 힘은 눈과 귀나 손에 있지 않고 마음 속에 있다.

심안(心眼)을 열어 영혼이 지향하는 바를 깨달으라.

영혼은 신(神)의 노래와 율동을 보고 있는데 그대는 불안과 혼돈 속에서 방황하고 있지는 않는가.

정말로 봐야할 것은 못 보고 안 봐도 될 것만 보면서 아니 해도 될 짓만 하고 있지 않은가.

이상의 내용은 인간의 육신을 구성하고 있는 제반 요소들과 외적인 요소들까지 부정하고 있으나 이 부정 또한 부정이 아니다. 신체 밖으로 뚫려 있는 문들은 모두가 욕망의 문이다.

눈은 좋은 것만 보고 싶어하고, 귀는 좋은 소리만 듣고 싶어하고, 코는 좋은 냄새만 맡고 싶어하고, 입은 좋은 것만 먹고 싶어하고 몸은 좋은 것에 부딪히려고 하지 않는가.

그러한 요구가 집착을 낳고 죄악을 불러들이니 욕망의 문을 닫으면 자유인이 된다. 고통을 만드는 요소들이 내 몸에 있다면 그것을 이용해서 고통을 없앨 수도 있을 것이 아닌가. 반야지혜로 육근(六根)을 관리하게 되면 새로운 차원의 육근(六根)이 창조된다.

욕심이 일어나도 지나친 것이 아니고 생각이 일어나도 해로운 것이 아니고 진정으로 나를 위하고 남을 위하는 보살이 탄생되는 것이다.

이제 십팔계(十八界)가 돌아가는 이치를 살펴보자.

안(眼) · 이(耳) · 비(鼻) · 설(舌) · 신(身) · 의(意), 이를 육신(肉身)에 근거해 있다 하여 육근(六根)이라 한다.

이 육근(六根)이 색(色) · 성(聲) · 향(香) · 미(味) · 촉(觸) · 법(法), 즉 외계 사물인 육진(六塵)을 대하면 육식(六識)이 일어난다. 다시 말해 사람의 눈이 형색을 대하면 안식(眼識)이 일어나고, 귀가 소리를 대하면 이식(耳識)이 생기고, 코가 냄새를 대하면 비식(鼻識)이 일어나고, 입이 맛을 대하면 설식(舌識)이 생기고, 몸이 느낌을 받으면 촉식(觸識)이 일어나고 생각이 진리를 대하면 법식(法識)이 생겨나게된다.

그리고 거기서 더 나아가게 되면 육식(六識)이 만들어 내는 사건들을 주재하는 무의식인 칠식(七識)이 나타나고 거기서 다시 더 들어가게 되면 무의식과 그 모든 것을 다 거두어들이는 잠재의식인 팔식(八識)의 인간 내면세계를 보게 된다.

그러면 팔식(八識)의 심전(心田)을 닦아서 진리를 깨달은 사람은 어떠한 존재적 성취를 하는지 순서대로 알아보자.

첫째, 자신의 눈으로 객관세계를 보고 깨달은 사람은 보이는 것 속에서 보이지 않는 것까지도 다 볼 수 있는 능력을 지니게 된다.

둘째, 자신의 귀로 듣고 깨달은 사람은 시방세계의 일체 소리를 다 들을 수 있으며 자연의 소리는 물론 인간이 만든 소리가 지니는 의미까지도 다 알 수 있게 된다.

셋째, 자신의 코로 냄새를 맡음으로써 깨달은 사람은 세상의 어떠한 사물도 냄새만으로 분별하고 그 내용을 알 수 있으며 향기를 따라 여행을 할 수 있게 된다.

넷째, 자신의 입으로 깨달은 사람은 어떤 사물이나 현상에서 느껴지는 느낌이나 기분으로 깨달은 사람이기에 좋고 싫은 것을 가릴 줄 알고 할 짓 못할 짓도 분별할 줄 알게 된다.

다섯째, 자신의 몸으로 감지하고 감각하면서 깨달은 사람은 시방세계의 모든 육신(肉身)들의 일을 자신의 일처럼 알 수 있어 어디서 무엇이 죽고 사는 것까지 다 알 수 있게 된다.

여섯째, 자기 의식으로 깨달은 사람은 시방 세계의 모든 생물들의 안과 밖을 다 알 수 있으며 그는 우주의 질서와 삶의 근본 원리를 터득하였기에 스스로 자유롭다.

일곱째, 의식의 근본이 되는 무의식으로 깨달은 사람은 위에서 말한 안(眼)·이(耳)·비(鼻)·설(舌)·신(身)·의(意), 인간의 구성 요소들이 청정하여 번뇌 망상이 없게 된다.

여덟째, 무의식의 바탕이 되는 잠재의식으로 해탈을 한 사람은 인간의 전생과 금생과 후생까지도 다 안다. 그리고 의식과 무의식이 거두어 주는 모든 것을 저장하여 만법(萬法)의 종자(種子)에 싹을 틔우게 한다.

여기에서 부처와 보살과 중생의 차이가 생긴다. 부처는 자기 자신의 구성 요소들인 육근(六根)으로 객관세계의 모든 사물인 육진(六塵)을 대한 나머지 앎과 깨달음의 세계인 육식(六識)을 얻어 십팔계(十八界)의 법칙에서 해탈한 사람이다.

이렇게 십팔계(十八界)의 법칙에 구속 받지 않게 된 사람을 대도정각(大道正覺)을 했다고도 하고 또 다르게 육통(六通)을 했다고도 한다.

다음으로 보살(菩薩)은 육통(六通)까지는 못하여도 안식(眼識) 내지는 신식(身識) 정도를 한 사람을 말하며 중생(衆生)은 아무 것도 통달하지 못한 무통(無通)을 일컫는 말이다.

자! 그렇다면 지금 그대의 위치는 과연 어디인가?

유(有)와 무(無)가 함께 있는 공(空) 속으로 들어가라!

그 공(空) 속에 그대 가슴이 피어나고 영혼이 승화할 수 있는 길이 있다.

공(空) 속에는 태풍의 눈과 같은 고요가 지금도 그대 오기를 기다리고 있다. 더 이상의 노예 생활은 자기 자신에 대한 반역이다.

지식과 지혜가 그대를 노예로 만들고, 보이지 않는 그물 속에다 몰아넣고 있으니 거기서 탈출해야 한다.

큰 바다에 떨어지는 빗방울을 보라. 비는 바다에 떨어지는 순간 바다가 되어 버리고 만다. 그러면 비는 이미 비가 아닌 바다가 되고 바람이 오면 파도가 되고 달빛이 와 닿으면 별이 된다.

그런데 지금의 그대는 과연 어떠한가. 큰 바다에 떨어지는 빗방울 같은 지식을 용해시키지 못하고 오히려 응고시키면서 전전긍긍해 하고 있다. 변화가 생기면 변화를 승화시키지 못해 추락하고, 조화를 찾을 기회가 와도 마음이 없으니 초월의 뜻을 이루지 못한다.

인간이 뭘 안다고 생각하는 것은 자기가 모르는 것이 무엇인지를 모를 때 저지르는 실수에 지나지 않는 것이다. 자기가 모르는 것이 무엇인지를 모를 때 오해가 인식시킨 앎을 진리로 착각하고 있는 것이 그대가 아닌가.

이제 계속 실수하기에는 늦은 때이니 그만 아무 것도 모른다는 생각에 자기 자신을 두고, 지식의 열매를 먹고 사는 것이 비극이었음을 깨우쳐라. 그래야만이 자기의 앎에서 해방될 수 있다. 무엇 때문에 삶의 주인이 되지 못하는가. 밖으로 뚫린 눈과 귀를 믿지 마라. 그런 것들이 가지고 들어오는 것은 환상과 허구뿐이다. 환상과 허구가 만드는 황홀한 인생도 있지만 그것은 진정한 삶이 아니다. 깨어나 그

황홀했던 것들이 헛 것임을 알게 되었을 때 절망을 어떻게 감당할 것인가. 그대 영혼의 심연 속에 그대를 실망시키지 않을 진리와 진실이 있다.

지식은 분리와 단절과 투쟁만 조장하면서 그대를 끝없이 추락시킨다. 그대가 지식 때문에 노예가 되고 타락해서 되겠는가. 진정한 앎을 찾아라. 그 앎은 그대를 아름답고 향기롭게 피어나는 꽃 한 송이의 신비 속으로 안내할 것이다.

학식이 높고 덕망이 있는 환공(桓公)이라는 황제가 있었다. 그는 세상에서 도(道)를 얻기 위해 가장 소중한 것은 책이라는 생각으로 열심히 책을 읽었다.

글 속에는 말의 자료가 있고, 또 말 속에는 세상을 이해할 수 있는 뜻이 있어 그가 글을 읽는 것은 그 자체가 즐거움이고 환희였다. 사건이 생긴 그날도 환공은 사랑채에 앉아 문을 열어 놓은 채 책을 읽고 있었다. 그 환공의 모습을 가끔씩 곁눈질해 보고 있던 수레바퀴를 만드는 목수 윤편이 하던 일을 중단하고 환공 앞으로 나아가 말했다.

"폐하, 글을 읽고 있는데 죄송합니다만 한 가지 묻고 싶은 게 있습니다."

책을 읽던 환공이 무슨 일인가 하고 고개를 돌려 물었다.

"그래, 무슨 일인고?"

"네, 지금 읽고 계신 책이 무슨 책인지요?"

"경전이네. 아주 유명한…"

"책을 지은 사람은 지금 살아 있는가요?"

"오래 전에 죽었지."

"그럼 폐하께서 읽고 계신 것은 옛 사람의 찌꺼기군요."

그 소리를 들은 환공은 지금 겁 없이 말하고 있는 이 목수가 범상한 이가 아님을 직감하면서 조용히 입을 열었다.

"내가 책을 읽고 있는데 자네가 어찌 시비를 하는가? 지금 네가 한 말에 대해 이치에 닿는 설명을 하면 모르되 그렇지 못하면 벌을 내리겠다."

목수는 조금도 동요함이 없이 자기 생각을 피력했다.

"네, 알겠습니다. 저의 생각은 이렇습니다. 저는 제 일의 경험으로 보건대, 수레를 만들 때 너무 깎으면 헐거워서 튼튼하지 못하고 덜 깎으면 빡빡하여 바깥 테에 들어가지 않습니다.

덜 깎지도 더 깎지도 않는 요령은 손으로 터득하여 마음으로 깨달을 뿐 그 오묘함은 입으로 말할 수가 없고 글로서 표현할 도리가 없습니다.

정말로 중요한 내용은 배울 수도 없고 가르쳐 줄 수도 없는 심연 속에 있습니다.

그래서 저는 칠십이 넘은 이 나이에도 수레바퀴를 만드는 일을 계속하고 있지요. 그러니 그 책을 쓴 옛 사람도 그 전해 줄 수 없는 것과 함께 죽어 버렸다고 생각되는 것입니다."

목수의 설명을 들은 환공은 그의 말을 전적으로 긍정할 수밖에 없었다. 침묵 속에서 환공은 속으로 생각했다.

'그렇다. 네 말이 맞다! 눈으로 보이는 것은 사물의 형체와 색깔이고 귀로 들어서 들리는 것은 사물의 이름과 소리뿐이다. 내가 형체와

색깔, 이름과 음성으로 도(道)의 실상을 터득할 수 있다고 생각하니 참으로 어리석었구나.'

여기까지 생각한 환공이 침묵을 깼다.

"너는 도를 깨친 사람이구나. 나는 이제 겨우 책을 읽는 정도인 데.…"

환공의 인격에 감동한 목수는 머리를 조아리며 겸손하게 말했다.

"아닙니다. 환공폐하, 저는 단지 저의 생각을 전했을 뿐입니다."

"그 자체가 도(道)였다."

"말씀을 그렇게 하시니 몸 둘 바를 모르겠습니다."

이렇게 말한 목수는 환공의 눈치를 살피다가 조심스럽게 입을 열었다.

"그런데 한 마디 더 해도 되겠습니까?"

"그럼, 진리의 말씀인데 해야지."

"인간의 침묵을 주재하는 것도 사실은 언어입니다. 선입견의 폐단은 있으나 문자나 언어는 인간 형성에 필요 불가결한 요소입니다. 지금 우리를 연결시켜 주고 있는 것도 언어이며 말은 글자에서 얻어지는 것이니 역시 책은 책대로 소중한 것이 아닌가 합니다."

"그래 자네 말이 옳네. 자네의 말을 알아듣게 하는 것도 다 책을 읽은 기초가 있었기 때문이 아니겠는가. 지식과 체험이 어우러져야 도(道)의 문을 열 수 있겠지. 글에서 말을 찾고 말에서 뜻을 찾기가 어렵긴 하지만 …"

"또 거기에는 이런 방법이 있습니다. 환골탈태(換骨奪胎)라 하여 글이 말이 되지 않을 때는 뼈를 갈아 끼우고, 말에서 뜻이 나오지 않을 때는 태(胎)를 빼앗아도 된다는 것입니다. 의취(意趣)를 새롭게 해서 진리를 창조할 수 있으면 그 또한 바람직한 일이지요."

"자네는 오늘부터 나의 스승이 되어 주게."

윤편은 그 순간부터 환공의 스승이 되었으나 죽을 때까지 수레바퀴 깎는 일은 그만두지 않고 하던 일을 계속하면서 더욱 심오한 도(道)를 터득해 나갔다.

10. 無無明 亦無無明盡 乃至 無老死 亦無老死盡
(무무명 역무무명진 내지 무노사 역무노사진)

밝음이 없는 것도 없으므로 또 밝음이 다하는 일도 없고 그런가 하면 늙고 죽는 것도 없고 또 늙고 죽는 것이 다하는 일도 없다.

반가사유상

12인연법의 내용으로 반가사유상에다 옷을 입히고 무(無) 자(字)로 마음의 모습인 얼굴을 그렸다. 과거의 인연을 알고자 하면 현재의 과보를 보고, 미래의 자기 모습을 보려거든 현재의 인연을 보라. 과거를 등에 지고 미래를 안고 가는 것이 그대이거니....

지금의 그대는 과연 누구를 만나며 무슨 일을 하고 있는가?

과거의 업 때문이라 현재는 체념한다 해도 미래마저 포기할 수 없지 않은가. 변화 속에서도 변하지 않는 참 '나'를 찾아 창조자의 의지로 미래를 개척해야 한다.

눈 감으면 저승이고 눈 뜨면 이승이 아니던가. 밤마다 죽었다가 아침에 다시 살아나면서 삶과 죽음에 대해 무엇을 느끼며 생각하고 있는가.

지금 죽어가고 있는 목숨으로 죽을 준비는 하지 않고 살 준비만 하니 그 무슨 오해이고 착각인가. 태풍에 휩쓸리지 말고 태풍의 눈, 그 고요 속으로 들어가라.

그리하여 이제 그만 살고 죽는 것도 행운으로 생각하며 죽음을 대할 수 있으면 거기서부터 삶의 길은 다시 열린다.

이 구절은 12인연법의 이치를 밝힌 것이다. 깨닫지 못하면 인과에 매여 윤회하지만 해탈을 하고 나면 윤회의 사슬에서 벗어나 영원한 생명을 얻게 된다.

그렇게 되면 허망한 육신을 나라고 생각하는 어리석음도 없어지며 늙고 죽는 일도 사라지게 되는 것이다.

그러면 여기서 12인연법과 삼세인과법을 살펴보자.

① 무명(無明)은 생사윤회(生死輪廻)의 근본이 되는 번뇌 망상, 그 것은 곧 밝지 못한 것이라 하여 무명이라 한다. 부질없는 번뇌가 참 성품을 덮어서 본래의 밝음을 없애고 물질적 요소에 현혹되는가 하 면 환영을 진리로 여기는 것이 무명이다.

② 행(行)은 무명(無明)에 의해 지은 선악업(善惡業)을 말하는 것으 로 금생에 과보를 받을 업종자(業種子)를 말한다. 이상의 무명과 행 은 중생들의 과거업으로 그 업(業)의 경중에 따라 금생의 생존과 생 활, 육신의 형태와 정신적 차원까지도 결정된다.

③ 식(識)은 모태에 생명이 생기기 시작하는 인과를 말한다. 여기 에는 참된 성품과 망령된 마음이 뒤엉켜 있는 미망(迷妄)의 상태여서 식(識)이라 일컫는다.

④ 명색(名色)은 이름뿐인 것과 형체 있는 것을 동시에 말하는 것 으로 이때는 벌써 모체에서 인간의 기본 형태가 갖추어지는 상태를 말한다.

⑤ 육입(六入)은 인과에 의해 인간의 육체적 · 정신적 구성 요소들 이 성립되는 시기를 말한다.

⑥ 촉(觸)은 그렇게 만들어진 생명이 세상에 나와 객관세계를 대함 으로써 일어나는 느낌을 말한다.

⑦ 수(受)는 이것 저것 외계의 사물을 받아들이는 시기를 말한다.

⑧ 애(愛)는 그 받아들인 것을 분별하고 판단하여 좋다 싫다 하는 마음을 내는 것이다.

⑨ 취(取)는 소유하고 지배하고자 하는 작용에 의해 발생하는 결과 로 다시 선악(善惡)의 업(業)을 짓게 되는 것을 말한다.

⑩ 유(有)는 취의 작용에 의해 탐욕을 충족시키려면 선악의 업을 짓게 되므로 이것은 결국 중생세계의 생사법(生死法)을 되풀이하는 것이다.

이상의 식(識)·명색(名色)·육입(六入)·촉(觸)·수(受)·애(愛)·취(取)·유(有) 여덟 가지는 금생의 몸을 받은 인간이 삶을 사는 과정이다. 이 과정은 자기 자신의 독자적인 인과에 의한 것이 아니고 앞서 말한 과거세의 업보에 의한 것이다.

유(有)에서 끝난 이 생(生)은 다시 필연의 과보로 삶이 시작된다.

⑪ 생(生)은 다시 미래에 태어난다는 뜻으로 붙여진 이름인데 미래의 생(生) 역시 금생에서 지은 인과에 의해 결정된다.

⑫ 노사(老死)는 태어난 그 생명은 다시 윤회의 굴레 속에서 살다가 늙고 병들어 죽고 만다는 것이다.

이 12인연법은 전생과 금생, 그리고 내생까지의 삼세인과설을 펼친 것이다. 인과설은 생명 있는 것의 유전(流轉)과 태생학적(胎生學的)인 해설이다.

세상 일들이 그냥 이루어져 나가는 것이 없고 모두가 원인에 의한 결과이다. 그러니 아무리 현실이 참담하다 해도 그것이 나도 모르는 원인에 의한 결과임을 이해시키면서 보다 나은 미래를 개척하게 만드는 12인연법이야말로 인간에게 커다란 각성과 경각심을 고취시키는 대목인 것이다.

과거의 업에 의해 사람으로 태어나지 못하고 짐승으로 태어난 생명들의 이야기가 있다.

외발 짐승인 기(夔)가 산들바람이 불어오는 나무 그늘 아래에서 한 가롭게 쉬고 있었다. 그런데 그 앞으로 발이 백 개나 달린 지네가 바쁜 듯 지나갔다. 기는 지네발의 움직임에 놀란 나머지 지네를 불렀다.

"여보게, 나는 외발로 깡충거리며 다니지만 그것조차도 힘에 부친다네. 그런데 자네는 백 개나 되는 발이 엉키지도 않고 잘도 가니 도대체 무슨 조화인가?"

질문을 받은 지네는 그만 그 자리에 주저앉고 말았다. 그는 질문을 받기 전에는 그저 가고 싶은 곳은 어디에나 갈 수 있었는데 질문을 받고 보니 꼼짝을 할 수 없었던 것이다. 왼발이 먼저 나갔는지 오른발이 먼저 나갔는지 또는 두 발이 동시에 움직였는지 아무리 생각해도 기억이 나지 않았고 다시 움직여 보아도 발들이 엉켜 그대로 쓰러질 수밖에 없었다.

병든 몸도 아닌 것이 한 마디 질문 때문에 다시는 움직일 수 없게 되었다고 생각하니 지네는 말이라는 것의 무서움을 실감하며 그만 울고 말았다.

지네가 한참을 울고 있는데, 그들 앞으로 뱀이 한 마리 발도 없이 지나갔다.

기와 지네는 다 같이 놀라며 뱀을 불렀다.

"이보게, 자네는 어떻게 발도 없이 잘도 가는가?"

질문을 받은 뱀도 그만 지네와 같은 상황에 처해지고 말았다. 생각해보니 등뼈와 뱃바닥의 비늘이 움직여 가는 것 같은데 몸을 움직여

보니 더 이상 전진도 후퇴도 할 수 없었다.

　뱀은 갑작스런 변화에 몸부림을 쳤으나 기다란 몸이 꼬여들기만 할 뿐이어서 그의 좌절은 실로 엄청난 것이 되고 말았다. 빨리 집으로 돌아가야 하는데 갈 수가 없는 처지가 되고 말았으니 그 역시 말이란 화살에 꽂혀버린 자신을 붙들고 통곡하기 시작했다.

　두 짐승을 울게 만든 기는 질문이란 것이, 이렇게도 무서운 것인가를 생각하며 어찌할 바를 몰랐다.

　그러한 상황 속에서도 시간은 자꾸만 흘러 해가 지고 밤이 왔다. 환하던 세상이 어둠으로 변해도 질문에 붙들린 그들의 몸은 계속 꼼짝도 할 수 없었다. 본래 질문이라는 것이 형식을 갖출 수가 없는 것이니 문제가 풀리는 답이 나올 수 없는 것이 아닌가. 삶이란 것은 답이 나오는 수수께끼가 아니라 질문도 답도 있을 수 없는 신비인 것이다. 그러니 묻는 자도 어리석고 답을 하는 자도 바보이다.

　"도는 본래 이름이 없으니 어찌 가상으로 이루며 마음이 없으면 생각이 있어도 어찌 말에 붙잡히겠는가?[道本無名豈假成 ·心非有想奚執言]."

　온갖 생각 속에 밤을 보낸 그들에게 맑은 새벽이 찾아왔다.

　캄캄한 어둠 속에 아무 것도 보이지 않던 세상이 밝아지면서 다시 너가 보이고 내가 보였다. 새벽 안개가 이슬과 함께 그들의 몸을 촉촉이 적시자 아무 생각이 없어진 그들의 몸은 그저 흐름을 타고 가는 안개처럼 움직이기 시작했다.

　그들에게 그것은 기적이었다. 지네의 몸도 뱀의 몸도 생각이 없으니 그저 자연스럽게 본성대로 움직여지는 것이었다.

이제 좌절의 눈물이 아니라 기쁨의 눈물을 흘리면서 그들은 다 같이 생각했다.

'삶이란 무심(無心)으로 무념(無念)으로 살아야지 질문이나 답을 찾을 생각은 하지 말아야 한다고….'

그 후부터 그들은 다시 만나도 그저 그런가 할 뿐 다시는 무의미한 말로 서로를 붙드는 일이 없었다.

'고요한 침묵, 그것을 경배하라. 너는 그것에서 나와 그것으로 돌아가려니….'

11. 無苦集滅道

(무고집멸도)

인생은 기쁘고 즐거운 것이라기보다 '괴롭고 고통스러운 것이다.' 그래서 인간이 할 일이 있다.

그것은 '고통의 원인을 캐내는 일이다.' 고통의 원인을 알게 되면 '고통을 없애는 방법이 발견되는 것이므로', 고통을 없애는 방법이 생기면 '인간은 도에 이르게 되는데' 그 도란 다름이 아니고, 인생에 인간이 끌려가지 않고 인간이 인생을 끌고 가는 힘이다.

승무도(僧舞圖)

　바라춤을 추는 두 사람의 형상을 무(無) 자(字)로 처리하고 현실계의 인과(因果)인 고(苦)와 집(集)은 상하를 뒤집고 이상계의 인과(因果)인 멸(滅)과 도(道)는 좌우를 바꾸었다.

　인생은 혼란스럽고 인간은 혼돈의 상태를 벗어나지 못하고 있다. 갈피를 잡을 수 없이 어지러운 것이다.

　인간이 어떠한 삶의 방식을 취할 때 진정한 의미의 삶이라 할 수 있을까? 이러한 본질적인 문제에 대해 효용가치가 있는 진리를 발견할 수 있으면 그대가 숙명적으로 짊어진 문제에서 해탈할 수도 있을 것이다.

　우선 자기 자신을 이용해서 스스로를 승화시킬 방법을 찾으라. 사람이 부처님에게 빌면 부처님을 잃고 귀신한테 빌면 귀신을 잃고 남한테 빌면 남을 잃고 만다.

　밖을 향해 구하면 있던 것까지 다 잃고 마는 것이다. 모든 것을 다 없앤 그 곳에 오롯이 남아 있는 스스로와 조우하라.

　이러한 고(苦)·집(集)·멸(滅)·도(道)를 한 마디로 사성제(四聖諦)라 하는데 이 네 가지는 성인의 진리라는 말이다. 마음 속에 우주를 머금고 만상을 가슴에 안고 있어 그럴까? 인간에게는 팔만 사천 가지의 고(苦)가 있는데 그것을 줄이면 108고(苦)가 되고 그것을 다시 줄이면 8고(苦)가 남는다.

　우선 이 8고(苦)를 새기면서 자기 존재의 번뇌를 확인해보자. 고제(苦諦)에서 말하는바　첫 번째 고통은 애별리고(愛別離苦)이다. 애별리고는 사랑하는 사람과 같이 할 수 없을 때 인간에게 발생하는 고통이다. 뭐니 뭐니 해도 정(情)으로 사는 것이 인간이라, 그 정(情)이 갈 곳을 잃고 헤맬 때 인간은 고통을 받게 되는 것이다.

　두 번째 고통은 원증회고(怨憎會苦)이다. 원증회고는 만나지 말아야 할 사람을 만나거나 같이 살기 싫은 사람과 같이 있을 때 발생하는 고통이다. 만나고 싶은 사람을 만나지 못하는 고통은 그래도 아름다운 고통이라면 만나기 싫은 사람과 같이 있는 고통은 그대로가 저주의 고통이다. 그렇다면 사랑하는 사람을 만나지 못하고 미운 사람과 같이 사는 이중고(二重苦)를 겪는 사람이 세상에서 가장 슬픈 사람이 된다. 때문에 신심명(信心銘)에서 증애(憎愛)를 초월하라고 가르쳤을까?

지도무난(至道無難)

유혐간택(唯嫌揀擇)

단막증애(但莫憎愛)

동연명백(洞然明白)

산다는 것이 별 것 아니라

경계해야 할 것은 오직 간택심뿐

미워하고 사랑하는 마음만 잘 관리하면

영원한 삶의 빛이 그대에게 비치리.

유교의 경전에도 '자겸(自謙)'이란 말이 나온다. 그 뜻은 사랑하고 미워하는 생각이 마음 속에 생길지라도 그것을 입 밖에 내서 말을 하지 않으면 자기 세계는 자연히 편안해진다는 것이다. 너 좋다는 말에서 만남이 이루어지고 너 싫다는 말에서 이별이 만들어지지 않는가.

그렇다면 사람의 행복·불행을 좌우하는 이 사랑과 미움의 정체는 과연 어떤 것인가?

'도(道)는 불문(不文)이고 언외(言外)에 있다'는 말이 있다. 사랑도 글이 될 수 없고 말이 될 수 없는 심연 속에 있는 것이다. 그러한 것을 말로 나타내고 글로 표현하면서 욕심을 드러내니 무엇이 제대로 되겠는가.

결국 가상(假相)을 붙들고 진실을 운운하는 실수에 불과한 것이므로 결과가 좋을 리 없는 것이다. 그리고 또 진리가 이동이고 변화이듯이 진실도 이해(利害)에 따라 변하는 속성이 있다.

세상에 변치 않는 것은 변한다는 사실 밖에 없는 데도 변화를 인식하지 않으려는 욕심때문에 문제가 있다. 살아있는 것은 죽기 마련이고, 만난 것은 헤어지게 마련이고, 사랑은 미움으로 변하기 마련이다. 그 변화라는 것도 상대에 의해 변하기도 하지만 대개는 스스로 변하는 것인 데도 자기 탓은 아니 하고 남을 원망하지 않는가.

이러한 삶 가운데 진실이 있다면 그것은 어느 한 순간에 있다. 어느 순간 어떤 사람을 만났을 때 사랑하고 싶다거나 같이 있고 싶은 느낌 속에는 순수한 진실이 있다 할 수 있다.

그러나 그 느낌이 생각으로 전이가 되고 나면 과거의 사람과 비교하고 현재의 사람과 비교하고 앞으로 있을지도 모르는 이상형에다 비교하면서 자기와의 득실(得失)을 따지는 저울질을 한다.

그러한 계산이 시간 속에 다 끝이 나고 자신에게 이롭다는 판단이 섰을 때 내놓는 소리가 사랑이라는 소리이고 결합하자는 소리인 데도 상대에게는 순수를 바라고 진실을 바라니 문제가 생길 수밖에 없는 것이다.

문제는 여기서 그치지 않는다. 벌써 만나는 순간 그 사람의 실상이 아닌 내가 만든 허상을 붙드는 것이다. 처음 만나는 순간 하나의 대상을 놓고 이런 사람 같다며 자기가 스스로 만든 사람을 선택하지 않는가.

사람 속을 어떻게 알랴. 사람의 관계는 처음에는 잘 모르면서도 잘 아는 관계로 시작되었다가 나중에는 잘 알면서도 잘 모르는 거래로 끝나고 만다. 알게 모르게 스스로 속고 속는 도박판 같은 놀음을 놓고 아름답고 황홀한 착각을 하는 것이 관계나 결합의 내용 아닌가.

결론적으로 처음부터 오해로 시작하여 오해로 끝나고 마는 것이 사람과의 관계이고 사랑 놀음이니 큰 기대는 금물이라는 것이다.

인간이 보다 더 진화하여 참으로 만물의 영장이 되고 자율적 의지로 진실과 허위의 의미를 이해하는 존재가 되었을 때는 몰라도 현재의 미완성 상태로서는 생활 자체가 불완전할 수밖에 없다.

그러니 지금 상태로서 행복의 방법은 의미 없는 것에도 의미를 부여하고 가치 없는 것에도 가치를 창조하는 이른바 반야지혜를 키워서 스스로의 삶을 개척하는 수밖에 별 도리가 없는 것이다.

세 번째 고통은 구불득고(求不得苦)이다. 구불득고는 원하는 것이 뜻대로 이루어지지 않았을 때 몸과 마음에 나타나는 고통이다. 유정(有情), 무정(無情)이 만들어내는 고통도 크지만 유형(有形)과 무형(無形)의 의미를 제대로 이해하지 못할 때 인간이 당해야 하는 고통도 말할 수 없이 큰 것이다.

명예와 재물, 지위와 직업 같은 차별 경계에서 원하는 것을 얻지 못하면 팔만사천의 번뇌가 일어나고 또 그 결과 팔만사천의 진로(進路)를 얻게 되니 과연 무엇이 선이고 무엇이 악이겠는가.

그런 가운데 육신을 아름답게 피어나게 하고, 마음을 향기롭게 가꾸고 행복과 불행에 영향 받지 않는 고귀한 영혼을 지니려면 어떻게 해야 하는가. 오직 거울처럼 사물에 따라 응하여 비추되 나아가 맞이하지도, 가는 것 붙잡지도 않는 자세로 살아야 한다.

백 년도 살지 못하는 몸을 가지고 천 년 계획을 세우니 이 얼마나 어이없는 모순인가. 세상의 논밭이 다 내 것이라도 하루 세 끼 더 먹지 못하고 집이 백 칸이라도 내 설 곳은 반 평도 되지 않는다.

'이제 그만 됐다'는 생각을 하는 사람은 가난하고 천하여도 즐거울 것이고 만족을 모르는 자는 부하고 귀하여도 불안과 근심에서 헤어

나지 못한다.'

그러니 이제 이만하면 됐다는 생각으로 근심을 들어내자. 내게 발이 있어 가고 싶은 곳에 갈 수 있고, 내게 손이 있어 뭐든 만질 수 있고, 귀가 있어 흘러가는 음악이라도 들을 수 있고, 눈이 있어 좋은 그림 하나라도 볼 수 있으면 됐지 더 이상 무엇을 바랄 것인가. 더 바라다가는 다 잃고 마는 것이 세상의 이치이고 다 버릴 수 있는 마음이 다 차지할 수 있음을 알자.

네 번째 고통은 오온성고(五蘊盛苦)이다. 이 고통은 몸과 마음의 부조화에서 발생하는 것이다. 마음은 꿈을 좇아 언제나 하늘가를 맴돌고 몸은 현실을 쫓아 땅에 붙어 허덕이는 것이 사람이니 분리된 몸과 마음에 무슨 편안이 있겠는가.

사람의 애간장이 왜 녹아내리겠는가? 사대육신이 어이해서 시들어 가는가? 육신이 저 혼자 그러는 것이 아니다. 마음의 한이 풀어지지 않아 몸으로 들어오면 그것이 병이 되어 사람을 못 살게 하는 것이다.

정신이 피곤하면 마음이 수고로워지고 기운이 상하면 병이 따라 일어나게 되므로 사람은 모름지기 슬퍼하고 기뻐하는 것을 경계해야 할 것인데 스스로를 죽이고 있으면서 죄의식도 느끼지 않으니 도대체 누구를 위한 삶을 살고 있는가.

자기 자신의 구성 요소들을 만나 진지하게 상의하고 타협하라. 육신과 감정, 이성과 영혼, 지금은 이화작용(異化作用) 속에 있어도 끝내 외면할 수 있는 남이 아니기에 언젠가는 동화(同化)한다.

신념을 가지고 화합하라. 내적인 화합이 없으면 외적인 대립에서 패배할 수밖에 없다. 남과의 전쟁에서 승리하기 위해서는 자기 자신과의 투쟁을 빨리 끝내야 한다. 패자에게는 주어지는 공간도 없고 얻어지는 시간도 없는데 아직도 내적인 부조화 속에 스스로를 나약하게 만들고 있는 것이 지금의 그대는 아닌가.

사람에 따라 다 다르게 겪는 이상과 같은 생활적인 고(苦)가 있는가 하면 누구나 다 같이 겪어야 하는 생존적인 네 가지 고통이 있다. 그것을 이름하여 생(生)·로(老)·병(病)·사(死)라 한다. 이 네 고통과 애별리고(愛別離苦), 원증회고(怨憎會苦), 구불득고(求不得苦), 오온성고(五蘊盛苦)를 합하여 8고(苦)가 인간의 기본적인 고통이다.

다음으로 이러한 고통을 멸할 수 있는 방법이 있는데, 그것은 고(苦)의 원인을 파헤치는 '집제(集諦)'이다. 적과 싸워 이기려면 적을 알아야 하고 병과 싸워 이기려면 병의 원인을 알아야 하듯 고통과 싸워 이기려면 무엇 때문에 왜 일어나는 고통인지 그 이유를 알아야 하는 것이다.

그대가 경험해 본대로 견딜 수 없는 고통도 그 까닭을 파헤쳐 보면 한심한 것도 있고 또 인간이기 때문에 근원적으로 치러야 하는 고통도 있다. 그런가 하면 삼세인과(三世因果)로 돌아가는 것이 삶이라 자기 자신도 도저히 알 수 없는 원인에 의한 고통도 있으니 고통을 그저 운명으로 받아들이는 자세도 지혜로운 삶의 방법이기도 하다.

'좋은 일이 생기면 자기의 복(福)을 하나씩 까먹는 것이라 생각하고 나쁜 일이 생기면 자기의 업(業)을 하나씩 지워나가는 것'이라는 변명이라도 찾으면서 ….

부처님께서는 고(苦)의 원인은 대개 탐(貪)·진(瞋)·치(痴)에 의한 것이라고 했다. 생각해 보면 틀림없이 그렇다. 분수를 모르는 탐욕과 잠시 후의 일도 생각 못하는 분노와 진실과 허위, 가상과 실상을 분별 못하는 어리석음이 고통을 만든다.

이 세 가지 말고도 거만하고, 의심하고, 치우치며, 사견(邪見)과 신견(身見), 싸우거나 집착하는 열 가지 번뇌가 108번뇌를 만들고 천만 가지 고통을 만드니 사람은 저마다 번뇌가 망상으로 흐르지 않고 깨달음의 근거가 되도록 노력해야 하는 것이다.

이와 같은 고(苦)의 원인을 알게 되면 다음으로는 그 고(苦)를 없앨 수 있게 되는데 이것을 일러 '멸제(滅諦)'라 한다. 멸제(滅諦)는 일체의 모순과 고액(苦厄)을 여의는 해탈의 경지이다. 자연의 섭리나 인간의 이치를 관조하여 깨달음에 이르게 되면, 어리석음이 사라지게 되고 과욕도 일어나지 않게 되며 분노도 일어나지 않게 되는 것이다.

다음으로 '도제(道諦)'는 고(苦)를 다스려 없애는 수행의 방법을 의미한다.

여기에는 여러 가지 방법이 있으나 그 대표적인 것이 팔정도(八正道)이다

①정견(正見)은 있다 없다 좋다 나쁘다는 편견을 여의고 자성을 관찰하는 것이다.

②정사유(正思惟)는 번뇌도 보리의 씨앗이니 고(苦)를 낙(樂)으로 바꾸는 힘을 뜻한다.

③정어(正語)는 거짓됨이 없이 말하고 삿된 말을 하지 않는 것을 말한다.

④정업(正業)은 참 지혜로 일체의 망상을 여의고 바른 일을 하는

것이다.

⑤정명(正命)은 악업을 짓지 않고 바른 생활을 하는 것이다.

⑥정정진(正精進)은 최선을 다해 열반의 도를 닦는 것이다.

⑦정념(正念)은 마음을 닦음에 있어 망상이 일어나면 바른 생각이 들게 하는 것이다.

⑧정정(正定)은 산란한 마음을 버리고 진실한 마음으로 안정함을 찾는 것이다.

임류라는 사람은 나이가 거의 백 살이나 되어가고 있었다. 그는 남의 밭에 떨어진 이삭이나 주우며 살아가면서도 노래 부르고 춤추는 것을 잊지 않았다.

사람이 노래하거나 춤을 춘다는 것은 즐겁고 행복할 때나 하는 짓이 아닌가. 그것이 비록 계획된 것이고 분위기에 휩쓸린 것이라 하더라도 적어도 그 순간만은 사람을 불행하지 않게 하는 것이 노래이고 춤인 것이다. 그런데도 임류는 남 보기에는 즐거울 까닭이 하나도 없건마는 언제나 노래하고 춤추며 살았다. 그를 지켜보던 가인이 그의 삶의 자세를 보고 다가가서 조심스럽게 물었다.

"노인장, 늙어서도 힘들게 일하면서 대체 무엇이 그토록 즐겁습니까?"

그래도 임류는 노래를 그치지도 않고 하던 일을 멈추지도 않았다.

"살아온 과거를 후회하거나 남을 원망해 본 일도 없습니까? 내가 알기로 노인장은 어렸을 때는 부지런히 언행을 닦지 않으셨고, 장년이 되어서는 때를 다투어 살지도 않으셨고, 늙어서는 처자식도 없으시고 지금은 언제 죽을 지도 모르는 가엾은 인생입니다. 그런데 무엇이 즐거워서 노래를 부르십니까?"

가인의 말이 여기까지 오자 임류는 사뭇 기가 찬 듯 고개를 들며 입을 열었다.

"그대가 불행하다고 생각하는 것 모두가 내게는 행복이네. 같은 일이라도 생각하기에 따라 천당과 지옥으로 나타나고 마음 먹기에 따라 기쁨과 슬픔으로 변하지 않던가. 이 순간이 삶이면 삶을 즐기고 이 순간이 죽음이면 죽음을 즐길 줄 아는 도(道)만 터득된다면 흐름을 탈 수 있어. 나처럼 노래하고 춤출 수 있다는 말이야."

이어서 임류는 가인이 지적했던 문제를 계속 설명했다.

"나는 지금까지 스승이 없었기에 남의 지식에 노예가 되지 않을 수 있었고, 교육을 받지 않았기에 사회적 예의나 규범에 매이지 않아 자유로울 수 있었다. 나는 결코 그 누구도 나를 훈련시키도록 내버려두지 않았기에 남의 삶이 아닌 나의 삶을 살 수 있는 행운아였어. 그것이 비록 남 보기에 옳지 않은 일이었다 하더라도 그것이 소중한 나의 삶이었으니 원망 같은 것이 있을 수 없는 거야. 나는 다른 것이 되지 않고 지금의 내가 된 것에 감사하며 행복한 남보다 불행한 나를 사랑할 수 있어 기뻐하고 있지. 뭐 날 보고 후회하지 않느냐고? 천만에…"

가인은 임류가 넓게 배우지 않았기 때문에 깊게 들어갈 수 있었고 그 결과 높이 오를 수 있었다는 생각을 하면서 말했다.

"잘 알겠습니다. 행복하신 까닭을…"

"그래. 내가 행복한 것은 불행을 잃어버렸기 때문이고 그대가 불행한 것은 행복을 잃어버렸기 때문이야. 불행에 붙들려 있지 말고 행복을 찾아. 그렇게 어려운 일은 아니야."

"찾더라도 전 노래 부르거나 춤출 수는 없을 것 같아요."

"쉽지는 않겠지. 모방으로 가능할 일이 아니니까. 노래나 춤이란 것은 속에서 자연스럽게 흘러나와야 하거든."

"……"

"하기야 울지 않으려고 웃는 사람도 있어. 위선이 때로는 존재를 지키는 수단도 되니까."

"하지만 저는 그것이 설사 흉내일지라도 노래나 춤을 춰 보고 싶습니다."

"어려울 것 없어. 간단해. 자네가 가지고 있는 것만큼 가지지 못한 자를 보면 자네는 행복해질 수 있어. 인간들은 언제나 비교 속에서 울고 웃잖아. 하지만 소유와 무소유에서 오는 행복과 불행은 일어났다 꺼지는 물결과 같은 것이야. 진정한 행복은 존재 자체에서 오는 것이니 그걸 알아야 해."

"알겠습니다. 하지만 때로는 허구가 진실보다 더 찬란하듯 불행도 행복 같은 가면을 쓰고 있으니 저는 언제나 속고만 살았어요. 처절한 외로움 속에서요."

"누구나 그러지. 그렇다 해도 외로움 정도는 스스로 지울 수 있어야 성장이 빨라. 사람이 외롭다는 것은 아직도 자기 자신과의 관계가 형성되지 않았다는 것이고 자신과의 사랑에 충실하지 않다는 증거야. 소중한 자신의 존재를 두고 오직 남만 찾는 행위는 사람을 추하게 만들고 더욱 외롭게 만들어.

자기 자신과 대화가 되는 사람은 혼자 있는 것이 오히려 아름답고 우아하게 보이는 법이야. 외로운 것과 혼자라는 것은 다른 문제야. 그러니 자기 함정에 스스로 빠지지 않으려면 인간이란 존재의 심연부터 먼저 이해해야 해. 그리고 행복의 꽃을 자신의 존재에게서 피어나게 하려면 자기 합리화로 변명을 찾고 그것으로 자신의 마음에 완충장치를 만들어 삶이 주는 충격들을 최소화시킬 줄도 알아야 하지.

결국 사회적인 깨달음은 영악해지는 것이고 종교적인 깨달음은 바보가 되는 것이니 이 사실의 자각도 중요해. 하늘과 땅 사이, 현실과 꿈 사이, 성공과 실패 사이, 선과 악 사이에 있는 자네가 어느 쪽을 선택하든 그것은 어디까지나 자네에게 주어진 개인적인 문제야."

"결국은 자기 자신의 문제로 귀착되고 마는군요."

"도리가 없어. 시작과 끝이 다 스스로에게 있으니…."

망연자실해 있는 가인을 물끄러미 바라보던 임류가 천천히 말을 이었다.

"도(道)라는 것이 있기는 한데 그 줄을 한번 타보게. 그것 역시 광대가 줄을 타는 것보다 어렵기는 하지만 탈 수만 있으면 고통을 돌이켜 즐거움으로 바꾸는 지혜도 생기고 불행을 행복으로 바꾸는 힘도 생겨. 누구의 삶이라고 날마다 축제 같겠는가."

임류의 마지막 소리에 문득 새로운 사실을 발견한 가인이 다시 정신을 차리며 물었다.

"아니, 지금 그 말씀은 영감님이 기분이 좋을 때만 제가 봤다는 소린가요?"

"그만 들켰구나! 나의 이면까지. 나의 불행까지…."

이렇게 말한 임류가 잠시 후 말을 이었다.

"내가 인생은 행복한 것이라고 했던가?"

"네, 그랬습니다."

"그래, 그런데 인간이 불행을 느끼지 못할 때만 행복한 거야."

12. 無智亦無得 以無所得故 菩提薩埵 依般若波羅蜜 多故

무지역무득 이무소득고 보리살타 의반야바라밀다고

세월이 지나고 보니 안에 있는 지혜로 얻을 것도 없고 밖에 있는
지식으로 얻을 것도 없지만 얻음이 없는 소득에 만족하게 되는 깨달
음이 있었다. 그리하여 보살들도 반야바라밀다에 의지하였다.

귀면상(鬼面像)

의상조사의 십바라밀도(十波羅蜜圖)의 그림을 이용해서 도깨비 그림을 만들고 얻음이 없는 소득에 만족하라는 경문을 써서 양 끝을 마감했다.

십바라밀도는 의상이 간결한 선으로 열 가지 그림을 그려 심오한 진리를 표현한 명작이므로 그림의 뜻을 살펴보자.

① 둥근 달은 자비심으로 남에게 조건 없이 베푸는 보시(布施)를 표(表)한 것이다.

② 초승달은 삶을 살아감에 있어 지켜야 할 계(戒)를 표한 것이다.

③ 신발은 욕된 것을 참고 견디는 인욕(忍辱)을 표한 것이다.

④ 가위는 온 마음을 다해 도를 닦아나가는 정진(精進)을 표한 것이다.

⑤ 구름은 참선으로 바른 자세를 얻는 선정(禪定)을 표한 것이다.

⑥ 절구통은 미혹을 없애고 깨달음을 성취하는 지혜(智慧)를 표한 것이다.

⑦ 좌우 우물은 그때 그때 형편을 맞추는 방편(方便)을 표한 것이다.

⑧ 전후 우물은 부처가 중생을 구하는 대원(大願)을 표한 것이다.

⑨ 두 고리는 그른 것을 물리치는 정력(正力)을 표한 것이다.

⑩ 별 중의 달은 어둠을 밝히는 대지(大智)를 표한 것이다.

의상조사의 그림 속에 있는 반야지혜가 그대를 초대하니 그림을 붙들고 명상의 세계로 들어가라.

진공묘유(眞空妙有). 비어 있는 거기에 묘하게 있는 것을 발견하게 되면 얻음이 없는 소득에도 가득한 만족을 얻을 수 있다는 여기에 삶의 비밀이 감추어져 있다.

이는 곧 지금의 삶이 불행하거나 실패라고 생각하는 사람에게 위로나 변명을 주어 바로 대도(大道)에 들게 한다.

보통 사람은 무소득에 만족하기 어렵다. 하지만 변화의 한 순간에 나타나는 일시적인 현상을 놓고 득(得)과 실(失)을 어떻게 따질 수 있는가? 시간을 두고 보면 지금의 이익이 득(得)이 아니고 지금의 손해가 실(失)이 아니며 여기서의 잃음이 저기서 얻음이 되기도 한다. 그러므로 이름이나 형상에 치우치지 않아야 할 것이 사람이다. 불행의 씨앗이라고 생각되었던 것이 행복의 꽃을 피우기도 하고 어느 순간 눈앞을 캄캄하게 했던 절망이 세월 속에 찬란한 희망의 빛이 되기도 한다. 그러니 사람이 여유를 가지고 얻음이 없는 소득에 만족할 줄 알면 어떤 실패에도 좌절하지 않게 되고 어떤 불행에서도 또 다른 길을 쉽게 찾게 될 것이다.

사람이 수행을 하는 것도 득(得)과 실(失)을 논해가는 과정에 불과한 것이니 우선 자기 자신을 산만큼 높게 키우고 바다만큼 깊게 만들어야 한다.

이제는 남에 의한 내가 되어야할 것이 아니라 나에 의한 내가 되어야할 때이다. 들리지 않는가? 신의 숨결 같은 영혼의 소리가….

자각(自覺)은 영혼의 각성(覺醒)이다. 의지처는 아무 데도 없다. 오직 각성된 자기 존재만이 유일한 의지처이다.

다시 한 번 자신의 존재의 현 상황을 돌아다 보라.

복잡하고 시끄러운 길가에 어떠한 작용과 인연으로 하나의 씨앗이 떨어졌다. 그 씨앗은 조용하고 양지 바르고 깨끗한 물이 흘러가는 곳을 원할 수도 없다. 적당한 바람이 불어오고 인간들의 발길이 닿지 않는 곳에 뿌리를 내리고 싶으나 그에게 그러한 바람은 무리다.

그는 주어진 그 자리에 적응하지 못하면 그대로 사라지고 만다는 사실에 대해 인식하고 껍질을 비집고 나와 싹을 틔워야 한다. 뿌리는 어둠을 마다 않고 물기가 있는 땅 속으로 파고 들어가고 그 생명의 의지를 받은 줄기는 빛을 향해 위로만 위로만 뻗어 올라가야 한다. 아래에서 올라온 물 기운과 위에서 내려오는 불기운을 받은 생명은 그 물과 불을 작은 생명 속에서 조화시켜야 마침내 꽃을 피우고 열매를 맺는다.

그렇게 모진 시련과 고통 속에서 피어난 꽃일지라도 가혹하고 잔인한 존재적 현실을 다시 분명하게 파악해야 적응도 하게 되고 보다 나은 발전도 할 수 있게 된다. 이 빨강색의 꽃이 싫으니 노랑꽃이 되고 싶다는 생각도 하지 않아야 하고 열매가 작으니 더 크게 열리고 싶다는 생각도 사치스런 것이다.

그러한 생각 자체가 스스로를 병들게 하고 추악하게 만들 뿐 아니라 끝내는 존재 자체를 말살하고 말 것이니 어쩌겠는가. 그저 있는 그대로 받아들이고 흘러 가는대로 놓아두는 자세는 포기가 아니다. 그것은 오히려 초월이고 승화이다.

그러한 적응은 끝내 포기할 수 없는 존재를 유지시키고 그 결과 열매 속에 다시 씨앗이 생길 수 있게 한다. 그리고 또 그 씨앗은 바람과 태양의 도움을 받아 멀리멀리 날아가 옛날에 자기 스스로가 원하던 곳으로 가 뿌리를 다시 내릴 수 있게 한다.

이름 없는 풀 한포기가 생명을 이어가는 이 과정, 이것이 바로 그 대 자신의 삶은 아닌가. 도깨비 같은 재주도 없으면서, 변화와 조화 의 능력도 없으면서 그 소중한 나를 두고 어찌 남이 되려고 발버둥 치는가.

차가운 머리로 생각해 보고 뜨거운 가슴으로 느껴보면 남과 같지 않은 내가 소중해진다. 행복한 남보다는 불행해도 나의 존재가 더 위 대한 것이다. 사람이 할 일은 없다. 할 일이 있다면 내가 나 되는 것, 그것뿐이다.

내가 없으면 아무 것도 없고 내가 있어야 모든 것이 다 있다. 나에 의한 신(神)이고 나에 의한 부처이다. 기적은 다른 것이 아니고 지금 내가 인간으로서 살아있다는 것이다. 그래서 신(神)의 존재를 생각하 고 부처의 깨달음을 대하고 있다는 사실이다.

아무리 보잘 것 없는 생물에게도 다 자기만의 하늘이 있고 땅이 있 고 시간이 있고 공간이 있다. 더 나은 시간이나 더 큰 공간을 바라지 만 않는다면 불행할 까닭이 없다. 인간의 불행은 이만하면 됐다는 생 각을 하지 못해 생기고 모든 시비는 그럴 수 없다는 데서 생긴다.

왜 그럴 수가 없는가? 내가 그럴 수 있듯이 남도 그럴 수 있다! 생 각 하나만 바뀌면 시비가 생길 까닭도 없고, 불행할 이유도 없다. 이 얼마나 단순한 것이 삶인가? 세상이 어려운 것은 그대의 생각 때문 이고 그대의 삶에 장애물은 오직 그대 자신이다.

존재는 무(無)와 무(無) 사이를 지나가는 시간적인 생물에 지나지 않는다. 존재의 근원은 삶이 아니고 죽음이어서 무에서 무로 돌아간다. 그러니 어떻게 살 것인가 하는 문제보다 어떻게 죽을 것인가 하는 문제에 더 비중을 두어야 한다.

어떻게 사는가 하는 문제에 매달리면 욕망과 집착이 생기고 천 년 계획 만 년 계획이 생겨 오히려 삶을 망치고 만다. 그러나 어떻게 죽을 것인가 하는 문제에 붙들리면 욕망과 집착이 사라져 본 마음으로 삶을 꽃피울 수 있다. 죽음은 나중에 오는 것이 아니라 삶과 더불어 시작된 것이다.

자기 세계에서 현명하기로 소문난 개가 있었다. 그는 이른바 유명한 견공(犬公)이어서 멀리까지 초청 강연을 다녔으며 삶의 문제가 있는 개들은 그와 상담을 하고자 그의 집 앞에 매일 장사진을 이루었다.

그러한 그에게 갑자기 슬픈 소식이 날아들었는데 내용인즉 장래가 촉망되던 젊은 개 한 마리가 어이없는 사고로 죽은 것이었다. 세상 사는 경험이 별로 없던 그 개는 거리를 나섰다가 우연히 거울 가게 앞을 지나가게 되었다.

문득 고개를 들다가 거울에 비치는 흉측스런 모습을 발견한 개는 그것이 자기 모습인 줄도 모르고 엉겁결에 거울 앞으로 달려들었다. 사나운 개의 도전에 부딪친 거울은 요란한 소리와 함께 산산조각이 나면서 개의 모습은 더욱 얄궂게 비쳐 들었다. 당황한 개는 자기와 똑같은 동작으로 달려드는 개들을 이리 치고 저리 물다가 지친 나머지 그만 그 자리에 쓰러져 죽고 말았다는 것이다.

'그 개는 수많은 개들과 싸우다가 장렬한 죽음을 맞이했지만 결국 자기 자신과 싸우다 죽었다.' 그런 생각 속에 그의 죽음을 애도하고 있던 현명한 개는 다음 날 그의 장례식에 참석하기 위해 일찍부터 길을 나섰다.

산과 강을 지나 숲이 짙은 오솔길을 한동안 달리던 개는 목이 마른 나머지 샘을 찾다가 아주 아름다운 색깔의 옷을 입은 작은 새 한 마리를 발견했다. 평소에 날고 싶은 소망을 안고 새를 부러워하고 있던 개는 재빠른 동작으로 새를 덮쳤다. 깊은 생각에 빠져 있던 새는 그만 꼼짝없이 개에게 붙잡히고 말았다. 새를 잡은 개는 생각했다.

'이것을 살려두고 볼까? 아니면 그냥 잡아먹어 버릴까? 모양을 보니 예뻐서 두고 보고 싶고, 고기 맛을 생각하니 먹어치우고 싶구나!'

그런 생각을 하고 있는 개에게 새가 말했다.

"안 돼! 날 잡아먹으면 안 돼!"

"어! 네가 어떻게 내 속을 읽었지?"

개는 깜짝 놀라서 물으니 새가 거침없이 말했다.

"나는 보통 새가 아니니까. 내가 보통 새로 보여? 난 말이야, 아주 귀한 보석이 감추어져 있는 동굴도 알고 있을 뿐 아니라 꽤나 영리한 새라구."

욕심이 생긴 개가 매달리듯 물었다.

"어디? 어디에 그런 동굴이 있어?"

"어떻게 그냥 가르쳐 줘? 더구나 이렇게 붙들린 상태로? 날 놓아 주면 말해주지."

"널 어떻게 믿어? 그대로 날아가 버리려고 그러지?"

"아니야. 이래 봬도 난 의리가 있는 새야. 그러니 믿어봐. 부자가 되고 싶지 않은 거야?"

"부자가 되고 싶지만 널 믿을 수는 없어."

"믿지 못하는 건 서로가 마찬가지구만. 그럼 내가 제안을 하나 하지."

"그게 뭔데?"

"넌 말을 해서 먹고 사는 개니까 네가 평생 두고두고 써 먹을 수 있는 아주 소중한 강의 자료를 우선 주지. 어때?"

잠시 생각에 잠기던 개가 입을 열었다.

"어디 말해봐!"

"그래. 좋아. 말해주지. 첫째로 절대 남을 믿어서는 안 된다는 거야. 둘째로 절대로 지나친 욕심을 내서는 안 돼. 셋째로 어떠한 상황에 처하더라도 절대로 화를 내서는 안 된다는 것이야. 이 세 가지만 잘 지키면 생명을 가진 것들은 별 사고 없이 살다 죽을 수 있어."

새의 교훈적인 소리를 들은 개는 고개를 끄덕이면서 말했다.

"음, 과연 네 말이 맞아. 정말 두고두고 써 먹어도 될 소리야."

"그렇다면 날 놓아줘."

"그래 약속을 지키지."

개가 말과 더불어 새를 놓아주자 새는 훌쩍 날아 나뭇가지에 앉더니 개를 조롱하기 시작했다.

"이 바보 같은 개야. 요즘같이 밝은 세상에 보석이 가득 찬 동굴 같은 게 어디 있겠어. 그런 게 있으면 영악스런 인간들이 벌써 차지했지 우리 몫이 되게 놔 두겠냐구."

개는 비로소 속았다는 것을 알고 솟구치는 분노를 참지 못한 나머지 새가 앉아 있는 나무로 뛰어 올랐다. 개가 다가오자 새는 더 높은 가지로 더 높은 가지로 날아올라갔다. 자기 자신을 잃고 새를 쫓던 개는 그만 나뭇가지가 부러지는 바람에 아래로 떨어지고 말았다. 머리가 바위에 부딪치면서 심하게 다친 개는 다시 일어나지 못할 것처럼 신음했다.

피를 많이 흘리고 있는 개가 죽을 것처럼 보이자 개에게로 다시 날아간 새가 장송곡을 치듯 말했다.

"이 어리석은 개야. 넌 죽어 마땅해. 내가 방금 전해준 교훈을 참진리 같이 긍정해 놓고 문제가 발생하자 금방 다 잊어버리고 말았으니…. 우선 첫째로 남을 믿지 말라고 했는데 너는 나를 믿었어. 그리고 욕심을 내지 말라고 했는데 욕심도 냈지. 그런가 하면 무슨 일이 생겨도 절대로 화를 내지 말라고 했는데 너는 분노 속에 자기 자신의 분수를 잃고 나를 잡으려다 이 꼴이 되고 말았잖아."

죽음을 몰고 오는 아픔 속에서 새의 말을 다 들은 개는 삶을 체념한 듯 조용히 눈을 감았다. 그는 속으로 새의 말을 그대로 다 인정하고 있었던 것이다.

13. 心無罣碍 無罣碍故
(심무가애 무가애고)

마음이 아무 데도 걸린 데가 없고 걸릴 데도 없어야 육신이 자유로워진다. 생(生)과 사(死), 이(利)와 해(害), 정(正)과 부(否), 유정(有情)

과 무정(無情) 등에 마음이 구속당하지 않아야 근심 걱정, 불안 초조 같은 것에서 해방될 수 있다.

고행도(苦行圖)

　피골(皮骨)이 상접(相接)한 부처의 고행상(苦行像)에다 마음 심(心) 자(字)로 얼굴을 그리고 또 하나의 자기 본 모습을 들고 있는 부처의 손에다 무가(無罣)를 쓰고 애고(礙故)의 글자로 무릎을 받쳤다.

　'심무가애 무가애고(心無罣碍 無罣碍故)'의 경지는 그냥 이루어지는 것이 아니다. 나를 죽이는 아픔이 있어야 거듭 태어나는 것이다. 고통도 남의 인생이 아니거늘 소중히 받아라. 어차피 눈물로 채워진 빈 몸이다.

　즐겁고 행복할 때는 자기 자신이 잘 났고 훌륭하며, 슬프고 괴로울 때는 현실을 탓하고 남을 원망하는 것이 그대 자신이 아닌가. 행복할 때는 외면하고 거부하다가 불행할 때 부르는 것이 신(神)이고 찾는 것이 부처가 아니던가.

피 눈물이 쏟아질 때 소리쳐 부르고 찾는 것이 밖에 있는 존재이어서는 안 된다. 그 밖에 있는 존재는 그대가 행복할 때 잊혀진 존재였기에 그대가 불행할 때 그대를 도와주지 않는다.

사람은 그 마음 속에 고통을 만드는 병이 없어야 육신이 제 기능을 발휘하게 되고 그래야만 영혼이 제 자리를 지키게 된다. 형체도 없이 떠도는 나그네이면서도 주인 노릇을 하는 그 마음은 대체 어떤 것인가?

'심부재언(心不在焉)이면 시이불견(視而不見)하고 청이불문(聽而不聞)하고 식이부지기미(食而不知其味)라.'

마음이 없으면 보아도 보이지 아니 하고, 들어도 들리지 아니 하고, 먹어도 그 맛을 모른다고 했다. 이러한 심(心)과 의(意)와 식(識)의 세계는 대체 무엇이며 어떻게 달래야 하는가?

우선 의식을 혁명해야 한다. 그리고 생각을 다르게 하여 마음에게 꽃피우지 못할 씨는 뿌리지 못하게 해야 한다.

애초에 남의 것이었으니 다시 또 두고 가야할 남의 것이다. 지금의 소유 개념에서 차용 개념으로 전환하라. 잠시 동안의 위탁물에 소유 개념을 이입시켜 영원을 꿈꾸는 착각을 하다가는 하나 뿐인 생명을 잃고 한번 뿐인 인생을 놓친다.

그리고 또 수직 개념을 수평 개념으로 전환시켜라. 하나를 고집하다가는 전체를 잃고 마는 것이 세상사이다. 가장 소중한 것을 위해서는 그만 못한 것을 희생할 줄도 아는 용기와 마땅한 것이 없으면 적당한 것이라도 만족할 줄 아는 변통이 있어야 한다.

진리도 해석에 따라 그 의미가 달라지고 진실도 변하는 것이다. 변화에 변할 줄 모르는 고집이야말로 서로를 해치는 어리석음이다.

그러니 모든 것을 다 잠시 빌리는 남의 것이라는 차용 개념으로 물질에 집착하지 말고, 내가 아니어도 되고 네가 아니어도 되는 수평 개념으로 인간에 대한 애착을 버릴 때 비로소 그대는 자유로워질 것이다.

인간은 그 마음에 무엇이 와 닿으면 곧 바로 그것에 구속당하고 만다. 사람이 마음에 들면 그 사람에 구속당해 물불을 가리지 못한 채 사건을 만들어 내고 물건이 좋으면 그것에 사로잡혀 어찌할 바를 모른다.

그물을 헤치고 끈을 풀자. 부질없고 쓸데없는 일에 아까운 인생 낭비하지 말고 뜻 있고 보람된 삶을 가꾸기 위해 이제 생각을 전환하고 의식을 혁명해야 한다.

타인을 소유하는 것은 동시에 내가 소유당한다는 뜻이고 재물을 지배하면 동시에 그 재물에 지배당하고 만다. 이렇게 사람이 소유물에 소유당하고 나면 소위 소유의 역전 현상이 나타나 고매한 인격은 사라지고 인간은 무가치한 속물이 되고 마는 것이다.

본래 없지도 않고 있지도 않는 경지는 말로서 드러낼 수 없지만 그 경지를 스스로 터득하여 존재의 품위를 높여 나가야 한다. 자신이 남을 소유하기도 싫고 소유당하기도 싫을 때 사람은 고고한 존재가 된다.

경(經)에서도 말하기를, "이른바 아유자(我有者)란 사람에게 집착하는 병(病)이요, 심유자(心有者)란 법에 집착하는 병(病)이다. 사람에게 집착하는 것은 스스로를 묶는 것이고, 법(法)에 집착하는 것은 밖의 것에 사로잡힘이다. 사람은 집착을 다스릴 줄 알아야 외물에 구속당하지 않고 존재의 자유를 지킬 수가 있다. 내가 있다고 하는 자가 있거든 그로 하여금 있다고 하는 견해를 없애게 하고, 내가 없다고 하는 자가 있거든 그로 하여금 없다고 하는 견해를 멸(滅)하게 하라. 이렇게 멸(滅)하는 성질을 살필 줄 알면 곧 실제(實際)에 들어갈 것이다."고 했다.

부처도 신화적이고 의식적인 것보다는 심리적이고 인간적인 고뇌와 좌절에 관심이 많았다. 그의 교리는 정신 요법적인 것이 많고 인간적 상황을 극복하는 방법에 대해 주로 이야기했다.

그래서 불교는 생활의 샘이 되었고, 중생의 마음을 적셔주는 비가 되었다. 부처가 깨친 후 녹야원에서 처음 설한 고(苦)·집(集)·멸(滅)·도(道)도 따지고 보면 병과 병의 원인과 병의 내용과 그리고 치료에 대한 처방이었다.

불행할 수밖에 없는 것이 인간이라면 행복은 꿈꾸지 말아야 한다. 또 비정상적일 수밖에 없는 것이 인생이라면 정상적인 것을 바라지 말아야 하고, 미완성적인 것이 인간이라면 완성적인 인격 같은 것은 바라지 말아야 하는 데도 그 무슨 오해와 착각으로 불가능한 것을 바라는가.

어찌 그뿐인가. 자기 자신은 무슨 짓을 해도 이해가 되고 용서가 되면서 타인은 아무 것도 못하게 하는 것이 그대 아닌가. 공존의 원칙마저 무시하는 마음. 그 마음으로 무슨 평화를 찾고 질서를 바라는

가.

자력문(自力門)과 타력문(他力門)을 다 같이 이용해서 스스로의 존재 가치를 높여 나가라. 그대의 몸과 마음은 남으로 하여금 구매 충동을 일으킬 만큼의 상품 가치가 있어야 한다. 무엇과도 바꿀 수 없는 가치, 다 주고 사도 조금도 아깝지 않는 가치가 창조될 때 그대는 절대자가 된다. 남으로 하여금 후회 없는 선택이 되게 할 책임이 그대에게 있다는 것을 명심하라.

선택의 실수를 한 어느 여인의 이야기가 있다.

덜 되고 못난 남편과 반 평생을 억지로 같이 살던 한 여인이 이제는 도저히 같이 살 수 없다는 판단을 하고 절에 가 중이나 될까 하고 집을 나섰다.

새 출발의 꿈을 안고 산길을 재촉하던 그녀는 길에서 어떤 도인을 만나 대화가 이루어졌다.

"어딜 가는데?"

"절에 가 중이나 될까 하구요."

"뭣 때문에?"

"속세에서는 더 이상 살 수가 없어서요."

말 끝에 그녀는 자기의 사연을 구구절절이 도인에게 이야기를 다 했다. 다 듣고 난 도인이 무겁게 입을 열었다.

"그만 돌아가거라! 절에 있는 부처가 네 문제 해결할 수 없고 쌓아 놓은 불경이 너의 길을 안내하지 못한다. 부처의 가르침은 다른 것이 아니고 네 문제는 네 스스로 해결하라는 것이다."

"그래도 저는 다시 돌아가기 싫습니다."

"고집은…."

"고집이 아닙니다. 저에게는 잔인한 현실입니다."

"네게 잘못은 없다는 말인가? 전혀…."

"?"

여인의 말문은 그만 막히고 말았다.

"불행하다는 사람을 가만히 살펴보면 그 사람 속에 불행할 수밖에 없는 이유가 반드시 있다. 그것을 스스로 찾아 자기 자신을 다스려야 불행은 거기가 자기 있을 자리가 아님을 알고 떠난다. 남이 자기를 어떻게 해줄 수 있다고 기대하지 마라.

마음의 거울에다 스스로를 비쳐 보면서 불행의 까닭을 찾아라. 눈물이 펑펑 쏟아지는 슬픔도 좋았던 것의 결과이니 그것을 돌이키면 다시 기쁨이 되기도 한다. 사람의 삶이란 이것도 아니고 저것도 아니고 종합인데, 어떻게 좋은 것만 바랄 수 있겠어. 좋은 것만 네 인생이고 나쁜 것은 네 인생이 아니더란 말이냐."

"……."

여인이 말의 내용을 알아듣는 것 같자 도인의 말이 계속 되었다.

"너 금강경에 있는 '여여부동(如如不動) 불취어상(不取於相)'이란 구절을 이해하느냐?"

"알고는 있어도 이해는 못합니다."

"내가 도와주지. 그 글은 만사를 있는 그대로 받아들이고 흘러 가는대로 놓아두라는 것이다. 그래야 형상에 치우치지 않게 되고 자기 생각에 붙들리지 않게 되니까. 지금 너의 슬픔이 어디서 시작된 것이냐 하면 남이란 상을 놓고 자기의 꿈을 꾸다가 그것이 어긋나니까 생긴 것이다. 애초에 상대와는 아무 관계없는 자기만의 희망이었으니 좌절은 당연한 결과지.”

여인의 결심이 흐려지고 마음이 동요하는 것 같은 기미를 엿본 도인이 잠시 후 말을 이었다.

“문득 다음과 같은 글귀가 생각나는구나.”

“그윽이 살피니 사람의 몸은 셋방살이 하는 거와 같고 마음은 품팔이와 같다. 어찌하여 셋방인가. 셋방은 아무리 좋다 하여도 때가 되면 떠나야 하는 것이다. 사람의 몸이 아무리 아름답다 해도 생명이 다 하면 버리고 떠나야 하기 때문이다. 어찌하여 품팔이라 하는가. 품팔이는 이 일을 다 하면 저 일을 해야 한다. 사람의 마음도 언제나 이 일, 저 일에 쫓겨 다니며 어느 한 가지 일도 내 마음대로 할 수 없으니 그러하다. 그런데 집은 돈만 있으면 다시 세 얻을 수 있지만 몸은 한번 수명이 다하면 그만이고, 품팔이는 일을 마치면 잠시 쉴 수도 있지만 번뇌의 수고로움은 잠시도 쉴 수 없으니 안타깝구나.”

글귀를 다 읊은 도인이 여인에게 다시 채찍을 들었다.

“이제 나라는 거울을 통해 자기 자신을 발견했거든 어서 돌아가서 너의 집을 사원으로 삼고 너에게 고통을 주는 남편을 부처님으로 모시고 살거라. 그것이 깨달음의 길이고 진정한 삶의 길이야.”

그 말 속에 진리가 있음을 파악한 여인은 그 길로 돌아가 대문을 활짝 열고 집안을 사원으로 만들고 남편을 부처로 모시고 살았다.

세월이 흘러 깨달음을 얻은 그녀의 소리는 바로 그 자체가 부처님의 소리인 양 듣는 사람으로 하여금 깨달음을 얻게 했다.

그도 그럴 것이 어느 날 아침 그녀는 늦잠 자는 남편을 향해 소리 쳤다.

"이제 그만 깨어나세요! 벌써 아침이 되었어요."

그때 마침 그 집 앞을 지나가던 노승이 그 소리를 들었다. 그녀의 소리는 그 노승의 가슴에 진리가 되어 들어가 노승의 마음을 깨웠다. 깨어나라는 그 말은 그때 처음 들었던 말도 아니었고 모르고 있었던 말도 아니었다. 그런데 그 순간 그녀의 말은 커다란 염력(念力)을 가지고 노승의 가슴에 깨달음의 길을 여는 계기를 마련해 주었던 것이다.

'그래. 깨어나야지. 나는 너무 오랫동안 자고 있었다.'

그 후부터 그 노승은 그 집 앞을 지나갈 때마다 그녀와 그녀의 집을 향해 절했다.

그녀의 집은 노승에게 사원이었고 그녀는 노승에게 깨달음을 준 부처님이었던 것이다.

때로는 아무 의미 없는 말이 그대에게 깨달음을 줄 수도 있고, 한 구절의 글귀가 그대의 운명을 바꿀 수도 있다.

14. 無有恐怖 遠離顚倒夢想 究竟涅槃 三世諸佛
(무유공포 원리전도몽상 구경열반 삼세제불)

사람이 있음과 없음에 대한 공포를 제거하면 생각이 전도되어 삶의 고통을 꿈처럼 멀리 사라지게 할 수 있다. 그렇게 생활의 공포를 없애게 되면 마침내 열반의 세계에 도착하게 되어 자기 자신이 과거, 현재, 미래불이 되는 것이다.

태극도(太極圖)

수직, 수평, 원의 선으로 무극, 태극, 사상도를 그렸다. 그리고 무(無)와 유(有)를 음양으로 처리해서 변화와 조화의 원리를 도안했다. 언제나 있는 것은 있는 줄을 알고 없는 것은 없는 줄을 알게 될 것인가. 있는 것은 있는 줄을 모르고 없는 것을 없는 데서 찾는 것이 불행의 시작이다.

이러한 있고 없는 문제만 해결되면 꿈과 현실도 전도될 수 있고, 실상과 허상이 구별되면 극락과 지옥의 문도 스스로 열 수 있게 된다. 움직이지 않고서도 변화시키고 아니함으로서 이루는 경지는 아무나 도달할 수 없지만 그대의 노력 여하에 달려 있다. 무엇이라도 어떻게라도 될 수 있는 온갖 가능성을 지니고 있는 것이 그대이므로...

해와 달을 겨드랑이에 끼고 우주를 나는 기개를 펼쳐야 하는 것이 그대 아닌가. 그렇게 되려면 마땅히 사람의 마음이 자연과 짝할 수 있어야 한다.

'하늘과 짝하면 만물을 덮어 갈 수 있고, 땅을 짝하면 모든 것을 실어 갈 수 있고, 바다와 짝하면 아무도 그 속을 헤아릴 수 없게 된다.'

그대 자신이 하늘이고, 대지이고, 바다가 되면 우주가 그대 것이 된다.

무유공포에 대한 해석이 지금까지는 '공포가 있을 것이 없다'로 해설되어져 왔다.

그러나 그 풀이는 문장의 구두점을 잘못 찍은 데 그 원인이 있고 주어와 술어를 혼돈한 데서 비롯된 실수이다.

이런 전제 하에 무유공포를 다시 해석해 보면 앞 문장 무가애고(無罣碍故)와 연결된 것이 아니고 '무유공포'는 뒤 문장 '원리전도몽상'의 서두라는 것이다. 그리고 무유라는 두 글자를 주어로 해석해야 하는데 그 두 글자를 공포에 대한 술어로 처리했기 때문에 문장 해석이 그릇되어 이치에 어긋나고 말았다. 그러므로 무유공포는 이제부터라도 '있음과 없음에 대한 공포에서 해방되어야'로 해석되어져야 마땅하다.

글이 말이 되지 않을 때는 뼈를 갈아 끼워야 하고 말이 뜻으로 통하지 않을 때는 태(胎)를 빼앗아도 괜찮은 것이 한문 해석의 원리이다. 그러한 원리로 볼 때도 그러하고 또 종교의 최대 목적이 인간의 행복에 있고 그 행복을 위해서 인간에게 진리를 이해시키는 것이라면 그 목적을 놓고 생각해 볼 때도 그러하다.

그렇다면 반야심경에 있는 '무유(無有)'는 다른 종교에서 우상(偶像)만큼이나 중요한 의미를 지니고 있다.

사람이 있다는 것과 없다는 것에 대한 이해로써 마음을 자재(自在)하게 되면 소유와 무소유에 지배되지 않는 영원한 자유인이 되고 꿈같은 생각을 전도시켜 불안을 멀리 보내게 된다.

'원리전도몽상(遠離顚倒夢想)', 사람이 전도(顚倒)라고 생각하는 것마저 전도임을 깨닫게 되면 무(無)에서 물(物)을 보는 밤 꿈[夢]도 사라지게 되고 사랑하고 미워하는 마음이 만들어 내는 낮 꿈[想]도 없어지게 되어 마침내 진정한 깨달음[究竟涅槃]에 이르러 부처가 된다.

그러니 무유공포에서 시작하여 삼세제불에 이르는 이 문장은 삶의 최대 문제인 있음과 없음에 대한 공포를 제거해야 하는 까닭에 이어 삶의 목적까지 밝히고 있는 대목인 것이다.

세상은 이미 있고 없는 것으로 나누어져 있으므로 이 있음과 없음을 제쳐놓고는 삶이라는 것 자체를 논할 수가 없다.

세상은 쉼 없이 변하고 그 변화 속에 위기가 생기고 그 위기 속에 기회가 나타난다. 사람은 그 기회를 이용해서 창조와 파괴의 삶을 영위해 나가지 않는가. 이 역시도 따지고 보면 다 있고 없는 것의 상생 상극의 조화이다. 또 공(空) 사상을 논한다 해도 무(無)와 유(有)를 빼놓고 무슨 말이 되겠는가.

공(空)의 신비도 무와 유가 이해될 때 비로소 깨닫게 된다. 무엇이 든 다 있어야 삶을 풍요롭게 향유할 수 있는데 있어야 할 것 중에 단 하나만 없어도 이미 있는 것이 아무 소용없는 것처럼 불행을 느끼고 고통에 신음하는 것이 사람이다.

그래서 생존에 필요한 모든 것, 생활이 요구하는 온갖 것들을 소유 하고 지배하기 위해 물불을 가리지 않고 덤비는 것이 보통 사람들의 삶이기에 그 문제의 해결을 위해 방법적인 문제를 스스로 찾게 해 놓 은 경문이 지금까지 별다른 의미 없는 것으로 처리되어져 온 것이다.

분명 이 대목에서는 유위전변과 전화위복의 세상 이치가 인간들의 가슴과 머릿 속에 전해지게 해서 지금 있는 것에 대한 오해와 지금 없는 것에 대해 이해를 시켜야 한다.

그럼으로써 인간이 있는 것 때문에 자유를 빼앗기거나 없는 것 때 문에 노예가 되지 않게 제도하고, 무와 유에 대한 올바른 자각으로 삶을 승화시키게 만들어야 하는 것이다.

인간은 누구나 까닭 없는 불안과 까닭 있는 공포에 사로잡혀 언제 나 행복을 위협받고 있다. 존재의 내부로부터 오는 불안과 밖으로부 터 들어오는 공포에 몸부림치고 있는 것이다. 죽음의 그림자로 인해 실체가 공포를 느끼는 것이 생존의 불안이고 소유와 무소유에 대한 공포가 생활의 불안이다.

엄습하는 불안과 공포 때문에 차라리 예속되기를 바라지만 그 누 가 있어 자신의 존재를 책임지겠는가. 예속됨으로써 가증스런 공포 를 없애려고 인간을 찾고 신에게 의지하려 하지만 결과는 또 좌절의 공포뿐인 것이 사람의 삶이다.

그래서 자기 삶에 있어 입법자(立法者)가 되려고 해도 또 다시 선택의 공포가 인간을 구속한다.

자유의 실체가 책임이니 책임이 두려운 것이다. 불안을 피하려는 마음이 불안을 만들고, 불안을 잊으려는 마음이 더 큰 불안을 만드니 불안은 아무래도 인간의 운명일 수밖에 없지만 신과 인간, 그리고 자연과 인간을 바로 이해하게 되면 있음과 없음에 대한 공포가 사라져 비로소 진정한 자유인이 될 수 있는 것도 사람이다.

그것이 행복이어서 다시 불행해지고, 그것이 자유이어서 다시 저주스런 것이 될지라도 잠시의 행복과 자유를 위해서라도 있음과 없음의 공포에서 해방되어야 하는 것이다.

세상엔 절대세계와 상대세계가 있다. 절대세계는 공(空)의 세계이고, 상대세계는 무(無)와 유(有)가 서로 더해지고 감해지면서 혼돈의 세계를 연출하고 있다.

자기 자신에게 무엇이 있고 없느냐에 따라 행복과 불행이 결정되고 성공과 실패가 좌우되는 것이므로 무유(無有)의 문제는 삶에 있어 가장 중요한 문제가 아닐 수 없는 것이다. 모든 것이 마음에서 만들어지므로 마음 밖에는 법(法)이 없다 하지만 중생심은 환경의 지배를 받을 수밖에 없지 않은가. 없는 사람은 거지가 되어 피눈물을 쏟으며 살아야 하고 있는 사람은 황제가 되어 기쁘고 즐겁게 사는 것이 사실이고 현실이다.

그렇다면 인간은 그게 뭐든 있어야 한다. 내가 있어야 하고 네가 있어야 하고 재물도 있어야 하고 명예도 있어야 한다. 필요가 요구하는 것이 그 시간 그 공간에 없을 때 인간은 좌절하며 고통 받는다.

생각하면 이상하고 얄궂은 것이 인간이고 인생이지만 어쩌겠는가. 삶이란 본래 그런 것이니⋯. 이 사실을 이해하라. 그것이 깨달음의 출발점이다.

지금 있다는 것은 앞으로 없어질 것이다. 그리고 또 지금 없다면 앞으로 있게 될 것이다. 없음이 씨앗이 되어 있게 되고 있음이 원인이 되어 없게 되지 않던가. 변화의 중심에서 그 변화에 휩쓸리지 않는 자기 창조만 있으면 심각한 자기 문제도 객관화시켜 구경할 수 있게 된다.

세상이란 무대에서 연기하는 배우가 객석으로 가 자기 배역을 한가롭게 구경할 수 있으면 그는 벌써 정신적 위업을 이룬 자이다.

이렇게 도(道)는 그대가 모르는 곳에 있지 않고 그대가 아는 곳에 있다. '있으면 있어서 탈이고 없으면 없어서 탈' 인 일상 속에 있는 것이다.

이렇게 있고 없는 문제는 마치 운명의 장난 같아도 분명 또 그대의 마음에서 조작되기도 하는 것이라 반야심경 속에 무유공포가 있다.

사람이라는 것이 있다고 행복하고 없다고 불행한 것도 아니다. 모든 게 다 있어도 없는 것을 찾아나서는 영원한 나그네가 인간이고, 원하던 것이 얻어지면 다시 또 다른 것을 찾아나서는 영원한 거지가 인간이다.

이러한 인간에게 있고 없는 것의 진정한 의미를 인식시켜 자유인이 되게 하려는 것이 부처의 뜻이 아니었을까?

그럼 다시 우화로 넘어가자.

옛날에 이익이냐 손해냐 하는 것만 저울질하면서 재산을 모으는 것을 낙으로 삼고 사는 사람이 있었다. 그의 하인 중에는 주인과 달리 오직 옳으냐 그르냐는 생각을 하면서 진리를 탐구하며 사는 사람이 있었다.

재산이 있는 주인은 그 힘으로 하인을 혹독하게 부리며 잠시도 쉬지 못하게 하였고, 가진 것이 없어 힘 없는 하인은 할 수 없이 노예 생활을 계속했다. 그러나 주인이라고 편안하고 행복한 것은 아니었다.

그는 낮에는 재물의 노예가 되어 바깥 출입도 안심하고 못하면서 안절부절 했고, 밤이면 남에게 학대 받거나 매 맞는 꿈을 꾸면서 허덕였기에 남 보기에 몹시 불행해 보였다. 그러한 주인의 모습을 지켜보던 나그네가 다가가 물었다.

"여보시오 주인장. 재산이 남부럽지 않게 있는 사람이 어찌하여 그렇게 불안하고 불행해 보이는 거요?"

대답하기도 귀찮은 듯 주인이 내뱉었다.

"말도 마시오. 있는 것 지킨다는 것이 없는 것 있게 하기보다 힘들어요. 그뿐 아니라 밤에는 전도 되어버린 인생이 꿈으로 비쳐들어 잠도 잘 수 없으니 죽을 노릇이요."

"하기야 꿈이란 것이 대개 상반되게 나타나니 밤엔 그렇기도 할 것이고 낮에 당하는 고통도 이해가 가오. 하지만 세상은 고락이 빛과 그림자처럼 함께 있는 것이니 있고 없는 것에 대한 의미를 깨닫고 자기 자신을 관리할 줄 알아야지요."

주인과 그러한 대화를 나눈 나그네는 다시 하인을 만났다. 하인은 주인과는 달리 아무 것도 없이 힘든 일을 하는 데도 행동에는 여유가 있고 얼굴은 편안해 보였던 것이다.

"당신은 가진 것도 없고 남의 일을 힘들게 하는 데도 즐거워 보이니 그 까닭이 궁금하구려."

하인은 대수롭지 않은 듯 대답했다.

"있고 없는 것을 자재할 수 있어 그렇지요. 나는 실상과 허상, 무와 유를 분리해서 생각하지 않습니다."

"현실은 엄연히 나누어져 있는데 어떻게 생각을 다르게 할 수 있습니까?"

"어느 차원에서 보느냐 하는 문제겠지요. 예를 들자면 사람이 어떠한 생각만으로 사실 같은 착각을 하고 겁을 먹는 것은 허상과 실상이 다르지 않기 때문이고, 꿈 속에서 병이 나면 깨고 나서도 아픈 것은 유와 무가 하나이기 때문이 아니겠어요. 나누어 생각하면 만상(萬像)이지만 오므리면 하나지요. 그리고 내가 즐거운 것은 밤에 황홀한 꿈을 꾸기 때문이오. 인생이 백 년이라면 주야가 반반이지요. 나는 낮에는 하인 노릇으로 힘들지만 밤에는 좋은 꿈을 꾼다오. 나는 꿈 속의 일을 진실로 생각하고 깨고 난 후의 일을 꿈이라 생각하며 지내므로 아마 남에게 좋게 보이나 봅니다."

하인의 이야기를 들은 나그네는 이 사람이야말로 도인이라 생각하며 그를 한없이 우러러 보았다. 누구나 사람은 환경의 지배를 받지 않는가. 그런데도 그는 상황을 초월하여 유유자적하고 있으니…

잠시 후 나그네가 앎을 구하자 하인이 말을 이었다.

"인간은 하나이지만 그 속에는 군중이 있습니다. 이것도 나이고 저

것도 남이 아닙니다. 깨어서도 꿈을 이해하지 못하면 그는 계속 자고 있는 것이고 꿈에서도 깨어나지 못하면 그는 무지한 사람이지요."

"생시와 꿈은 삶의 변형일 뿐 다른 것은 아니군요."

"그렇습니다. 죽고 사는 것은 큰 꿈이고, 있고 없는 것은 작은 꿈이지요. 작은 꿈은 큰 꿈 속에서 나타나기도 하고 숨기도 합니다."

"잘 알겠습니다. 그런데 사람의 영혼이 맑고 고우면 흉몽이나 악몽은 꾸지 않게 될까요?"

"사람의 영혼이 맑으려면 업장이 다 소멸되어야 하고 마음에 오래된 병이 없어야 하는데 어느 생명엔들 한이 없겠소. 그래서 사람들은 대개 기쁘고 슬퍼하면서 길몽과 흉몽 속에 살아가지요."

15. 依般若波羅蜜多故 得阿耨多羅三藐三菩提 故知 般若波羅蜜多

(의반야바라밀다고 득아뇩다라삼먁삼보리 고지 반야바라밀다)

이렇게 마음의 심연을 깨닫게 되면 우주와 인생의 근본이 무엇인지, 만법의 의미가 무엇인지 남김없이 알게 되어 마침내 자유자재(自由自在)한 경지를 성취하게 된다.

물과 불의 그림

　공(空) 자(字)와 만(滿) 자(字)를 음양으로 쓰고 그 배경을 치솟는 불과 쏟아지는 물을 그려 비어있는 세계와 가득찬 세계를 표현했다. 인간이 느끼고 생각하는 것은 모두가 다 불의 기운이고, 오고 가며 움직이는 몸의 기운은 물의 기운이다. 물과 불의 기운이 모이면 생명이 되고 그것이 흩어지면 생명이 끝나고 마는 것이다.

　자연과 인간은 다 같이 물과 불의 기운으로 형성되어 있다. 수(水)와 화(火)는 상극(相剋) 속에 상생(相生)의 이치가 있어 그 불변성과 가변성이 만물을 성주괴멸 시키고 있다.

　그 공간, 그 시간 속에서 자연과 인간에게 생명과 삶을 부여하는 우주의 법칙을 이해하라. 인간의 육신과 마음을 구성해 나가는 공간과 시간은 그 자체가 존재이며 물리적 실체이다.

　〈화엄경〉에서도 "모든 대상은 다른 대상에 공간적으로 시간적으로 관련되어 있다. 그리고 그것이 하나로 결합함으로써 보다 완전함을 이룬다"고 하였고, 사물과 사건의 상극과 상호작용을 이해하는 것이 곧 심오한 삶의 이해이며 그것은 다시 자기 자신의 승화로 통하게 된다.

반야바라밀다는 마음 자리를 깨닫는다는 것이다. '아(阿)'는 마음에 망령된 생각이 없는 것이고, '녹다라(耨多羅)'는 마음에 교만이 없는 것이며, '삼(三)'은 마음이 항상 바르게 있는 것이며, '먁(藐)'은 마음이 언제나 바른 지혜를 찾는 것이며, '삼보리(三菩提)'는 마음이 항상 공적(空寂)한 본심으로 돌아가 있는 것이다.

다시 말하자면 생멸(生滅)이 없고 차별이 없는 근본지를 깨닫고, 생멸(生滅)이 있고 차별이 있는 차별지를 깨달아 일체지인(一切智人)이 된 정각자(正覺者)를 아뇩다라삼먁삼보리를 얻었다고 하는 것이다.

노자의 도덕경에도 말은 달라도 뜻이 같은 것이 있다.

'아무 것도 없는 텅 빈 곳에서 일어나는 이름도 모양도 없는 근원을 보며, 무엇이든지 다 있는 꽉 찬 곳에서 나타나는 차별상을 보고 변화와 조화의 의미를 깨달으라.'

도교(道敎)에서도 사람이 근원적이고 지엽적인 것을 같이 깨달아야 천변만화하는 현실 속에서 영원히 변치 않는 도를 터득한다고 했으며, 이 도(道)가 모든 묘(妙)를 낳는 문이라 했다. 그런가 하면 또 이 도(道)는 눈이 있어도 볼 수 없고, 귀가 있어도 들을 수 없고, 손이 있어도 잡을 수가 없는 것이어서 늘 하는 것이 아무 것도 없는 것 같지만 실은 아니 하는 것이 없는 우주의 본체임을 밝혔다.

노자는 도(道)라는 것이 이렇게 삼라만상을 이끌어 가는가 하면 사람을 아름다운 것과도 조화시키고, 더러운 현실과도 화합하게 하며, 날카로운 것을 꺾고 엉킨 것을 풀며, 창조와 파괴를 되풀이하는 것이라 했다.

부처도 근본지와 차별지 속에서 반야지혜를 얻어 성불했으며, 노자 역시도 그 두 길에서 깨달음을 얻어 현인이 되었다.

그렇다면 이제 그대도 이대로 있을 수는 없지 않은가. 자기 세계에서 절대자가 되어야 할 존재적 소명이 그대에게도 주어져 있다. 진리와 진실도 이용하고, 허구와 허위도 도구로 하여 기어이 최고, 최상의 존재가 되어야 하는 것이다.

처음에는 다 불가능했다. 여기까지 온 것도 기적이라 생각하면서 초월자의 의지로 존재를 승화시켜 나가야 하는 것이다.

해탈이 또 하나의 굴레에 지나지 않고, 깨달음 역시도 또 다시 나를 묶는 질곡(桎梏)에 지나지 않더라도 지금의 그대에게 이보다 더 가치 있는 일은 없지 않은가. 자기 자신과 싸워 이긴 자도 진정한 승리자이지만 타인과 싸우고 적과 싸워 이긴 자도 위대한 승리자로서 찬란한 월계관을 쓴다. 패자는 다 빼앗기고 승자는 다 차지한다.

마음은 본성에 따르고, 육신은 변화에 따르면서 기운을 모으고 힘을 축적하라. 사회적 조건이, 주위 환경이 자기 존재를 파괴하고 있는 데도 남의 일처럼 지켜보고만 있을 것인가. 그때 그 순간 내가 거기에 없었다는 것은 신(神)이 없었다는 것이고, 그 순간 그때 내가 거기에 있었다는 것은 그곳에 신(神)이 존재했었다는 것이다. 이렇게 그대 자신에게 최고의 가치가 주어져 있으니 스스로를 존중하면서 가치 있는 실재가 되게 하라.

그대는 지금 어디서 무엇을 하고 있는가. 자연의 법칙이 인간의 법칙이고 인간의 법칙이 신의 법칙이다. 적들을 이용해서 살아가야 할 그대가 이른바 진리라는 것의 함정에 빠져 나약해져 가고 있지 않은가.

자각(自覺)하라!

'나에게 선인 것이 다른 사람에게 있어서는 조롱거리나 어리석음이 될 수 있으며, 이곳에서 악이라고 정의되는 것도 저곳에서는 화려한 영광이 되어 나타난다.'

삶은 전체적인 것이니 모든 것을 이용해서 최고 최상의 존재가 되어야 한다. 한 알의 씨앗 속에는 모든 것이 다 있다. 그 작은 핵 속에는 본질과 형체가 다 들어 있다.

하향 의지를 가지고 땅으로 파고드는 뿌리가 있고, 상향 의지를 가지고 하늘로 치솟을 둥치가 있다. 또 그 속에는 나중에 필 꽃과 잎이, 열매와 씨가 다 있고, 꽃이 향기를 피울 때 날아들 나비와 벌들이 있고, 꽃잎에 맺혀 있을 아침 이슬과 나뭇잎에서 반짝일 한 낮의 햇볕도 다 있다.

어디 그 뿐이겠는가. 하나의 나뭇잎이 흔들릴 때 모양 없는 바람도 있고, 산만큼 큰 나무가 되었을 때 차지할 큰 공간도 있다. 하나의 인간 속에도 그와 같은 온갖 형상과 본질이 다 있다. 존재를 존재이게 할 힘이나 계기가 주어지면 무엇이라도 어떻게라도 될 수 있는 가능성의 존재가 인간인 것이다.

영원을 위한다고 현실을 무시하거나 현실 때문에 영원을 외면하는 것은 진리의 길도 아니고 올바른 삶의 자세도 아니다. 모든 것이 다 마음에 의해서라지만 또 모든 것이 다 외물에 의해서인 것도 사실이니 이것을 이해하자. 이 이중구조 속에서 인간이 의지할 곳은 아무 데도 없다. 남은 물론이지만 자신인들 어떻게 믿을 것인가.

이러한 현실적 문제에 있어 필요한 진리가 반야지혜이다. 모든 사람들이 이 반야지혜를 깨달아서 자신의 행복을 방해하는 것들을 배척하거나 정복하여 스스로의 삶을 아름답고 우아하게 가꾸어 나가야 할 것이다.

세상에서 가장 소중한 것이 자기 자신이다. 내가 나를 잃을 때 모든 것을 잃게 되고, 내가 나를 찾을 때 모든 것을 찾게 되며 내가 나를 알게 될 때 모든 것을 깨닫게 될 것이다.

옛날에 주덕산이란 스님이 있었다. 그의 별명을 주금강(周金剛)이라 할 만큼 그는 금강경에 정통하였다. 그러한 그는 남방에 선(禪)이 매우 성하다는 얘길 듣고 심한 의문에 사로잡혔다.

'사람이 깨달으려면 백 천 만 겁 동안 글을 읽고 그 뜻을 새겨나가야 하거늘, 어찌하여 경전에 의거하지 않고 이론적 구상에 따르지 않고 깨달음을 얻는단 말인가?'

그는 스스로 풀 수 없는 문제의 답을 찾고자 어느 날 남방에서도 유명하다는 용담 스님을 찾아 나섰다. 자신이 해석한 금강경을 짊어지고 길을 계속 가던 도중에 덕산 스님은 떡장수 노파를 만났다.

"할머니, 떡을 좀 파시오. 배가 고프니…."

"그러지요. 그런데 등에 진 게 무슨 책들이요?"

"제가 해석한 금강경입니다."

"아! 그래요. 이거 참 반갑구먼…. 내 금강경에 대해서 묻고 싶은 게 있는데 대답해 줄 수 있겠소?"

"그럼요. 금강경에 대해서는 다 잘 알고 있으니 무엇이든 물으시오."

"대단하신 분이군요. 말하자면 아뇩다라삼먁삼보리를 득한 분 같아요."

"정진 수도를 한다고 했지요."

"그럼 안심하고 묻겠습니다. 금강경에 '과거심불가득(過去心不可得) 현재심불가득(現在心不可得) 미래심불가득(未來心不可得)' 이라는 구절이 있지요."

"네, 있습니다."

"그게 무슨 뜻입니까?"

"네, 진리의 말씀입니다. 분명 사람은 과거심도, 현재심도, 미래심도 얻을 수 없습니다. 시간은 흘러가는 것이지요. 과거나 미래는 현재를 기준으로 해서 하는 말입니다. 하지만 이것이 현재라고 하는 순간, 이 현재는 벌써 미래에서 과거로 흘러가 버리고 말지요. 시간은 흐름의 연속일 뿐 어느 한 순간도 멈추지 않으니 과연 무엇을 붙들고 현재라 하겠습니까? 그러니 과거나 미래도 성립될 수가 없다는 것이 그 문장의 내용입니다."

진지하게 듣고 있던 노파가 다시 물었다.

"잘 알아들었습니다. 그런데 삼세심(三世心)이 다 불가득인데 '점심(點心)'이라 하셨으니 어느 마음에다 점을 찍을 것입니까?"

금강경 대강주인 덕산 스님의 말문은 그만 막히고 말았다. 그 덕산 스님을 바라보던 떡장수 할머니가 칼날 같은 말을 덕산의 가슴에다 꽂았다.

"미안하오! 무식한 중한테는 팔 떡이 없소!"

"…?"

최고 최상의 지혜를 득했다고 자부심을 가지고 있던 덕산 스님이 한 순간 기가 꺾이고 말자 노파가 다시 깨달음을 던졌다.

"스님이 지금껏 말한 것이 한 마디로 공심(空心) 아닌가? 공(空)에다 점심(點心)을 하면 될 것인데 말을 하면서도 말 뜻을 모르니 굶어도 싸지."

떡장수 할머니에게 심하게 얻어맞은 덕산은 굶주린 배를 움켜쥐고 다시 길을 재촉했다. 날이 저물어 숙소를 찾아 들어간 덕산에게 또다시 시련이 닥쳤다.

"주인장, 하룻밤 쉬고 갈 방이 있는지요?"

"미안합니다. 마침 내일이 장날이라 빈 방이 없군요."

"할 수 없지요."

힘없이 돌아서는 덕산을 가련한 듯 바라보던 주인이 말을 붙였다.

"스님, 그 등에 진 것이 무엇이오?"

"금강경입니다."

"그래요. 그 참 반갑구먼요. 금강경에 대해 스님이 아는 바를 내게 글로 써 주면 내 방이라도 비워 드리리다. 어떻소? 밤도 깊었는데 …."

덕산 스님은 다시 또 금강경이라면 못할 것도 없지 싶어 주인의 조건을 받아 들였다. 여장을 푼 덕산 스님은 글을 쓰기 시작했다.

아침이 될 때까지 자기의 생각을 계속 적어나간 덕산은 그것을 주인에게 내밀었다. 긴 글을 받아 다 읽은 주인이 떠나려는 덕산 스님에게 말했다.

"이보시오. 스님, 애초에 내가 말할 때는 글을 내 마음에 들게 써야 한다는 조건이 있었소. 물론 이 글도 잘 썼지만 너무 길어요. 그래서 읽다보니 핵심을 놓치기 십상이오. 사실 금강경 본문에도 그러한 문제가 없는 것도 아니지만…"

덕산은 할 수 없이 몇 날을 붙들려 다시 쓰고 다시 쓰는 반복 끝에 겨우 다섯 장 정도의 글을 내놓았다. 글을 읽어 본 주인이 말했다.

"참으로 잘 썼소. 이것이야 말로 군더더기 하나 없는 핵심이오. 그러나 완전에 이르지는 못한 것 같소."

그로부터 세월 가는 것도 잊고 열심히 노력한 덕산은 주인에게 빈 종이 한 장을 내밀었다. 그것을 본 주인이 그때서야 웃으며 말했다.

"이제야말로 깨달았구려. 공사상(空思想)의 의미를 …"

겨우 여인숙 주인에게서 해방된 덕산 스님은 다시 남방으로 길을 재촉했다. 모진 시련과 고통을 겪으며 겨우 남방에 도착하여 용담 스님을 찾은 덕산 스님은 다시 금강경을 펼쳐 놓고 긴 이야기를 늘어놓았다. 밤이 깊도록 진지하게 그의 이야기를 들은 용담 스님은 그의 말에 대한 대꾸인 듯 일상적인 소리를 했다.

"밤이 깊었으니 그만 선방에 가서 자게. 길이 어두울 테니 등불을 가지고 가든지."

덕산 스님이 등불을 들자 용담 스님이 '훅' 하고 불었다. 덕산 스님이 불을 켜자 용담 스님은 다시 불을 껐다. 그 일이 자꾸만 되풀이되는 순간 덕산 스님은 활연대오(豁然大悟) 했다.

'외부의 빛이 꺼진 다음에야 내부의 빛이 발산되며, 의지하는 대상이 다 사라진 후에라야 자기의 잠재능력이 발휘된다.'

그 후부터 덕산은 불이 없어도 어두운 길을 갈 수 있었으며 자기자신의 앎을 감추려만 들었지 내놓으려고 하지 않았다.

16. 是大神呪 是大明呪 是無上呪 是無等等呪
(시대신주 시대명주 시무상주 시무등등주)

반야바라밀다의 위력은 크고 신비한 것이고, 크고 밝은 것이고, 더 이상이 없는 것이고, 어디다 비할 데가 없는 것이다.

자비도(慈悲圖)

만물은 일물이고 일물은 또 만물이어서 하나의 글자가 여럿을 대신하고 여럿은 또 하나로 통하게 했으며 주(呪) 자(字)로 품에 안긴 아기와 엄마를 그려 부처의 자비를 나타냈다. 모든 것과 다르면서도 만물과 둘이 아닌 마음을 적멸(寂滅)의 자리에서 쉬게 하면 허공도 없는 경지가 새벽의 별처럼 나타난다.

한 송이 꽃이 소리 없이 피고 지는 것은 그 고요 속에 창조와 파괴의 근원이 있기 때문이니 그 고요의 의미를 깨달으라.

문제는 내가 어디서 온 것도 아니고 내가 어디로 가고 있다는 것도 아니다. 문제는 지금의 내가 여기 있다는 사실이다. 그 기적만으로도 무지개 같은 환희가 아닌가. 중요한 것은 누구와 사느냐가 아니고 어떻게 사느냐에 있으며, 누구를 만나는 것이 아니라 무엇을 만나느냐에 있다.

도(道)의 세계에서 대자연의 품에 안기려면 삶이란 것을 무슨 연극처럼 구경할 줄도 알아야 한다.

반야바라밀다 속에는 인간의 고통을 없애주는 묘약이 있고 인간의 무지를 밝혀주는 등불이 있고, 인간의 길을 안내하는 이정표가 있다.

조작하는 마음이 아닌 조화하는 마음이 대신(大神)의 마음이고 언제나 빛을 잃지 않고 있는 마음이 대명(大明)의 마음이고, 모든 것과 하나인 마음은 더 이상이 없는 무상(無上)의 마음이고 어디다 비교할 바 없는 수승한 마음이 무등(無等)의 마음이다.

인간이 만물의 영장일 수 있는 것은 하나의 개체 속에 만물의 속성이 다 깃들어 있기 때문이다. 이익이 있는 곳에 가서는 꼬리치며 아부하는 개의 아첨성, 먹이를 잡아놓고 장난치는 고양이의 잔인성, 그물을 쳐놓고 먹이를 기다리는 거미의 계획성, 앞뒤 분별없이 날뛰는 돼지의 저돌성, 아무 생각 없이 가볍게 움직이는 원숭이의 경망성, 온갖 꾀를 다 부리는 여우의 교활성, 무리지어 살아가는 사자의 군중성, 혼자서도 잘 사는 호랑이의 독아성, 아무튼 하나의 인간 속에는 만물의 속성이 다 깃들어 있으니 스스로를 이용하면 무엇이라도 어떻게라도 될 수 있는 게 인간이다.

아직도 목적이 없는가? 그토록 다양한 가능성을 갖춘 자기 자신을 도구로 이용하기만 하면 되는데...

이제 와서 미화된 언어들로 아무리 화려하게 위장을 한다 해도 자기 자신이 우아해지는 것은 아니다. 이제는 현실이나 인간을 바르게 인식하고 바로 도전해야 한다.

인간은 모두 너 나 없이 자기 자신을 도구로 이용해서 살아간다. 자신의 의식이나 개념을, 육신이나 감정을 도구로 살아가는 것이다.

학자들은 학문을 도구로 해서 뜻을 펴고 군인은 무기를 도구로 전쟁에 참가한다. 어부는 그물을 도구로 고기를 잡고 농부는 농기구를 도구로 씨를 뿌린다.

이와 같이 사람들은 다 필요에 의한 도구를 찾아 그 도구를 이용해서 살아가니 그 순간 그 상황에 마땅한 도구를 찾아 그것을 어떻게 이용하느냐는 것은 그 사람의 능력이고 성패의 관건이 된다.

사람이 재산을 모으는 것은 행복의 도구를 준비하는 것인 데도 방법을 목적같이 혼동하는 사람이 있고, 배우는 것도 삶을 위한 도구 준비일 뿐인 데도 지식은 흉기로 변해 예사로 남을 해치기도 한다.

과학자는 평화를 내세우며 전쟁 도구를 개발하고, 성직자는 진리를 도구로 인간을 착취하고 있다. 수행자는 법을 도구로 도(道)를 성취하고, 중생들은 부처를 도구로 하여 삶의 진리를 배운다.

어떤 도구를 이용하든 간에 스스로의 삶에서 아름다움과 향기로움을 느낄 수 있으면 되는 존재가 인간일까?

삶은 신비이고, 문제와 답이 따로 없으니 그 의문은 각자가 살아가면서 스스로 풀어야할 숙제로 남겨두자.

다음과 같은 이야기가 있다.

어떤 사람이 한 평생을 선하고 착하게 살다가 죽어 저승으로 가게 되었다. 저승에 도착하여 또 다른 생활을 시작하고 보니 그는 행복하기 그지없었다. 왜냐하면 자기 속에서 어떤 욕망이 일어나면 그것이 바로 밖으로 전달되어 그 즉시 모든 욕구가 다 충족되었던 것이다.

배가 고픈가 싶으면 음식이 나왔고, 목이 마른가 싶으면 마실 것을 들고 하인이 나타났다. 그는 그저 가만히 있으면 그것으로 충분했다.

이런 곳이 극락이로구나 여기며 만족해하던 그는 자신이 이승에 있을 때 손해를 보더라도 남을 이롭게 하고 밉고 싫었던 사람과도 다투지 않고 잘 지냈던 것을 아주 다행스럽게 생각했다.

당연한 대가처럼 자기 행복에 도취되어 있던 그는 흘러가는 시간 속에서 뭔지도 모를 문제가 자신의 깊은 곳에서 서서히 파문처럼 일어나는 것을 느꼈다. 그는 그 문제가 무엇인가 하고 가만히 깊이 생각해 보니 그것은 자기가 한 사람의 인간으로서 할 일이 하나도 없는 것이었다. 그래서 그는 일을 찾았다.

그렇지만 모든 일들이 다 저절로 이루어져 나가니 그는 아무리 찾아도 자기의 일을 찾을 수 없었다. 방황이 시작되자 그는 불안해졌고 고독해졌고 드디어는 불행해지고 말았다.

그가 슬픔에 젖어 울고 있으니 하인이 나타나 꾸짖듯이 말했다.

"대체 왜 이러십니까? 당신이 지금 느끼며 생각하고 있는 것은 남이 해 줄 수 있는 일이 아닙니다. 그러니 그냥 그대로 가만히 계십시오!."

하인의 말에 그는 무섭게 화를 내면서 드디어 자기 선언을 했다.

"나는 인간이야! 그게 뭐든 인간적인 일을 하고 싶다. 성취나 실패도 문제가 아니야. 그게 무엇이든 내가 직접 할 수 있는 일을 내놔!."

주인의 역정을 가만히 지켜보던 하인이 조용히 입을 열었다.

"그것은 안 됩니다. 당신의 욕망은 남들에 의해 충족되어야 합니다. 스스로 할 일은 하나도 없으니 자신의 운명을 이해하십시오."

"운명을 이해하라니?"

"그건 아주 중요한 문제입니다."

"극락이 이런 곳인지 나는 정말 몰랐다. 이런 곳이 극락인 줄 미리 알았더라면 나는 이런 곳을 원하지 않았을 것이다!"

뜻밖의 말인 듯 하인이 반문했다.

"아니, 지금 무슨 말씀을 하고 계십니까? 뭘 오해하고 계신 것 같습니다."

"내가 뭘 오해해?"

"분명히 말씀드립니다만, 여기는 지옥입니다!"

하인의 말에 그는 그만 다시 죽는 것만큼 놀라다가 겨우 말문을 열었다.

"뭐라고? 여기가 지옥이라고? 아니야! 여기는...."

반박을 하던 그의 말꼬리가 점점 흐려지더니 그는 그만 그 자리에 주저앉고 말았다.

'이럴 수가? 내가 이럴 수가?'

주인의 상황을 바라보던 하인이 그의 이해를 도왔다.

"이승에서 극락을 바라며 좋은 일을 한 것도 실수였습니다. 어떤 대가가 숨겨진 행위 자체가 벌써 악인 것을 몰랐던가요? 그리고 무슨 종교를 믿으며 거기에 의지했던 것도 실수였습니다. 왜냐하면 뭘 믿는 것 자체가 아직 덜 성숙된 정신세계를 지녔다는 것을 의미하니까요. 저승에서는 인간 가치의 판단 기준을 그가 이승에서 얼마만큼 인간적인 의무에 충실했느냐에 둡니다. 저승에서는 선악(善惡)이나 정부(正否) 같은 것에 어떤 비중을 두지 않습니다. 어째서 그런가 하면 삶이란 선악이 뚜렷이 구분되지 않는 전체적인 것이라 그렇지요.

사람이 선이나 악에 매이고 옳으냐 그르냐에 붙들리면 인간으로서의 할 일을 아무 것도 할 수 없어 그렇습니다. 결론적으로 말하자면 당신은 이승에서 인간으로서의 의무를 다하지 않았으므로 지옥에 떨어지게 된 것입니다. 분명하게 새기십시오. 인간으로서의 할 일이 있는 곳이 극락이고 인간으로서의 할 일이 없는 곳이 지옥입니다."

하인의 설명을 들은 그는 다시 죽은 듯 계속 멍해 있었다.

'인간의 가치판단은 선악(善惡)이나 정부(正否)에 있는 것이 아니고 인간적인 의무를 다했느냐 아니 했느냐에 있고, 천국과 지옥은 인간으로서의 할 일이 있느냐 없느냐로 구분되는구나. 이제서야 그 사실을 알게 되다니....'

17. 能除一切苦 眞實不虛 故說 般若波羅蜜多呪 卽說 呪曰

(능제일체고 진실불허 고설 반야바라밀다주 즉설주왈)

깨달은 내 마음에 의지하게 되면 능히 일체고(一切苦)를 없앨 수 있고 진실해서 허망함이 없게 된다. 그러니 이제 마음 깨달음에 이르는 주문을 말해주마.

법륜도(法輪圖)

반야바라밀의 경지에 가면 일체고가 해결되어 허망함이 없다는 내용을 법륜상(法輪像) 속에다 써 넣었다. 그리고 안에서 밖으로 퍼져 나가고, 밖에서 안으로 스며드는 그림이 되게 해서 들어오는 지식과 나가는 지혜를 표현했다. 문제란 것이 언제나 형식을 갖출 수 없게 되어 있다. 그래서 원하는 답은 있을 수가 없다. 이론과 가설이 철학이나 종교란 미명 하에 쏟아져 나오고 있지만 사실 삶에는 그런 것이 아무 소용없지 않은가. 삶이란 그 자체가 신비여서 질문일 수도 없고 해답도 있을 수 없다. 그럼에도 불구하고 문제 같은 게 발생하면 문제 그 속에서 답을 찾으라.

모든 것이 다 자기 마음이 만들어 내는 생각의 유희임을 알게 될 때, 그때 그대가 만나는 것이 공허이다. 그래도 그것이 삶의 실체라면 또 어쩌겠는가. 가장 높은 하늘에다 머리를 걸쳐 놓고, 가장 낮은 땅에다 발을 붙이고 사는 그대의 할 일은 각성이다.

자기 자신의 미망을 통곡한 대가로 얻는 도(道)의 세계, 거기에서 꽃이 피면 피는 대로 아름답고, 꽃이 지면 지는 대로 향기를 느끼며 살기 위해서는 우선 법륜을 굴려야 한다.

육신의 고통, 정신의 고통들도 마하반야를 성취하여 마음이 넓고 깊고 높아지면 저절로 사라지게 되며 마음이 커지면 번뇌는 도리어 지혜가 되고, 슬픔이 기쁨으로 변하기도 한다. 이 순간 죽음이 다가와도 행운으로 받을 수 있는 깨친 마음 속에는 불안이 없고 고독이 없으니 능히 모든 고통을 없앨 수 있다.

사람이 정진 수도하여 반야바라밀의 경지에 들어가게 되면 진리는 허망하지 않다는 신념이 생겨 번뇌 망상을 일으키지 않게 되고 해탈의 자유인이 되는 것이다.

자유! 존재의 이유라는 자유를 얻으려면 우선 자기 존재부터 찾아야 한다. 그러나 나는 과연 어디에 있는 누구인가? 찾지 않을 때는 거기에 있다가도 찾으면 흔적도 없이 사라지고 없는 것이 자기라는 존재의 실상이 아닌가?

 존재의 심연은 미로이다. 나라는 존재는 허상을 보았을 때나 존재한다. 침묵과 어둠이 있는 공간에서 반짝이는 별같이 나타날 자기 존재는 없다.

 경전에서도 말한다.

 "그 어느 누구도 아님이 곧 누구라는 것을 보여준다. 그리고 거기에 없음이 곧 있음이다."

 이제는 찾는 방법을 달리하라. 둘이 아닌 하나이고 그 하나도 본질은 공(空)이다. 그대의 영혼이 그대 육신의 안과 밖에서 그대를 지켜보면서 그대가 깨어나기를 기다리고 있다.

 자기 모습을 거울에 비춰 보라. 그 육신의 형상이 바로 그대 영혼의 모습이다. 그 형상을 통해 마음을 파악하라. 그러면 그대가 우주와 하나인 것을 알게 되고 자연과 둘도 아님을 알게 될 것이다. 피어있는 꽃이 나임을 알게 되고 무성한 나무가 곧 자기 자신임을 알게된다.

 장자의 책에 '좌치(坐馳)'란 글이 있다.

 담피결백 허실생백 길상지지 부차부지 시지위좌치

 (瞻彼闋白 虛實生白 吉祥止止 夫且不止 是之謂坐馳)

 저 텅 빈 허공을 보라. 그리고 아무 것도 없는 빈 방을 보라. 공허한 그곳에 햇볕이 모여 환하게 밝지 않은가. 행복도 텅 빈 그곳에 모이고 머무는 것이다. 빈 곳이 없으면 기다리고 찾던 것이 왔다가도 그냥 지나쳐 가고 만다. 그러니 몸이 앉아 있을 때는 행운을 붙들 마음이 달리지 못하게 붙들어야 한다.

아무 것도 없는 공허를 잘 보면 그곳에 순수한 자아가 순백의 빛 속에서 춤추고 있다. 사람이 마음을 비우게 되면 고요한 침묵이 생기게 되고 그곳에 지혜의 빛이 비치어 모든 사물의 참 모습을 있는 그대로 보게 된다. 그리고 행복이라는 것도 고요함 속에 깃들고 모이게 되는 것인데 사람이 이러한 고요함 속에 안주하지 못하면 인연이나 행운이 왔다가도 그냥 그대로 지나쳐 가버리고 만다.

그러므로 몸이 앉아 있을 때 마음이 외물을 쫓아 방황하지 못하게 하는 제 삼의 자아가 있어야 하는 것이다.

장자의 책에는 또 '좌망(坐忘)'이라는 글귀도 있는데 그 뜻은 다음과 같다.

수기체 출총명 이형거지 동어대통 차위좌망

(隋技體 黜聰明 離形去知 同於大通 此謂坐忘)

육신의 활동을 따르지 않으며, 눈과 귀의 작용을 물리치고 형체와 지식을 떠나 도(道)와 하나 되는 것, 이것을 좌망이라고 한다.

사람이 물리적 형체를 떠나고 지식과 작별을 고하게 되면 자연의 대도(大道)와 하나가 된다. 자기 자신의 존재를 없애고 만물의 변화에 따르게 되면 개별성(個別性)이 초월되어 스스로가 전체에 용해되고 마는데 이러한 경지를 좌망(坐忘)이라 한다는 것이다.

사람은 법의 인연으로 나고 죽는 이치를 깨달아 무명을 없애야 한다. 그러면 노사(老死)도 없어져 영원의 문으로 들어서게 된다. 반야 지혜로서 무명의 체성이 다 공한 것을 알고 나면 모든 경계가 사라져 자유인이 될 것이다. 우주 안의 모든 것은 다른 모든 것들과 연관되어 있지만 부분들의 속성에 의해 진로가 결정된다. 이러한 상호연관성을 이해하고 창조와 파괴, 죽음과 탄생을 관조하라.

저 텅 빈 허공 속에 창조와 파괴의 상호작용이 끊임없이 되풀이되고 있고, 고귀한 침묵 속에 죽음과 탄생의 에너지가 춤추고 있다. 생(生)과 사(死)의 율동이 그대의 가슴에서 열심히 고동치고 있는데 그대는 지금 무엇을 하고 있는가. 자기의 지식을 믿지 말고 타인을 믿지도 마라. 지식은 정보일 뿐이고 타인은 지옥이라 했다. 믿을 것은 오직 반야지혜 뿐이다.

깨달음이 부처의 경지에까지 가 있는 백은(白隱)이란 선사(禪師)가 있었다. 그의 도(道)는 천지간에 소문이 나서 먼 곳에서도 선사(禪師)를 찾아오는 사람이 많았다.

어느 날 선사(禪師)를 찾아온 사람은 무적의 장군이었다.

"선사님, 참으로 극락과 지옥은 있는지요?"

장군에게 있어 그 문제는 매우 심각한 것이었다. 그는 수많은 사람을 죽인 대가로 장군의 자리에 앉게 된 것이었으니 벌써부터 사후의 문제가 걱정 되었던 것이다.

"댁은 뭐하는 분이오?"

진지한 장군과는 달리 선사(禪師)의 질문은 무심한 것 같았다.

"네, 장군이올시다!"

"내 눈에는 백정 같은데 장군이란 말이오?"

자존심이 상한 장군은 치미는 분노를 참지 못하고 칼을 빼들면서 소리쳤다.

"뭐라고? 이 중놈이! 당장 쳐 죽이고 말겠다!"

벼락 치는 소리에도 아무런 동요 없이 앉아 있던 선사(禪師)가 조용히 입을 열었다.

"지옥문은 그렇게 열리는 것이오!"

그 순간 장군은 다시 깨달음을 얻고 선사(禪師) 앞에 무릎을 꿇었다.

"저의 추태를 용서하십시오."

그의 변화를 느끼면서도 선사(禪師)는 아무 내색 없이 대꾸했다.

"극락의 문은 또 그렇게 열리는 것이오! 선과 악은 일념지간(一念之間)에 생기고 극락과 지옥도 그로 인해 열리고 닫히지요."

"잘 알겠습니다. 죄송합니다."

장군은 거듭 자기의 어리석음을 사과했다.

이렇게 높은 경지에 가 있는 선사(禪師)도 운명이었던지 그만 구설수에 휘말리고 말았다. 사건은 아랫 마을에 사는 처녀가 애를 낳았는데 애아비가 누구냐고 부모가 다그치자 그만 선사(禪師)의 애라고 내뱉었던 것이다.

부모들 뿐만 아니라 그동안 선사(禪師)를 존경해 왔던 많은 사람들은 놀랐다. 야박스런 것이 세상 인심이라 당장에 선사(禪師)로부터 등을 돌린 동네 사람들은 아기를 안고 가 선사(禪師)에게 내주며 책임을 지라고 온갖 욕설을 퍼부었다. 뜻밖에 자식을 받아 안은 선사(禪師)가 한마디 했다.

"그렇다면 그런 게지. 중 팔자에도 자식이 있었구먼...."

그때부터 선사(禪師)는 이 마을 저 고을 돌아다니며 동냥젖으로 아기를 키웠다. 선사(禪師)의 정성 탓인지 아기는 무럭무럭 잘 자라 선사(禪師)와 눈도 맞추고 제법 웃기도 했다.

아기와 정이 들어가는 선사(禪師)는 또 다른 사는 재미에 세월 가는 줄 모르고 아기와 잘 지냈다. 그러한 생활을 지켜보던 아기의 엄마는 그만 모성애가 발동했던지 양심의 가책을 받았던지 갑자기 진실을 밝히고 말았다.

아기의 진짜 아버지는 동네에서 생선가게를 하는 총각이었던 것이다. 소문은 다시 바람을 타고 삽시간에 사방으로 퍼져 나갔다. 그러자 선사(禪師)에게 욕설을 퍼붓고 돌팔매질을 하던 사람들이 다시 모여 선사(禪師)에게로 가서 아기를 돌려 줄 것을 요구했다.

"아니라면 아닌 게지. 중 팔자에 무슨 자식이...."

선사(禪師)는 아기를 받을 때처럼 그렇게 순순히 아기를 다시 내주었다.

선사(禪師)는 자기 자신의 문제를 해결해 놓고 있었다. 그러니 밖에서 생기는 문제에 동요되지 않을 수 있었다. 그는 변화에 적응했으며 자아를 변화 대립시키지 않고 동화시켰다. 모든 시비는 그럴 수 없다는 생각에서 비롯된다. 그것이 어떤 문제든 그럴 수 있다는 생각 하나면 시비는 사라지고 만다. 나도 그럴 수 있고 너 또한 상황에 따라 그럴 수 있다.

선사(禪師)가 남이 그렇다면 그런가 했고, 남이 아니라면 아닌가 하고 마는 것은 세상은 변화에 따라 변하는 것이고 또 변화에 따라 변하지 않는 것이 있다는 것을 알고 있었기 때문이었다.

자신의 삶에서 자기를 빼내 스스로의 삶을 방관할 수 있으면 여유도 생기고 삶이 편안해질 것이다. 세상이란 무대에서 배우가 되기도 했다가 문득 남의 일인 듯 객석에 앉아 자기 자신을 돌이켜 보라. 거기에 불변(不變)으로 만변(萬變)에 응하는 진리가 그대를 반길 것이다.

18. 揭諦揭諦 波羅揭諦 波羅僧揭諦 菩提娑婆訶
(아제아제 바라아제 바라승아제 모지사바하)

연화대

연화대(蓮花臺) 위의 돌아앉은 부처상에다 진언(眞言)을 써넣었다. 언어나 문자는 진리로 향하는 길일 뿐 진리 그 자체는 아니어서 진언에는 설명이 없다. 이는 말이 되지 못하는 세계가 있고, 글을 펼칠 수 없는 세계가 있음을 암시하는 것이다. 텅 빈 충만의 세계, 그 심오한 공간과 시간 속에서 일어나는 창조와 파괴의 신비는 어떠한 사고(思考)나 방법을 동원해도 설명할 도리가 없듯이, 이 진언(眞言) 역시 반야(般若)의 블랙홀이다.

우리는 알 수 있는 세계에서 돌연 알 수 없는 장막 속으로 끌어넣어졌다. 침묵해도, 말을 해도 이해의 여지도 없고 출구도 전혀 보이지 않는다. 그러나 우주적 폭발이 별을 다시 창조하기도 하듯이 이 진언(眞言)을 어떻게 받아 들이냐에 따라 그대에게는 인간적 폭발이 일어날지도 모른다. 회전하고 수축하고 팽창하다가 폭발하는 별들이 그 폭발로 인해 또 다른 별을 탄생시키기도 하니 어디 그대 존재를 스스로 주시해 보라.

부처는 이 진언(眞言)으로 반야심경을 마무리하면서 그 뜻에 대해서는 말하지 않았다. 인생이 미완성이듯 심경을 미완성으로 끝낸 데는 무슨 까닭이 있었을까? 차안(此岸)에서 피안(彼岸)으로 가는 길에는 형체가 없고 자취도 없는 것이라 자각(自覺)의 요소를 남겨놓은 것일까?

모든 현상을 현상이게 하는 도(道)는 어떠한 형태를 초월하고 있어서 어떠한 묘사나 설명이 불가능하다. 그러나 그것은 어떤 필요에 따라 공(空)이나 무(無)라 일컫기도 한다. 하지만 이 공(空)은 단순히 없는 것이 아니라 오히려 모든 형태의 본질이며 생명의 원천이다.

이러한 근원적인 문제에 대한 해답을 스스로 찾게 하기 위하여 주문(呪文)에 설명을 붙이지 않은 것이다.

어떤 사람은 주역(周易)의 괘상(卦象)을 해석하기를, "그 암호(暗號)는 신(神)의 계시(啓示)와 연관이 있는 것이 아닌가" 했다.

암호는 사물(事物)의 근저(根底)에서 빛을 낸다. 그것은 인식(認識)이 아니다. 암호 가운데서 생각할 수 있는 것은 통찰과 해득(解得)이다. 그것은 보편 타당한 경험이라든가 실증 가능성 하고는 관계가 없지만 그렇다고 암호의 진리가 실존(實存)과 연관이 없는 것은 아니다. 암호의 언표(言表) 중에는 초월자의 뜻이 있는 것이다. 암호는 존재의식이나 자아의식을 앙양시키기도 하고 침체시키기도 한다.

주역에서 괘상(卦象)의 풀이는 이론적 해석이라기 보다는 어떤 조짐을 이야기한 것이다. 그렇다면 이론적 해석이 없는 심경의 주문(呪文)에는 어떤 조짐이 있을까?

정말 '주역의 법칙처럼 생각하는 일이 없고 행위하는 일도 없이 고요하게 움직이지 않아도 저절로 감응(感應)하여 천하만사에 다 통하는' 위력이 있는 것이 주문(呪文)일까?

易無思也 無爲也 寂然不動 感而遂通 天下之故

(역무사야 무위야 적연부동 감이수통 천하지고)

주문의 뜻을 스스로 이해하게 만든 부처의 뜻은 중생의 상상을 초월한 곳에 있다. 남이 해주는 일은 자기의 것이 될 수 없는 것이기에 우주의 법칙을 스스로 깨닫게 하자는 초월자의 뜻이 주문 속에 있는 것이다.

홍찬 대사는 심경의 주문(呪文)을 다음과 같이 해석했다.

"이 비밀스런 반야는 불가사의한 것으로 말로서 그 뜻을 드러내는 경우, 사람들이 글자에 의지해서 뜻을 풀려고, 말에 붙들려서 생각을 일으켜 마침내 참을 잃게 될 우려가 있어 설명을 하지 않은 것이다. 이 밀설반야는 번뇌를 안고 삼계를 굴러다니는 망령된 중생들의 마음과 흐려진 지혜로는 궁극의 진리를 구할 수 없는 것이어서 그윽하고 잠잠하게 진리를 증득하게 하려는 것이다. 그러므로 이 주문을 외우고 간직하려는 자는 모름지기 마음을 비우고 생각을 모아 마치 '나나벌이'가 날 닮으라고 외워서 자기 세계를 만드는 것과 같이 오직 일념으로 주문의 내용을 깨달아 나가면 언젠가는 망상이 깨어지고 진리와 합일하게 될 것이다."

이름도 없고 형상도 없는 것을 한계가 있는 언어의 형식을 빌려 표현할 도리는 없다. 그러니 주문(呪文)은 마음에 따르지 말고 생각에 붙들리지 않은 도(道)로서 관조해야 하는 것이다. 아무튼 그냥 읽기만 해서는 한갓 글자에 지나지 않을 것이 주문(呪文)이니, 여기서 이 주문(呪文)이 던지는 암시를 잠시 살펴보자.

아제 : 깨닫자, 진리의 의미를.....
아제 : 깨닫자, 진실의 의미를....
바라아제 : 다시 깨닫자, 내가 누구인가를....
바라승아제 : 깨닫고 보니 부처가 아닌가.
모지사바하 : 깨달은 자는 영원하리라.

문제는 각성(覺醒)이다! 이제 그만 자고 일어나 정신을 차려야 한다. 그리고 채찍과 고삐를 들고 자기 자신을 이끌어가야 하는 것이다. 이제는 진리의 뿌리는 허위이며, 진실의 열매도 허구임을 깨달아야 하고 참이라는 것이 다 가설 위에 세워진 것임을 알아야 한다.

인간은 종합적인 생명체이고, 인생은 전체적인 경전이다. 진리와 허위, 진실과 허구가 전체적으로 엉켜 돌아가고 있는 현실을 붙들고 깨달으라.

진실의 세계도 아름답지만 허구의 세계는 더욱 찬란하고, 진리의 세계도 향기롭지만 허위의 세계도 황홀하다. 삶은 어느 하나 부분적인 것이 아니고 전체적인 것인데 무엇을 택하고 어떤 것을 거부할 것인가. 하나를 고집하다가 백을 놓치는 실수로 삶을 폐허로 만들 것인가.

인간이란 존재는 상대적이고 대립적인 것 사이에서 창조되고 성장하고 소멸한다. 부분 때문에 전체를 놓칠 수 없고 전체를 위해 부분을 희생해서도 아니 되는 것이 삶이다. 그러니 그대가 자기 자신이 알고 있는 것으로부터도 자유롭고, 모르고 있는 것으로부터도 자유로울 때까지 채찍과 고삐를 놓지 않아야 하는 것이다.

암흑의 세계로부터 해방되어 광명의 세계로 나아가 자유인이 되려면 글로 만들어 놓은 어떤 경전보다 삶이란 경전을 바로 읽어야 한다는 사실을 깨달으라. 모든 경전은 삶을 가리키는 손가락일 뿐 삶 자체는 아니다. 인생 경전을 바로 읽고 스스로 깨달으면 그때는 천지가 사원이 되고 자기 자신이 신(神)이 된다.

부처도 "나를 믿지 말라. 나를 믿는 자는 나의 노예이고 나를 배우는 자는 나의 제자이다. 오직 지혜에 의지해서 너 자신을 믿어라!"

했다.

유위(有爲)의 사상(事相)에 통달함을 지(智)라 하고 무위(無爲)의 공리(空理)를 깨치는 것이 혜(慧)이다. 이 지(智)와 혜(慧) 즉, 생멸 무상한 현상계와 생멸변화가 없는 세계를 같이 깨달은 자가 인과를 벗어나게 되니 인간이 할 일은 오직 각성이다. 그러므로 그대의 각성을 위해 여기서 다시 한번 이야기하자.

신비의 문이 마하(摩訶)이고, 문의 열림이 반야(般若)이고, 그 문을 통과함이 바라밀(波羅蜜)이고, 길을 나섬이 심경(心經)이니 심경(心經)을 붙들고 이제 시작하라.

마하로 생명의 문을 찾고, 반야로 생활의 문을 열고, 바라밀로 창조의 문을 통과하고, 심경으로 초월의 길을 나서라. 그대도 인간으로 태어났으니 하늘을 날아가는 꿈이 있고 대지를 주름잡을 기상이 있지 않은가.

꿈은 꿈대로 가꾸고 현실은 현실대로 꾸밀 수 있는 그대의 마음 속의 주문(呪文)을 심경의 주문(呪文) 속에다 용해시켜 보라. 남이 어쩔 도리가 없는 그대만의 문제가 있지 않은가. 그 비밀스런 문제를 스스로 해결하라는 암시가 심경의 주문(呪文)이다.

믿음이 종교가 아니고 무릎 꿇고 두 손 모아 비는 것이 신앙이 아니다. 무슨 의식을 행하고 어떤 형식을 늘어놓는 것이 종교가 아니다. 종교는 그대의 내면을 축복으로 채워주는 진리일 뿐이고 그대의 주위를 사랑으로 피어나게 하는 것이다. 그러니 종교를 이해하고 그대의 영혼에다 자기 자신의 주문(呪文)을 각인시켜라.

'아제 아제 바라아제 바라승아제 모지사바하' 속에는 무한한 공간과 시간이 있으니 그것을 이용하라. 그대의 노래가 어떤 곡조가 되든, 그대의 율동이 어떤 춤이 되건 두려워할 것은 없다.

금강경에 이르기를 "여래가 얻은 아뇩다라삼먁삼보리 가운데에는 실(實)다움도 없고 허(虛)다움도 없느니라. 그러므로 여래가 말하기를 일체법이 다 불법이라"고 했다.

여기서 실(實)다움도 없고 허(虛)다움도 없다는 말은 진리의 세계에는 가르쳐 줄 것도 배울 수도 없는 심오한 것이 있다는 뜻이다. 그리고 일체법이 다 불법이라 했으니 그대 자신이 삶의 입법자가 되어 자신이 창조한 법으로 자신의 삶을 살라는 것이다.

삶이란 알 수 없는 신비 속으로 무거운 짐 지고 사는 그대에게 힘이 될 수 있는 법이면 그것이 곧 종교이다. 생각하면 눈물이 쏟아지는 과거도 남의 인생은 아니었으니 소중한 나의 삶이었고, 나서면 부딪치는 현실도 외면할 수 없는 나의 삶이니 어쩌겠는가.

설명이 되는 것과 설명이 안 되는 것 사이에 그대의 길이 있으니 이 문제를 이해하면 그대에게 법의 정신과 법의 조항이 생길 것이다.

반야심경이 위대한 경전인 것은 그 속에 축복의 길이 내재 되어 있기 때문이다. 그대가 그저 읽지 말고 그 내용을 깊이 이해하게 되면 마침내 그대는 반야심경 자체가 된다. 그때 그대는 진언(眞言)도 초월한 영원한 존재, 부처가 될 것이다.

이런 이야기가 있다.

아주 오랜 옛날에 어린 소년이 아버지에 의해 유명한 스승에게로 보내졌다. 그리고 10년 동안 스승으로부터 배울 수 있는 것은 다 배웠다. 그는 종교와 과학, 의학에까지 통달하여 위대한 학자가 되었다. 이제는 그 누구도 그에게 학문적으로 대적할 자가 없게 되자 스승은 제자의 이름을 지인(智印)이라 지어 집으로 돌려보냈다.

지인이 돌아온다는 연락을 받은 아버지는 반가움과 염려가 교차되는 마음으로 문 밖에 서서 아들이 나타나기만을 기다리고 있었다. 마침내 아들이 마을 어귀를 지나는 것이 시야에 들어오자 아버지의 기대는 그만 실망으로 변하고 말았다.

아들의 걸음걸이는 땅을 밟지 않고 마치 바람에 날리는 것 같았고 목과 어깨에는 힘이 들어가 있어 거만해 보였다. 그러한 외양을 보건대 아들은 분명 지식은 축적해도 침묵이 없는 것 같았고, 육신은 자랐으나 그 속에 인격이 없는 것 같았던 것이다. 그리고 진정으로 깨달은 사람은 자기 자신은 없어 보여서 그가 누구인지 알아 볼 수가 없는 법인데 아버지는 그가 누구인지를 당장 알아볼 수 있었다.

아까운 시간만 허비했다는 생각을 하고 있는 아버지 앞에 아들이 나타나 반색을 했다. 아들은 아버지도 당연히 반가워할 줄 짐작했다가 냉정한 태도의 아버지를 대하자 어리둥절해졌다.

"아버지, 공부를 마치고 돌아온 제가 반갑지 않으신가요?"

"공부를 마쳤다고? 그 말은 깨달은 게 없다는 소리야!"

"하지만 저는 배울 수 있는 것은 다 배웠다고 생각하고 돌아왔습니다."

"배울 수 없는 것을 배우고 돌아와야지."

아버지의 한 마디에 아들의 말은 막히고 말았다.

"너에게 물어보자. 하나를 앎으로 해서 더 이상 어떤 것도 배울 필요가 없는 그런 것을 너는 알고 있느냐. 그것 하나를 앎으로 해서 모든 고통에서 자유로워지고 전체를 환하게 알게 되는 그 하나를 배웠느냐 말이다."

"...?"

"그만 다시 돌아가거라. 돌아가서 스승에게 배울 수 없는 그것을 깨우치게 해 달라고 해라."

"그러나 아버지, 제가 돌아가는 것은 어렵지 않습니다만 스승인들 배울 수 없는 것을 어떻게 가르치겠습니까?"

"진정한 스승은 가르치는 게 아니고 스스로 깨닫게 하는 것이다. 스승은 너에게 진리의 오묘한 심연을 깨닫게 할 상황을 만들어 줄 것이다. 네가 거기서 배워서 알 수 없는 하나를 깨닫게 되거든 다시 돌아오너라."

"하지만 아버지, 앎의 본질이 이것과 저것을 구별하는데 있고 온갖 차별과 대립의 세계를 허구화시켜 나가는 데 있습니다. 더구나 한 번 허구화된 세계는 그 스스로의 허구성과 가설성을 잊고 그 허구의 세계에 진실성이 있다고 착각하게 만듭니다. 여기에 무슨 오롯이 남는 하나가 있겠습니까?"

"허구는 진실에 의해 나타나고, 진실은 허구에 의해 그 가치를 드러낸다. 그 허구와 진실을 구성하는 찬란한 하나가 있다. 그 하나를 깨닫게 되면 전부가 그 빛에 의해 위대해지기도 하는 하나가 있다. 그 하나가 너를 기다리고 있으니 어서 가 보아라."

아들은 아버지의 말 속에는 무엇인가 지금의 자기가 모르고 있는 신비가 담겨 있는 것을 느꼈다. 그러자 탐구자의 집념은 그 하나를 동경하게 만들었고 마침내 아들은 다시 집을 등지고 말았다. 앉아 보지도 못하고 다시 스승에게로 돌아간 제자가 그 간의 사정을 대강 이야기하자 스승이 말했다.

"역시 너의 아버지는 보통 분이 아니시구나. 네가 그 하나가 무엇인지를 깨달으려면 이제부터 전혀 차원이 다른 공부를 해야 한다. 저기 초원에 있는 소 열 마리를 데리고 인적이 없는 숲 속으로 들어가거라. 그리하여 소가 번식하여 천 마리가 되거든 그때 돌아오너라. 인간들과 대화를 끊고 자연과 더불어 살다보면 스스로 깨달아지는 것이 있을 것인 즉, 그때 우리 다시 이야기해 보자."

제자는 스승이 시키는 대로 했다. 소를 데리고 숲 속으로 들어간 그는 꽃과 나무들, 산과 강과 더불어 마음을 비우며 생각을 지우며 살았다. 자연은 있는 그대로였다. 자기 존재를 나타내지도 감추지도 않았다. 그저 해가 뜨면 일어나고 해가 지면 잠들었으며, 배가 고프면 먹고 계절이 변하면 변하는 대로 거기에 적응했다. 말이 필요 없었고 글도 아무 소용 없었다. 학문이나 종교 같은 것이 없기에 오히려 번성하고 잘 발전해 나가는 것인지도 몰랐다.

지인은 서서히 하나만 알면 다 아는 그 하나가 무엇인지를 깨우쳐 나갔다. 그 하나는 다름 아닌 자기 자신이었다. 그는 지금껏 밖에 있는 지식의 노예였을 뿐 안에 있는 주인이 누군지를 모르고 있었다. 자기 존재의 심연이 파악되자 그의 자만심은 사라졌고 그의 마음 속에는 침묵이 생겼다. 그의 존재가 빛으로 가득해지자 그는 자연과 하나가 되었다. 피어나는 꽃이 자기였고 솟아나는 향기가 자기였다.

그는 마침내 자기 존재를 없앰으로써 전체와 하나가 될 수 있었다.

그는 이제 돌아간다는 사실도 잊고 있었다. 그에게는 과거도 사라지고 없었고 미래도 없었다. 단지 지금 이 순간이 있을 뿐이었다. 드디어 소들이 천 마리가 되자 소들이 그에게 스승을 기억시키며 돌아가자고 했다. 그리하여 제자는 소들과 함께 스승에게로 돌아왔다.

스승은 소들이 돌아오는 것을 보았으나 제자는 찾을 수가 없었다. 제자는 소가 되었는지 바람이 되었는지 구름이 되었는지 스승의 눈에도 보이지 않았다. 제자는 하나를 알고 그 하나와 하나가 되어 이미 남의 눈에는 띄지 않게 되어 있었던 것이다.